民國國文課本

（白话珍藏版）

下

吕思勉◎主编　范源廉　等◎阅订
陈志扬　叶仙云◎翻译

本书宗旨：一、授以切于实用之文字，养成发表思想之能力；二、修炼语言；三、辅导智德。

九州出版社 JIUZHOUPRESS | 全国百佳图书出版单位

目录

民国国文课本（白话珍藏版）下

第四册

目录

CONTENTS

教育部审定新式高等小学国文教科书
民国五年四月首印 上海中华书局印行

目录

目录
CONTENTS

教育部审定新式高等小学国文教科书
民国五年四月首印　上海中华书局印行

目录

民国国文课本（白话珍藏版）下

MINGUOGUOWENKEBEN (BAIHUAZHENCANGBAN)XIA

第四册

第一课　陆军

陆军之大别有五。曰步兵，战争之王力也；曰骑兵，进退敏捷，用以侦敌，胜则事追逐；曰炮兵，用以攻坚，且事掩护；曰工兵，司筑阵地，开道路，架桥梁，设铁道，通电信；曰辎重兵，司运粮饷，输弹药。又有军乐队，则所以鼓舞士气者也。

我国军队编制，以十四人为一棚，棚三为排，排三为连，连四为营，营三为团，团二为旅。合步队二旅，马炮队各一团，辎重工程队各一营，军乐队一连，则为师。全师合官长，司书，弁目[①]，兵丁，夫役等，凡万二千五百十二人。

官制分三等九级。上等曰将，中等曰校，初等曰尉。每等更分上中下三级。

原文大意略略懂

陆军主要分为五大类。第一类是步兵。步兵是战争的主力。第二类是骑兵。骑兵进攻、撤退都十分敏捷，用来侦探敌情，战胜了就负责追击敌人。第三类是炮兵。炮兵用来攻克坚固的堡垒，并且负责掩护。第四类是工兵。工兵负责建筑阵地、开辟道路、架构桥梁、架设铁路、开通电信。第五类是辎重兵。辎重兵负责运送粮食、输送弹药。此外还有军乐队，用来鼓舞战士的士气。

我国军队的编制以十四人为一个棚，三个棚为一个排，三个排为一个连，四个连为一个营，三个营为一个团，两个团为一个旅。由步兵两个旅，骑兵、炮兵各一个团，辎重兵、工程队各一个营，军乐队一个连，组合起来的就叫师。一个师由高级长官、秘书、低级武官、兵丁、后勤人员等组成，总共一万二千五百十二人。

军队的官制分为三等九个级别。上等叫将，中等叫校，下等叫尉。每个等级又分上中下三个级别。

特别注释提醒你

① 弁目：清代低级武官的通称，是兵弁的头目。

第二课　海军

海军战斗之主力曰战舰，具大炮，多积煤，航行速而久，舰之要害处，被钢铁极厚。次于战舰者曰巡洋舰，常与战舰联合作战，又以保护本国运送船及商船，捕拿敌国船舶。曰炮舰，较轻捷，用以攻击敌国海岸，或循河流上溯①焉。曰报知舰，以传达命令，报告敌情。曰鱼雷艇，以发射水雷，破坏敌舰。其以逐捕鱼雷艇为职者，曰驱逐舰，航行速率，出诸舰上。鱼雷艇则又潜航海中以避之，时曰潜水艇。

我国海军，甲午以前列世界第四，今不惟远逊英美德法诸国，即较之日本，亦瞠乎其后②矣。昔人云："陆之为患有形，海之为患莫测。"此犹为备寇盗靖③内乱言也。今世界大通，非有强大之海军，不足称雄于宇内④，而一朝有事，沿海数千里，亦将防不胜防⑤矣。可不亟思振兴哉！

原文大意略略懂

海军战斗的主力叫战舰。战舰上装有大炮，聚积了很多煤，航行速度快并且持久。舰的要害部位覆盖着厚厚的钢铁。比战舰次一等的叫巡洋舰。它常常和战舰联合作战，又负责保护本国的运送船只、商船和捉拿逮捕敌国的船舶。炮舰比较轻便快捷，用来攻击敌国海岸线，或者沿着河流逆流而上。报知舰负责传达命令、报告敌情。鱼雷艇用来发射水雷，破坏敌国的战舰。其中以追逐、攻击鱼雷艇为职责的叫驱逐舰，它的航行速度比其他的任何舰艇都要快。鱼雷艇中又有一种在深海中航行以躲避敌军的驱逐舰，被称为潜水艇。

我国的海军实力在甲午中日战争以前位居世界第四，而现在不仅远远落后于英、美、德、法等国家，即使和日本比较，也是远远落后了。古人说："来自陆地的忧患是有形迹可寻的，来自海上的忧患就难以预测了。"这尤其是针对防范寇贼、平定内乱而说的。现在世界各国都互相沟通往来，没有强大的海军力量是不能够称霸世界的。而一旦有战争事件发生，我们国家沿海几千里之内都将会防备不过来。怎么能不迫切想着振兴海军呢！

特别注释提醒你

① 上溯：逆水而上。

② 瞠乎其后：在后面干瞪眼，想赶而赶不上。形容远远落在后头。

③ 靖：平定，使安定。

④ 宇内：世界。

⑤ 防不胜防：形容无法防备，防备不过来。

第三课　鲍氏子

国策

齐田氏祖[①]于庭，食客千人，中坐[②]，有献鱼雁者。田氏视之，乃叹曰："天之于民厚矣！殖五谷，生鱼鸟，以为之用。"众客和之如响。

鲍氏之子年十二，预于次[③]，进曰："不如君言，天地万物，与我并生，类也。类无贵贱，徒以大小智力而相制，迭[④]相食，非相为而生之也。人取可食者而食之，岂天本为人而生之哉？且蚊蚋噆肤[⑤]，虎狼食肉，亦将谓天本为蚊蚋生人、虎狼生肉乎？"

原文大意略略懂

齐国贵族田氏，在庭院里祭祀。祭礼完毕以后，应邀参加宴饮的宾客有上千人。在酒席中，有人向田氏献上一条鱼和一只大雁，他看了以后感慨地说："上天对人类的恩德是多么深厚啊！天地繁殖了五谷，生育了鱼鸟，供我们享用。"赴宴宾客纷纷附和，附和声如同雷鸣般响亮。

这时，酒席上有一个鲍姓人家的儿子，年龄只有十二岁，在酒席上坐在末一等的位置上。他走上前说："事情并不是像您说的这样。天地万物，和我们共同生长在自然界，都是物类。物类本身并无贵贱之分，而仅仅以智慧的大小、力量的强弱相互制约，互相以对方为食物，并不是互相为了对方而存在。人类从自然界获得能吃的东西食用。这些食物哪里是上天专门为人降生的呢？况且蚊子、蚋虫吸人的血，虎、狼吃人的肉，难道说上天是为了给蚊、蚋、虎、狼制造食物而生出人类吗？”

特别注释提醒你

① 祖：古代祭祀的名称。原指出行时祭祀路神，在这里只是祭祀之义。

② 坐：通“座”，坐席，座位。

③ 预于次：参与在末座。

④ 迭：更迭。交替地，轮流地。

⑤ 蚊蚋噆肤：蚊蚋咬人的皮肤。蚋，生活在水中，能吸人畜的血、类似蚊的一种昆虫。

第四课　出塞①

杜甫

磨刀呜咽水②，水赤刃伤手。
欲轻肠断声③，心绪乱已久。
丈夫④誓许国⑤，愤惋复何有。
功名图麒麟⑥，战骨当⑦速朽。

原文大意略略懂

我磨砺尖刀前去战场杀敌。听着陇头水呜咽的哭泣声，我心里很不平静，无法集中精神磨刀。直到看到血染红了水，我才发现不知不觉中尖刀刺伤了我的手。我想要忽略这令人悲伤的水声，然而，水声刺耳，扰得我心绪烦乱，久久不能平静。作为一个男子汉大丈夫，应当誓死保卫国家，献出自己的生命，除此之外，又有什么值得我愤恨和留恋的呢？假如能在战场上获得功名，让自己的名字刻在麒麟阁上名垂千古，那么就算死在了战场上，战死的骸骨应当迅速腐烂。

特别注释提醒你

①题解：本诗和下一首诗是杜甫《前出塞九首》中的作品，是诗人杜甫对天宝末年哥舒翰对吐蕃发动战争而作。诗的主题是讽刺哥舒翰为了功名利禄而穷兵黩武，导致人民死伤无数。

② 呜咽水：指陇头水。

③ 肠断声：指呜咽的水声。

④ 丈夫：男儿，健儿。是征夫的自称。

⑤ 誓许国：决心把生命献给国家。

⑥ 图麒麟：汉宣帝时曾经图画霍光、苏武等功臣十八人于麒麟阁，以铭记他们的功劳。

⑦ 当：应当。这是反话。因为人民是被迫征入军队的，哥舒翰发动的是不正义的战争，所以人民并不甘心为了这样的战争牺牲生命。

挽弓[①]当挽强[②]，用箭当用长[③]。
射人先射马，擒[④]贼先擒王。
杀人亦有限[⑤]，列[⑥]国自有疆[⑦]，
苟[⑧]能制侵陵[⑨]，岂[⑩]在多杀伤？

原文大意略略懂

用弓就要用坚硬的弓，用箭就要用长箭。要射敌人，先要射敌人的马。要抓敌人，先得抓敌人的首领。杀人也应该有个限度，各国都有自己固定的疆域。只要能制止敌人的侵犯与欺侮就可以了，难道打仗就在于多杀人吗？

特别注释提醒你

① 挽弓：拉弓。

② 强：指坚硬的弓。拉这种弓要用很大力气，但射的远。

③ 长：长的箭。

④ 擒：捉拿。

⑤ 亦有限：也应该有个限度。

⑥ 列：分立，建立。

⑦ 疆：边界，领土。

⑧ 苟：如果。

⑨ 制侵陵：制止侵略。制，制止。侵，侵犯。陵，这里同“凌”，欺侮的意思。

⑩ 岂：难道。

男儿生世间，及壮当封侯。
战伐有功业，焉能守旧丘[②]。
召募赴蓟门，军动不可留。
千金买马鞭，百金装刀头。
闾里送我行，亲戚拥道周[③]。
斑白[④]居上列，酒酣[⑤]进庶羞[⑥]。
少年别有赠，含笑看吴钩[⑦]。

原文大意略略懂

男儿活在世上，趁着年轻力壮就应该谋就功业。打仗杀伐是获取功名的途径，怎么能老死家中呢？国家招募战士赶赴蓟门战场，战争一爆发就再也不能留在家里了。用重金买来马鞭，花费百金来装饰刀头，准备上战场。邻居们都来为我送行，亲戚挤满了道路两旁。头发斑白的老人坐在上位为我祝酒送别，酣畅地喝着香甜的美酒，纷纷劝我多吃美味的菜肴。青年朋友另外送给我一件很特别的礼物，一看，原来是一把利剑，我不觉笑了。

特别注释提醒你

①题解：本诗和第四首诗是杜甫《后出塞五首》中的作品，是诗人写于安史之乱初期，意在揭露安禄山反抗唐朝的真相以及唐朝统治者的好大喜功，养虎为患。

②守旧丘：传说狐狸将死时，头必朝向出生的山丘。因此守丘比喻不忘本，也比喻暮年思念故乡。这里指老死家中。

③道周：道路边。

④斑白：头发发白，指老人。

⑤酒酣：喝酒喝到一半的时候。

⑥庶羞：菜肴。羞，同“馐”。

⑦钩：兵器，形似剑而曲。春秋吴人善铸钩，后也泛指利剑。

朝出东门营，暮上河阳桥。
落日照大旗，马鸣风萧萧。
平沙①列万幕，部伍各见招②。
中天悬明月，令严夜寂寥。
悲笳数声动，壮士惨不骄③。
借问大将④谁，恐是霍嫖姚⑤。

原文大意略略懂

早上我走出东门的军营，晚上我过了河阳的大桥。落日的余晖照射着大旗，战马在萧萧的风声中嘶鸣。在一片沙漠中，我们架起了成千上万个行军营帐，各个队伍的战士们都各自集合。晚上，军营的天空上悬挂着一轮明月，森严的军令令严寒的夜晚更加寂寥了。突然，远处传来了悲凄的胡笳声，战士们不觉顿生悲凄之情。战争多么惨烈啊！我们的战士先前所表现的豪气都消失了。有人问指挥的将军是谁，大家都说恐怕这将军是霍去病再世。

特别注释提醒你

① 平沙：广阔的沙漠。

② 各见招：各自集合。

③ 不骄：指战士先前所表现出的豪气。

④ 大将：指当时蓟门的幽州节度使。

⑤ 霍嫖姚：指霍去病，中国西汉武帝时期的杰出军事家，是名将卫青的外甥，任大司马骠骑将军。好骑射，善于长途奔袭。十七岁的霍去病被汉武帝任为骠姚校尉，随卫青击匈奴于漠南。

第五课　北游后与友人书

北游以后，未寄一书，想劳远念。弟以月之二十日，自汉口乘车，过武胜关，抵信阳。自此北过许郑，渡黄河铁桥，抵正定。越井陉而至阳曲。途中风景，昔人行记，多已述之。吾兄平时，素好搜览，想当备知，无烦觏缕[①]。

惟有一事，枨[②]触于怀，欲为吾兄告者。北方地质，多系黄土。雨则深渗入地，干则随风飞扬。其于森林，相需较南方为尤亟，然而弥望千里，尽是童山[③]。用使上腴，化为瘠壤。水旱之灾，或且不免。盖森林之利，不徒资材用，便游憩而已。老干参天，浓阴蔽日。则大雨不能一时着地，地面之水汽，亦不能同时蒸发。且能遮遏暴风，减其势力，使尘砂不至为害田圃。而近水之处，根柢蟠崛，土壤且为之益坚。其于农业，所益非细也。

吾国古者，斧斤以时。欧美今日，亦严滥伐之禁，其以此耶。以北方诸省，林木之美，元时纪载，犹可考见者。而今濯濯[④]，至于如此。亦可见民业之凋敝也，为之三叹。

原文大意略略懂

我北游以后，没有给您写一封信。我在远方想念您。我在这个月的二十日乘车从汉口出发，经过武胜关，抵达信阳。又从信阳这里向北经过许昌、郑州，渡过黄河铁桥，到达了正定。经过井陉又到达阳曲。途中的风景在前人的游记中大多都已经有了记述。兄长您平时就爱好搜集浏览这方面的知识见闻，我想您一定都知道得很清楚，在这里就不需要我详细陈述了。

只有一件事长期在我心里触动，想让兄长您知道。北方的土地大多是黄土，下雨的时候水就深深渗入到黄土里，干旱的时候漫天黄土随风飞扬。这里对森林的需要与南方比起来更为迫切。然而，放眼望去，千里之内都是没有草木的山坡。因此，肥沃的土地变得很贫瘠。这样，水灾、旱灾就难以避免了。这是因为，森林的用处不仅在于提供人们使用的木材及方便人们游览休息而已。大树苍老的枝干高耸入天，浓密的枝叶遮蔽了火热的太阳。那么，大雨就不能很快落到地面，而地面上的水汽也不能在同一时间蒸发掉。树木还能遏制大风，减低它的威力，使风沙不至于伤害到田园。而在靠近水的地方，树木的根盘踞在那里，水边的土壤就会因此而变得更加扎实坚固。森林对农业生产的益处不小啊！

我国古代的时候，按时砍伐树木。现在的欧美国家，也严格实施禁止滥伐树木的禁令。它们是在以这种方法保护森林啊！我国北方各个省的森林草木之美在元代的古籍记载中还可以考见得到，而现在森林却毁坏到了如此地步，也可见人民产业的凋敝了。我感叹万分啊！

特别注释提醒你

①覼（luó）缕：详细陈述。

② 枨（chéng）：触动。

③ 童山：没有草木的山。或者因砍伐森林，使山光秃。

④ 濯濯：光秃秃的样子。

第六课　借贷与保证

孔子曰:“人而无信，不知其可也。”又曰:“与国人交，止于信。”信之一字，实接人律已，所不可须臾离者也。不必征诸远也，请即以借贷与保证论之。

借贷不必其在金钱也。参考之书籍，应用之器具，苟为假诸他人者，皆当珍惜爱护，有逾己物。及期则取而远之。即有参考应用，仍未毕事者，亦当请诸物主，得其允许，而后可以展期。否则不容爽晷①刻之约也。如是，则虽有乞假，无损于人，人自不厌其再借。

至于保证，则尤为他人信我之征。焉可自隳②其信用。法律于借主不能清偿所负时，保证人即当负代偿之责。诚以非如是，则贷主将受意外之损失也。故为人作保证，当以审慎出之。然既作保证，则当视如己事，不容有丝毫推诿之心也。

信用难成而易败。一事之疏失，他人即将以为不信而疑之。故与人交涉之时，不可不兢兢致谨，正不得独借贷与保证为然也。

立借据〇〇〇今借到

〇〇〇名下银壹百元，言明按月八厘起息，限三个月本利一并归还。

此据

年　月　日立借据人○○○押

保证人○○○押

立保单○○○今保○○○至

○○○公司充任职务，自任事日起如有亏欠银钱、货物及舞弊错误等事，均由保人赔偿理处，恐后无凭。立此存照！

年　月　日　保人○○○押

原文大意略略懂

孔子说："一个人不讲信用，真不知道怎么能行。"又说："和国人交往要讲信用。"信这个字，实际上是人们在与他人接触和要求自己的过程中，一刻也不能离开的准则。这不需要向远处征求证明，请让我以借贷和保证作为例子来论证。

借贷的物品不一定是金钱。参考的书籍，使用的工具，如果是从别人那里借来的，就应该珍惜、爱护它胜过于爱护自己的东西。到了期限就应该还给别人。即使有在参考应用中还没有完成工作的情况，也应该先向物主请示，然后才可以延期归还。否则，不能错过归还约定时间的片刻。这样，虽然借了他人的东西，但是没有损害他人的利益，如果再向别人借，别人自然会愿意再次借给你了。

至于保证，那就更是他人信任自己的证明了。怎么可以自己毁坏了自己的信用呢！当在法律上，借主不能还清所欠的债务时，担保人就应当担负起代借主偿还债务的责任。如果不这样，那么债主就会受意外的损失。所以，要为别人作担保，应当谨慎。然而，既然已经作了保证，就应当把担保的事情当作自己的事情，不允许有丝毫推卸责任的心理。

信用要建立起来难，要败坏起来容易。如果有一件事疏忽了，他人就会认为你这个人不可信，而对你产生怀疑。所以，在和他人交往时，不能不小心谨慎。不仅借贷和保证时应该这样（在其他的事情上也应该这样）。

立借据〇〇〇今借到

〇〇〇名下银壹百元，言明按月八厘起息，限三个月本利一并归还。

此据

年　月　日立借据人〇〇〇押

保证人〇〇〇押

立保单〇〇〇今保〇〇〇至

〇〇〇公司充任职务，自任事日起如有亏欠银钱、货物及舞弊错误等事，均由保人赔偿理处，恐后无凭。立此存照！

年　月　日　保人〇〇〇押

特别注释提醒你

① 晷：日影，比喻时光。

② 隳（huī）：毁坏。

第七课 国债

国家制用，自有常经[①]。然或猝遇非常及大兴作，每有借债之举。盖所以应急需也。

债有募于本国者，曰内债。有募自外国者，曰外债。财力雄富之国，鲜募外债，而内债则盛行焉。诚以国家债票，国民购之，较诸其他存款为可恃。而国家亦得以损有余补不足，集无用之款，而致诸有用之途也。

吾国人民对于内债，恒淡漠视之，致国家猝有所需，不得不仰给于外债。利息之重，折扣之巨，汇兑时之镑亏，无论矣，而他种权利，且有因之丧失者。昔楚子文[②]毁家纾难，孔子称其忠；汉卜式[③]输财助边，史迁高其义。彼无所利而为之者且如此，况购国家债票者，既享急公之名，复获殖利之实耶？

原文大意略略懂

国家的法制用度，自有它不变的法律法规。然而，有时候国家突然遇上不寻常的变故或要大兴建设，就会有借贷的举动。这是用来应付紧急的需要。

国债有向本国人征求而来的，叫内债，有向外国人举借而来的，叫外债。财力雄厚的国家很少举借外债，但是内债就很盛行。这是因为国民购买国家债券与其他方式的存款相比更为可靠。而国家也可以借助这个减损多余的，补充不足的，集中没有用的存款把它放在有用的事上。

我们国家的人民对内债始终以淡漠的态度对待，导致国家有紧急需要的时候不得不仰仗外债。外债利息高、折扣大，汇兑时常常亏损就不用说了。更为重要的是，国家其他的种种权利也有因为外债而丧失的。以前楚国的子文向国家捐献了家产，帮助国家减轻困难，孔子就说他忠诚；西汉的大臣卜式捐献家财帮助国家平定边境忧患，司马迁高度赞扬他仁义。没有什么好处，他们尚且还做这些事，何况购买国家债券既可以享受急救国家的名声，又可以获得增加利息的实际利益呢？

特别注释提醒你

① 常经：不变的法律法规。

② 子文：又称斗谷於菟，春秋时代楚国令尹。

③ 卜式：西汉大臣，以牧羊致富。武帝时，匈奴屡犯边，他上书朝廷，愿以家财之半捐公助边。帝欲授以官职，辞而不受。又以二十万钱救济家乡贫民。朝廷闻其慷慨爱施，赏以重金，召拜为中郎，布告天下。

第八课　波斯老人

波斯有老人，倦于事。呼三子至，曰："吾一生劳苦，积田若干，屋若干，衣服器皿若干。今老矣，无能为矣。均产为四，吾留其一，以乐余年，其三以分授汝等。"

三子皆拜受[①]，将出，老人曰："止，名马十匹、宝剑一双，在我遗产之外者，今与汝等约，各出游三月，归以途中所为告我，其最善者则锡之。"

三子皆欣然，曰："谨诺。"各束装分道行。既还家，环集老人侧，老人一一抚慰之。

长子首自陈，曰："此行也，止[②]于逆旅[③]。逆旅主人，将有远行，授儿以明珠一囊。归问其数，不知也。设欺其不知而少之，则一生温饱矣。然儿不欲欺人以自利，即予之。"

老人曰："善虽然若之所为，直道而已。非其有而取之，谓之盗。盗，恶名也。今如是，免于盗而已。"长子乃退。

仲子继近曰："儿乘马渡河，中流见一稚子溺水，急下马救之。纡道送往其家。一村皆惊，以为义士，欲谢儿，儿不受而去。"

老人曰："善虽然若之所为，称职而已。稚子入水，策马过之，世将谓若为何如人。"仲子闻之，亦心服。

于是季子起而言曰："儿尝乘马上峻坂，入巉岩，马鸣不前。儿下马，见一人酣卧悬崖上，稍一转侧，即下堕矣。俛首视之，仇人也。始而惊，继而喜，终而公私之念，交战于衷。曰：‘乘人之不觉，以快其私仇，是细人之行也。’乃醒而起之，使舍危而就安焉。”

季子之言未终，老人改容曰：“善哉！快意当前，而能自制，义也。以德报怨，仁也。使仇人内愧，智也。名马宝剑，非汝其孰能当之？”遂以赐季子。

原文大意略略懂

波斯有一位老人厌倦了世事，于是把他三个儿子叫到跟前，说：“我一辈子劳苦奔波，积攒了一些田产、房产、衣服、器具。现在我老了，不能再做什么了。我把财产分为四份，自己留一份以安享晚年，其他三份平均分给你们三人。”

他的三个儿子都接受了老人授予的财产，将要走出老人的房间时，老人说：“停一下。还有十匹名贵的马和一双宝剑是在上述遗产之外的，现在和你们三人做一个约定，你们出游三个月，回来后把途中所做的事告诉我，最优秀的那一个，就赐予他这些财产。”

他的三个儿子都高兴地答应道：“谨遵教诲！”于是三人各自打点好行李分别走上了不同的道路。回家后，他们都围绕在老人身旁，老人一一抚慰了他们。

大儿子首先主动告诉老人说：“这次出行，我居住在旅舍。旅舍主人将要远行，临行前把一袋明珠托付给我。等到他回来后，我问他袋子里总共有多少明珠，他说不知道。假设我因为他不知道明珠的数量而把明珠拿走几颗，那么我一辈子都会穿暖吃饱了。但我不愿意欺骗他人来获得利益，最终还是把明珠如数归还了。”

老人说：“很好！但是，你的所作所为只是值得称赞而已。不是自己的东西而取走叫做盗，盗是不好的名声。现在你这样做只是免于沦为盗贼罢了。”大儿子于是退出了出来。

二儿子接着上前说道：“我骑马过河，到了河中央时，看见有一个小孩溺水了，于是我下马救了小孩，按原路返回，把小孩送回了家。一村子的人都很惊讶，认为我是一个义士，想要感谢我，我没有接受他们的感谢就走了。”

老人说：“很好！但是，你的所作所为只是称职而已。假如小孩子落入水中，你挥鞭骑马过河，世人会说你算什么人呢？”二儿子听了以后也很心服。

于是三儿子站起来说：“我曾经有一次骑马爬上陡峭的斜坡，进入高而险的山岩时，马一直鸣叫不向前进。于是我下了马，看见有一个人熟睡在悬崖上，只要他稍微一转身就会掉下去。我低头仔细一看，原来是我的仇人。刚开始我很惊讶，接着是很高兴，再接下来就很矛盾，公和私的意念在我心里交战，我在心里对自己说：‘在别人没有防备的情况下报私仇，是小人的行为。’于是我把他推醒了，扶他起来，帮他离开危险的地方。”

三儿子的话还没有说完，老人就改变了脸色，说：“很好！很好！快意当前能自我控制是义，以德报怨是仁，让仇人内心感到愧疚是智。名马宝剑除了你还有谁配拥有它们？”于是他把马和宝剑给了三儿子。

特别注释提醒你

① 拜受：接受。

② 止：居住。

③ 逆旅：旅舍，客舍。

第九课　赠卫八处士①

杜 甫

人生不相见，动如参②与商。
今夕复何夕，共此灯烛光。
少壮能几时，鬓发各已苍③。
访旧半为鬼，惊呼热中肠，
焉知二十载，重上君子堂。
昔别君未婚，儿女忽成行。
怡然敬父执④，问我来何方。
问答未及已⑤，驱儿罗⑥酒浆。
夜雨剪春韭，新炊⑦间⑧黄粱⑨。
主称会面难，一举累⑩十觞。
十觞亦不醉，感子故意长⑪。
明日隔山岳⑫，世事两茫茫。

原文大意略略懂

世间的朋友总是聚少离多，难得相见，就像天上的商星与参星。今天是什么日子呢？竟然让我们在这样的夜晚挑灯夜谈，共叙衷情。岁月易逝，年少健壮的时光能有多久呢？不觉分别后再相见，你我已是鬓发苍苍。我曾经打听过以前的老朋友，但他们大多都已经不在人世。因此，当听到你的呼叫声的时候，我不禁热血沸腾起来。我真的没有想到阔别二十年后，还能再次登门拜访你。当年我们分别时，你还没有结婚，现在你已经儿女成群了。他们都因为我是你的好朋友而敬重我，热情地询问我来自何方。我刚说了三两句话回答他们，你就让他们准备酒席招待我。雨夜，春韭像被春风割过一般，嫩嫩的，在细雨的滋润下茁壮成长。刚做好的黄粱米饭散发出诱人的香味。你说朋友难得一见，举起酒杯一连劝我喝了十几杯。就算我连续喝了十几杯酒，也没有醉意啊！感谢你的盛情款待。明天我们又将被山岳阻隔。世事难料，人生是多么渺茫啊！

特别注释提醒你

① 卫八处士：处士是隐居不仕的人，八是卫处士的排行。

② 参（shēn）商：星名，又作参辰，一出一没，永不相见。

③ 苍：灰白色。

④ 父执：父亲的执友。“执”是“接”的借字，接友，即常相接近之友。

⑤ 未及已：还未等说完。

⑥ 罗：罗列酒菜。

⑦ 新炊：刚煮的新鲜饭。

⑧ 间：搀和的意思。

⑨ 黄粱，即黄米。

⑩ 累：接连。

⑪ 故意长：老朋友的情谊深长。

⑫ 山岳：指西岳华山。这句是说明天便要分手。

第十课　奕喻

钱大昕

予观奕于友人所。一客数败，嗤其失算，辄欲易置之，以为不逮己也。顷之，客请与予对局，予颇易之。甫下数子，客已得先手。局将半，予思益苦，而客之智尚有余。竟局数之，客胜予十三子，予赧甚，不能出一言。后有招予观奕者，终日默坐而已。

今之学者读古人书，多訾①古人之失。与今人居，亦乐称人失。人固不能无失。然试易地以处，平心而度之，吾果无一失乎？吾能知人之失，而不能见吾之失。吾能指人之小失，而不能见吾之大失。吾求吾失且不暇，何暇论人哉！

奕之优劣有定也，一着之失，人皆见之。虽护前者不能讳也。理之所在，各是其所是，各非其所非。然则人之失者，未必非得也。吾之无失者，未必非大失也。而彼此相嗤，无有已时，曾观奕者之不若已。

原文大意略略懂

我在朋友家看别人下棋。一位客人输掉了好几次。我讥笑他计算失误，总想替他改放棋子，认为他的棋艺比不上自己。过一会儿，这位客人请求和我下棋，我颇为轻视他。刚刚下了几个棋子，客人已经取得主动的形势。棋局快到中盘的时候，我思考得更加艰苦，而客人的智慧却还有余。终局计算双方棋子，客人赢我十三子。我很惭愧，不能说出一句话。以后有人邀请我观棋，我便整天默默地坐着看而已。

现在求学的人，读古人的书，常常指责古人的错误；和现在的人相处，也喜欢说别人的错误。人本来就不可能没有错误，但是试着彼此交换位置来相处，心平气和地揣度一下，自己真的没有一点过错吗？自己能够认识别人的错误但是不能看到自己的错误；自己能够指出别人的小过失但是不能看到自己的大错。检查自己的过错尚且没有时间，哪里有时间议论别人呢！

棋艺的好坏，是有一定的评判标准的。一个棋子下错了，人们都能看到。即使想掩藏前面的过失也隐瞒不了。在事理方面，人人都赞成自己认为正确的，人人反对自己认为不正确的。然而，别人有过失未必就不是一种收获。自己没有失误也未必不是大失误。而人们彼此互相嘲笑，没有停止的时候，简直连看棋的人都不如了。

特别注释提醒你

①訾（zī）：诋毁，指责。

第十课　卫生

赤子[①]入水蹈火而不惧者，不知水火之险也。世间害身之物，触处皆是，不知自卫者，往往受其害而不自知。与赤子之入水蹈火，将[②]毋同。

我国之人，纵欲亡身者无论矣，其以卫生之失宜而死于非命者，一岁之中，何可胜数？行其道，街衢狭隘，茅厕栉比[③]，水沟淤塞，粪秽狼藉。入其家，院落如井，屋宇卑湿，食品饮料，举不精洁。呜呼！人命至重，奈何不自爱惜，至于斯极乎！他国之民少而强，中国之民多而弱，其故非一端，而卫生之不讲，其大者也。

或曰："中国之人，亦有享长寿者，安见其不合卫生。"不知人民之寿夭，当合全国以为衡，而不当举一二得天独厚者以自解。欧美诸国，自厉行卫生政策以来，人寿之中数[④]，恒优于往日。中国户籍缺略，死亡之数，不能详知，设一考之，必有骇然色变者矣。况弱与短折，同为六极[⑤]之一，即不遽[⑥]死，而精力委靡，志气消沉，为学必不能深造，临阵必不能力战，何以立于万国竞争之世乎？然则强民之道，安得不以卫生为急务哉！

原文大意略略懂

刚出生的婴儿落入水中、踩着烈火而不知道畏惧，是因为他们不知道水火的危险。人世间伤害身体的事物处处都是，不知道自我保卫的人往往会受到伤害。这和婴儿落入水中、踩着烈火而不知畏惧几乎没有什么不同。

我国的人民因为放纵情欲而死亡的就不用说了。那些因为卫生的失当而死亡的人，在一年中哪能数得完呢？走在道路上，看到的是街道狭窄、茅厕密集、水沟淤塞、粪物乱堆；进入人们的家中，看到的是院子深的就像水井，屋子阴暗潮湿，食品、饮料等都不精细洁净。哎！人的生命是最可贵的，怎么能不自我爱惜到如此极端的程度呢！别国的人民少而强壮，中国的人民多却柔弱。这其中的原因不仅仅一个，但不讲卫生是其中重要的原因。

有的人说，中国也有很长寿的人，怎么就见得中国人不讲卫生？他是不知道人们的长寿和夭亡，应当以一个国家的整体水平来衡量的，而不应当列举其中一二个得天独厚的人来自我开解。欧美各个国家，自从严格实行卫生政策以来，人们的平均寿命总是比以前更高。中国的户籍缺失，不完备，不能清楚知道死亡的人数。倘若仔细考证，结果将会是让人们惊骇的啊！更何况虚弱和短、折同样都是六种劳伤虚损的病症之一。虚弱的人即使不会很快死亡，然而他们精神萎靡、志气消沉，那么他们从事学业必定不能深造，在战场必定不能尽力。这样，国家靠什么屹立于无数国家激烈竞争的时代啊！然而，强健国民的途径怎么能不以卫生为急迫的事务呢？

特别注释提醒你

① 赤子：刚生的婴儿。

② 将：差不多，几乎。

③ 栉比：像梳子齿那样密密地排着。

④ 中数：平均数。

⑤ 六极：指六种劳伤虚损的病症。

⑥ 遽：快速。

第十二课　述蒙古情形书

辱赐书，问以蒙古近状。弟虽到张家口，于内蒙所见尚浅，无论外蒙也。然以拟作蒙游故，见久旅于彼者，辄以近状问讯之，亦颇有所闻。姑录一二，以奉告焉。

蒙古沙漠，一望无垠。虽有湖泽，不过如海中岛屿，略资点缀而已。其气候，夏期昼极热而夜仍寒，秋冬寒威[①]尤烈。沙漠中时有劲风，扬沙石，卷人畜，为害颇甚。蒙人多事游牧，逐水草迁徙。旅行其间者，锅帐食粮，以及日用各物，均须备带。无货币，交易皆以实物，极为困难。然奉直鲁晋诸省[②]人，经商其地，获利者颇多，亦可见其冒险性质之富也。

蒙人佞佛[③]，崇信喇嘛。又无教育，智识颇乏。然男女体格，皆极壮健。尤长骑乘，论者谓其胜于哥萨克骑兵云。苟能练成劲旅[④]，则北徼[⑤]万里，守备不虞[⑥]其不固矣。惟是军事运输，最贵灵捷。今者张绥铁道虽渐告成，然策应[⑦]仅及蒙边，较诸西伯利亚及东三省铁道，灵捷尚远逊也。兴筑之图，不容缓矣。

沙漠之地，骤观似荒瘠不毛，实则水草丰美之处，所在多有，所谓沙漠田也。北方诸省人，垦殖其间者亦甚多。清时汉蒙交通，设有禁例，犹能如此，况今日乎？惟待蒙人之道，当以联情感，兴教化，戒欺诈为要。此则有志经营北徼者，所不可不知也。

原文大意略略懂

感谢您的来信！您问我蒙古最近的状况。很惭愧，我虽然到过张家口附近，但对内蒙古的见解还是很肤浅的，更不用说外蒙古了。然而，因为我有到蒙古旅游的打算，所以我遇上长期在那边客居的人，就会向他咨询蒙古的近况，因而我也听到了很多关于蒙古的见闻。现在姑且摘录一两点见闻告诉您。

在蒙古，沙漠一望无垠，虽然也有一些湖泊、沼泽，但是这些湖泊、沼泽就像海中的小岛屿一样，只不过点缀沙漠而已。那里的气候，夏季的时候，白天极度炎热，而夜晚却还是很寒冷。秋冬季的时候，严寒的威力尤其猛烈。沙漠中经常刮起强劲的大风，吹得沙子、石头到处滚动，卷走人们饲养的牲畜，对人们造成很大的危害。蒙古人大多从事游牧业，随着季节变化追逐水草迁徙。旅行于蒙古的人，锅、帐篷、粮食以及生活日用品都必须备带。那里没有货币，交易都用实物，非常困难。但是辽宁、河北、山东、山西各省的商人在那里经商，获得丰厚利润的人也有很多。可见这些经商人富有冒险精神。

蒙古人迷信佛教，崇信喇嘛。蒙古又没有教育事业，知识相当匮乏。但是那里男子和女子的体格非常强健，尤其擅长骑马，有人评论说他们胜过哥萨克的骑兵，说如果真能把他们训练成精锐强劲的军队，那么北方万里边界的守备就不需要担忧了。只是军事运输最重要的是灵活快捷，虽然现在张绥铁路逐渐建成了，但是与军事的配合只到蒙古边境。和西伯利亚及吉林、黑龙江、辽宁东部三省灵活快捷的交通相比，蒙古还是远远逊色了。因此，在那里大兴交通建设是不容许迟缓了。

沙漠地带，一眼快速扫视过去好像是荒芜、贫瘠的不毛之地，其实那里水草丰盛、风景优美的地方有很多，就是人们所说的沙漠田。北方有很多人在那里开垦种植。清朝的时候，汉族和蒙古族的交通设置了禁令仍然能如此，何况是在今天的情况下呢！只是，对待蒙古人应当以注重联络感情、兴办礼教文化、禁戒欺骗为要领。这是有志于治理北方边境的人不可不知的事。

特别注释提醒你

① 寒威：严寒的威力。

② 奉直鲁晋诸省：指辽宁、河北、山东、山西各省。

③ 佞佛：谄媚、取悦佛祖。

④ 劲旅：精锐的军队，强有力的队伍。

⑤ 徼：边界。

⑥ 不虞：不担心，不忧虑。

⑦ 策应：按预定计划相互配合呼应。

第十三课　蜃说

林景熙

尝读《汉书·天文志》，载海旁蜃气象楼台。初未之信。

庚寅季春[①]，余避寇海滨。一日饭午，家僮走报怪事，曰：“海中忽涌数山，皆昔未尝有，父老观，以为甚异。”余骇而出，会颍川主人走使[②]邀余，既至，相携登聚远楼东望。第见沧溟浩渺[③]中，矗如奇峰，联如叠巘[④]，列如崪[⑤]岫，隐见不常。移时，城郭台榭，骤变欻[⑥]起，如众大之区，数十万家，鱼鳞相比。中有浮图老子之宫，三门嵯峨，钟鼓楼翼其左右，檐牙历历，极公输巧不能过。又移时，或立如人，或散如兽，或列若旌旗之旆，瓮盎之器，诡异万千。日近晡[⑦]，冉冉漫灭。向之有者安在，而海自若也，《笔谭》记登州海市事，往往类此。余因是始信。

噫嘻！秦之阿房，楚之章华，魏之铜雀，陈之临春、结绮，突兀凌云者何限？运去代迁，荡为焦土，化为浮烟。是亦一蜃也，何暇蜃之异哉[⑧]？

原文大意略略懂

我曾经读《汉书·天文志》一文，上面记载，海边有蜃吐气，形状很像楼台。刚开始时我并不相信。

庚寅年的春天，我躲避敌寇来到海边。有一天正在吃午饭时，家僮急急忙忙地跑过来报告外面发生了怪事，说："大海里突然涌现几座大山，全是以前没见过的。父老们听了觉得非常惊异。"我听了以后十分惊骇，急忙跑出去看。正巧遇到颍川主人派人来邀我前往共赏此奇景。到了海边，我和颍川主人一同登上聚远楼向东望去，只见无边无际的海面上，矗立的像奇特的山峰，连绵的像重叠的山峰，队列成行的像高峻的山峰，时隐时现。过了一会儿，城墙亭阁忽然浮现，犹如一座人口众多、面积广大的城市，几十万幢房屋像鱼鳞般整齐而密集地排列着。其中有佛寺、道观。三个门高大而雄伟；钟楼和鼓楼分列在寺观的左右两侧。屋檐翘出，如象牙般的建筑装饰历历可辨。就是穷尽公输般的技巧也没有办法超越它。又过了一会儿，蜃景又起了变化，有的像站立着的人，有的像分散着的野兽，有的像飘扬的旌旗及瓮盎之类的器具，千姿万态，变幻不定。直到傍晚时分，蜃景才慢慢消失，先前所看到的景象在哪里呢？大海还是一如往常。沈括在《梦溪笔谈》上所记载的登州所出现的海市蜃楼，大概就像是这样吧！我是因为亲眼看过，所以才开始相信有这回事了。

唉！想来秦朝的阿房宫、楚国的章华台、曹魏的铜雀台、陈朝的临春阁和结绮阁，像这样高耸入云的亭台楼阁历代不知有多少。可是沧海桑田变化无常，时运不济，朝代变迁，这些翠阁金殿都已经荡然无存，化为了焦土尘埃，这也算是一种海市蜃楼吧！想到这些，我们哪里还有闲暇工夫去讨论这种蜃景的奇异现象呢？

特别注释提醒你

① 庚寅：元世祖至元二十七年。

② 季春：春季的最后一个月，即农历三月。

③ 走使：走使之人，也就是供奔走仆人。

④ 沧溟浩渺：形容天地广大，无边无际。沧，海。冥，天。浩，广大。渺，无边无际。

⑤ 巘（yǎn）：山峰。

⑥ 崒（zú）：高而险。

⑦ 歘（xū）：忽然。

⑧ 晡：申时，黄昏时分。

第十四课　说海

海居地面四分之三，有极浅者，亦有深至万二千尺者。凹凸殊状，与地面同。今所见之岛屿，即没水之山顶也。

江河之水，皆归于海。然海面之水，时化为汽。其所纳之流质，与所化之气质相等，故水不加多也。汽上升为云，由云而化为雨雪。江河沟涧之水，皆源于此。

海水受风力掣动，则生大浪，奔流迅速。月摄海水，旋涨旋落，一日两次，名曰潮汐。潮涨之时，海水趋近海滨，江湖之口受之，则船易入口。潮落时，复有螺蛤水草之属，遗其间焉。

海水有常流，或自热带流至两极，寒地受之，温煦宜人。或自两极流至赤道，热地受之，清凉可爱。两极之海，水常结冰。漂浮若山，至温暖之地而解。

海底有泥石沙砾螺蛤之壳，及动植物腐烂之质，亦有苔藻之类，与陆地植物迥异。其动物，有鳞甲轻利，游泳剽捷者；有身负甲介，举动累重者；有生鳍如翼，离水而飞者；亦有全体无行动具，但附石而生长者；故海也者，物产之渊薮也。

原文大意略略懂

大海占了地球面积的四分之三。海有极浅的，也有深达一万二千尺的。大海表面凹凸不一的形状和地面一样。现在我们看到的岛屿就是没有水的山顶。

江河的水都汇流到大海。然而，海面上的水会时常化成水汽蒸发掉。其中大海接纳的水和蒸发的水是相等的，所以大海的水永远都不会增多。水汽上升就化成云，云再化成雨、雪。陆地上的江、河、沟渠、小溪的水都来源于这里。

海水受到风力的剧烈震动就形成大浪，迅速奔流。海水在月亮引力的作用下出现的周期性的时涨时落、一天出现两次的现象叫做潮汐。潮涨时，海水向海边趋近。江河、湖泊的入海口承接了上涨的海水，就使得船舶更容易进入港口。潮落时，海滩上又会遗留下海螺、蛤蜊、海藻等生物。

海水流动也有一定的规律。有的从热带流到地球的南北两极，寒冷地带受到这种海流的影响就会变得温和舒适。有的从地球两极流向赤道，炎热的地带受到这种海流的影响就会变得清凉可爱。地球南北两极的海水常常结成冰，漂在海上就像山一样，到了温暖的地方就溶解了。

大海的底部有泥沙、石头、海螺和蛤蜊的壳及动植物腐烂的躯体，也有海苔、海藻之类的植物。它们与陆地上的植物迥然不同。海底的动物有鳞甲轻快便利、游泳敏捷的；有身披甲克、行动迟缓的；有身上长鳍、如鸟兽之翅、离水面而飞的；也有全身没有行动工具、只依附石头生长的。所以说大海是世界万物生长的聚集地啊！

第十五课　哥仑布

哥仑布，意大利人也。少好航海，年十四，即随商人东游印度。时欧人未知地圆之理，哥仑布独深信之，谓西方必有陆地。众皆笑之，哥仑布不之顾。然哥仑布家贫，欲西行以实其言，而不能具舟。求助于葡萄牙英吉利，皆不得志。后西班牙女王然其言，畀以三船，使百二十人与俱。

时同行者皆迫王令，非所欲。又多迷信，惶扰万状。见火山，则谓入火国。风偶平，则谓出风界外。风作，又谓堕风穴中。甚有呼上帝，谓背神蔑理之举，皆哥仑布所为，罚宜降彼，于我无与者。行两月，无所得，皆求返棹，哥仑布不许。众乃谋杀之，哥仑布侦知之，与众约，更西行三日，无所得，则东归。众许之，行未几，见荇澡之属，随流而下，知前途必有陆地，乃更鼓勇进。又三日，见小鸟成群至，则陆地已在目前矣。

论曰："哥仑布之西航也，在西元千四百九十二年，当中国明孝宗时耳。"吾闻美洲人言，太平洋东岸，尝掘地得古庙，断为中国僧徒所建，在距今千年前，则其早于哥仑布者，且六七百年矣。欧土之广，不过亚洲四分之一。地狭民稠，生息至蹙[1]，乃谋辟新地于海外。今南北美二洲，面积略与亚等。生息其间者，皆白人子孙也，华人之工作于美者，顾不免为其所奴视。不龟手之药[2]一也，或以霸，或不免于洴澼絖[3]。人之度量相越，固甚远欤。

原文大意略略懂

哥仑布是意大利人。他从小爱好海上航行，十四岁的时候就跟随商人东游到印度。当时欧洲人还不知道地球是椭圆形的道理，唯独哥仑布深信这个原理，认为西方一定有陆地。大家都讥笑他，但是哥仑布不理会众人的嘲笑。然而，哥仑布家里很穷，想要航行西方证实他的言论，却没有钱备办船只。他向英国、葡萄牙求助都没有成功。后来，西班牙女王认同他的话，于是给了他三艘船，并派出一百二十人跟随哥仑布一起出海航行。

那时候，跟随的人员都是迫于女王的命令不得已而去的，并非自愿。大多数人又很迷信，因而惶恐万分，人心骚动不安。看见火山就说进入了火国；偶然遇上海风平静的时候就说离开了风的国界；等到大风兴起的时候又说掉入了风的巢穴。甚至有人呼唤上帝，说违背了神的旨意，蔑视常理的举动都是哥仑布做的，要惩罚的话就惩罚到他的身上，和我没有关系。船在海上航行了两个月都没有什么收获，大家都请求返回，但是哥仑布不允许。于是大家图谋杀害哥仑布，被哥仑布察觉了。哥仑布就和众人立下约定，再向西航行三天，如果还是没有发现就返回。大家都同意了。没有过多久，就看见有海藻类的植物顺着水漂流而来，哥仑布知道前方一定有陆地。于是就更加鼓足了勇气向前进。船又航行了三天，看见有小鸟成群结队飞来。这时，陆地已在眼前了。

有人说，哥仑布西行在公元一千四百九十二年，正是我国明朝孝宗的时候。我听美洲人说太平洋东岸边挖地的时候曾经挖到古庙，断定是距今一千年前中国的僧人建造的。那么，这样看来它比哥仑布西行还要早六七百年。欧洲的领土面积只不过是亚洲的四分之一，那里地窄人多，生活居住都很困窘，于是要向海外开辟新的地方。现在的南、北美两洲的土地合起来大致和亚洲相等。在这两洲生活的人大多是白人的子孙后代。因此，在美洲工作的中国人难免被他们当成奴隶看待。正如“不龟手药”之典故，吴国将不龟手之药用在将士在寒冬打仗上，作防冻之用，来战国胜敌国。而宋国人世世代代用此药来漂洗丝絮，结果始终没获得该有的收效；由此可见，人看待事物及处理方式的不同，产生的结果和收效也会大不一样。

特别注释提醒你

① 蹙：困窘。

② 不龟手之药：防治皮肤冻裂的药。龟，通“皲”，皮肤受冻开裂。现在常作为典故用来喻指同一事物，由于使用方法和对象不同，其结果和收效也会不一样。

③ 洴澼（pǐngpì）绕（kuàng）：在水上漂洗棉絮。

第十六课　公司（上）

有物于此，一人之力弗能举，合数人之力，则举之矣。数人之力弗能举，合十数人或数十百人之力，则举之矣。人愈多，力愈厚。物虽重，鲜有不胜者。公司之设，理本于是。

公司创自西人。近则华商亦多仿办。因设立之人数，与所集之资本，及其责任广狭，组织异同，而分为无限公司、两合公司、股分有限公司、股分两合公司。国家特以法律规定之。观其名称，即可知其性质，所以昭信用也。

公司股东，休戚相共[①]，故人无异心。彼此相维，故举无败事。集众智以为智，萃众能以为能，纠众财以为财。不特商人承其利，即世界非常事业，亦多藉以振兴焉。如法人雷赛，设公司以开苏彝士运河。而欧亚通航，益臻便捷，其明证也。

原文大意略略懂

有一件东西摆在这里，如果一个人的力量不能举起来，那么就合几个人的力量举起它。如果几个人的力量还是举不起来，那么就合几百人或几千人的力量举起它。人越多，力量就越大。事物虽然很重，但很少有举不起来的。公司的创办也是这个道理。

公司最初由西方人创设。近来我们中国人也有很多人模仿西方人创办公司。根据公司创设的人数、筹集资金的方式及所承担责任的广狭、组织形式的异同，公司分为无限公司、两合公司、股份有限公司、股份两合公司。国家特地用法律来规范公司。所以看见公司的名称就知道公司的性质。这是用来显示公司的信用。

公司股东之间的利益彼此密切相关，因此大家都没有异心。股东们互相帮助，维护公司的利益，因此行动没有失败的。凝合大家的智慧作为公司的智慧，集合大家的能力作为公司的能力，聚集大家的财富作为公司的财富，这样不仅商人获得利益，就连世界也因此而兴起了许多大事业。比如法国的雷赛，设公司开通了苏伊士运河而使欧洲和亚洲通航，让世界的沟通变得更加方便快捷。这就是鲜明的例证啊！

特别注释提醒你

①休戚相共：休，欢乐；戚，悲哀，忧愁。忧喜、祸福彼此共同承担。形容关系密切，利害相同。

第十七课　公司（下）

其并数公司或数十公司，而成一大公司者，西语谓之托拉斯。美商洛克菲勒实首倡之，以营石油业。举国实业家，群起而效之。及于近年，美全国资本，为各托拉斯所掌理者，殆十八九云。

托拉斯之为利，可以利用最新最大之机械，劳力少而产物多，一也；原料之购入较廉，制出之物，亦随之而廉，二也；能利用废物，造出种种副产品，使无弃材，三也；无同业之竞争，可以免物价之起落，四也；规模闳大，投资者少所顾虑，五也；劳力者托业，可以久远，六也；工场遍于全国，运费可以节省，七也。

然全权委诸一二人之手，责任既重，端绪甚繁，统一之，监督之，大非易事。苟不得其人，一有蹉跌，全局失败矣。天下事有利必有弊，岂徒托拉斯然哉。

原文大意略略懂

由几个公司或者十几个公司合并起来的大公司，西方人称为托拉斯。美国商人洛克菲勒是第一个提倡创办托拉斯经营石油的人。于是，全国的实业家都来仿效他。现在美国全国资本有十分之八九是由托拉斯所掌控的。

托拉斯的好处在于：第一，可以利用最新最大的机械进行生产，耗费的劳动力少而产量多；第二，原材料的购买相对比较便宜，制造出来的产品价格也随之低廉；第三，能利用废弃的物品制造出各种副产品，使工厂不浪费材料；第四，消除了同一行业之间的竞争，避免了物价的大起大落；第五，规模宏大，投资者减少了所要顾虑的东西；第六，劳动力可以依托大企业长期上班；第七，工厂遍布全国，可以节省运费。

但是，托拉斯的全部权利都集中在一二个人的手上。责任重大，程序繁杂，要统一运作，进行监督，都不是件容易的事。如果用人不当，一旦有差错，就会造成全局的失败。天下的事物都有利和弊两面，托拉斯也只是其中之一。

第十八课 汽船汽车

汽机之发明，在距今二百年前，特用以吸水而已。千八百有七年，美福尔敦，始以之制汽船[①]。

汽船之始成也，航行于法塞纳河。行未久即沉，人多笑之。福尔敦不为动，再试之，成。自哈得孙河出航海。大张广告，招人试坐，应之者十二人而已。出海未久，复不行。福尔敦察知其机有病，急修整之，遂安行无阻。后二十三载，而有斯替芬孙之发明汽车[②]。

斯替芬孙，英人，少好机械之学。时英人已知以轨道行车。然多曳以马，行缓而费巨。斯替芬孙思代以蒸汽力，日夜专思其事，屡造屡改。既成，受英会社之托，筑铁道于利物浦曼徹斯他间。车始行，有乘骏马与之竞者，不转瞬，已落后矣。

论曰汽车之始创也，一小时仅行十五英里。汽船之始创也，百五十英里，行三十二时而达。以今视昔，诚大辂[③]之有椎轮[④]耳。然而创作之功，不可忘也。《易》曰："备物致用[⑤]，立成器以为天下利，谓之圣人。"其重之也如此，而后世视为百工之业，士屏弗与齿。此瑰伟绝特之士，所以出于异域，而不出于中国欤。

原文大意略略懂

蒸汽机的发明在距离今天两百年前，最初的真空蒸汽机只是特地制造出来用来吸水而已。1807年，美国的福尔敦（富尔敦）首次用蒸汽机来驱动轮船。

轮船制造成功之初，航行于法国塞纳河，没有航行多久就沉入水中。当时很多人都笑话福尔敦，但是福尔敦并不因此而动摇，而是再次试验，终于成功了。于是他从哈得孙河出发前往海上航行，大肆张贴广告，招募人员前来试坐，当时响应他的只有十二个人而已。汽船在海上航行没有多久就停止不走了。福尔敦察觉到机器有问题，马上修理调整，于是汽船能在海上畅通无阻地航行了。二十三年以后，才有了斯替芬孙（史蒂芬森）发明的蒸汽机车。

斯替芬孙是英国人。他从小爱好机械知识。当时，英国人已经知道用双轨道来运行车辆，然而只是用马拉车，运行速度缓慢而且费用高昂。于是斯替芬孙就想用蒸汽的力量代替马力。他日日夜夜一心思考着这件事，多次制造又多次改装机器。成功之后，他受英国企业的委托，在利物浦和曼徹斯他（曼彻斯特）之间建筑了铁路。火车刚开始行驶的时候，有人拉着骏马和火车竞赛，但是一眨眼的功夫马车就远远落后了。

有人说，火车刚开始创造出来的时候，一小时仅仅行驶十五英里。汽船刚开始的时候，行驶一百五十英里，花了三十二小时。用今天的眼光来看往昔的成就，那些只不过是刚刚起步而已。然而，这种开创性的功劳不能忘啊。《易》说：“备办各种实物，使之能为人所用，制造成器物，使天下人从中获得便利，这样的人就像圣人一样。”将发明创造的作用看得如此重。然而，后世之人视为各种制造工艺的行业，我们国家的上层知识分子却鄙视而拒不参与它。这就是为什么那些伟大卓绝的人总是出现在外国而不出现在中国的原因啊！

特别注释提醒你

① 汽船：文中指用蒸汽机驱动的蒸汽轮船。

② 汽车：文中指用蒸汽机驱动的火车。

③ 大辂（lù）：古代车辕上用来挽车的横木。

④ 椎轮：原始的无辐车轮。亦以指栈车，现用来比喻事物原创。

⑤ 备物致用：备办各种器物，使之能为人所用。

第十九课　飞艇飞机

二十年前，告人曰：“吾能飞行空中。”人孰不笑其诞？然至今日，欧洲战争飞艇、飞机，居然效力于疆场矣。

飞艇之制，仿自气球。盖凡物重则沉，轻则浮在水中然，在空气中亦然。制一球焉，中实以数多盛轻气之小球，则其体较空气为轻，自能上升而无阻。但气球不能行止自如，而飞艇则又有机焉，以制其进退旋转耳。

飞机之作，取法于鸟。鸟之所以能飞者，一以其体之轻，一以其翼与尾之动作，而飞机则亦有尾以司其进行，有翼以平其风力。其别以发动之机动其尾，则犹汽车之以轮行车，以机鼓轮也。

飞艇之内，可载小号枪炮，用以攻击敌军，破坏其桥梁、车站、船坞、火药厂等。飞机之用，主于巡逻阵地，侦察敌情。中亦载有机关枪炸弹等，可以伺便袭击。于是空中之战争，与海陆无殊。夫岂前人所能逆料乎？

原文大意略略懂

二十年前，如果你告诉别人说：“我能在天上飞行。”谁不会笑你说的话荒诞啊！然而，到了今天，欧洲战争中，飞艇、飞机竟然能在战场上效力。

飞艇的制造主要是模仿气球。任何事物，重就下沉，轻就上浮，在水中是这样，在空气中也是这样。制作一个气球，用一些盛满氢气的小球来充实它。这样，气球的体重就比空气轻了，自然也就能漂浮上升而无所阻碍。但是，气球不能行止自如，因此飞艇上有机械用来控制它的前进后退和翻空旋转。

飞机的制作主要是效法鸟类飞行。鸟之所以能在空中飞行，一是因为它的身体很轻，二是因为它的翅膀和尾巴能配合行动。而飞机也有尾巴用来掌控行进，有翅膀用来平衡风力。它和鸟的区别在于它用发动机摆动尾巴。这就像汽车用车轮行走，用机器鼓动车轮一样。

飞艇的内部可以装小型的枪炮，用来袭击敌军，破坏桥梁、车站、港口、火药厂等。飞机的功用主要在于巡逻阵地，侦察敌情。飞机中也载有机关枪、炸弹等，可以等待时机袭击敌人。于是，空中的战争与海上陆地的战争没有什么两样。这哪是前人所能预料到的呢？

第二十课　空气之自述

吾为谁，固夫人[①]而知之矣。听之若有声焉，触之若有觉焉，而人卒莫吾睹也。弥漫磅礴[②]乎两间。氲氲[③]焉！氤氤焉！无远弗届[④]，无微不至。世苟无吾，则天地永闭，万物之灭久矣。

大块[⑤]噫气，吾乃鸣条。人闻其声，名吾曰风。吾静而止，人莫吾觉。吾常渐[⑥]人，若水渐鱼。当是时也，谓吾空气。微吾之力，将火弗能然，草弗能长，鸿飞焉而不举，莺啼焉而无声矣。吾劳如何，爰[⑦]作俚歌歌曰：

风之来兮，畴实见之。林木刁刁，枝叶摇曳兮，吾其在斯。风兮风兮，实空气之转移兮。发育万物，无宁息，无偏私兮。为而不有，人亦不以吾为奇。人不吾奇兮，托风以自鸣，谁曰不宜。

原文大意略略懂

我是谁，本来大家是知道的。我听起来好像有声音，摸起来好像有感觉，但是人们总是看不见我。我充盈弥漫在天地之间。我朦胧啊！我飘荡啊！没有什么远方是我到达不了的，没有什么细小的东西是我不能依附的。世界如果没有我，那么天地将永远是封闭的。万物也早就灭绝了。

哎！作为空气我是多么孤独啊！于是我大声鸣叫。人们听到我的声音就叫我风。我静止不动，人们就察觉不到我的存在。我常常淹没人们，就像水淹没鱼儿一样。这个时候，人们就叫我空气。如果没有我的力量，火就不能点燃，草就不能生长，鸿雁飞翔不能高飞入天，黄莺啼叫也会没有声音。我的功劳是怎样的？于是我创作了一首俚歌来说明。歌说：

当风来临的时候，谁真的看见我呢？当树叶纷纷从林木上凋落，当枝叶轻轻在树干上摇曳，我就在这里啊！风啊！风啊！其实你是空气的转移啊！我孕育万物从没有片刻的歇息，也从没有丝毫的偏私之心。我做了这些事却不据为己有，人们也不认为我很珍奇。人们不认为我珍奇啊！我只能委托风儿来替我倾诉委屈。谁说这样做不适宜呢？

特别注释提醒你

① 夫人：众人，大家。

② 磅礴：充满。

③ 氤氲：烟雾弥漫，朦胧飘荡的样子。

④ 届：到。

⑤ 块：孤独的样子。

⑥ 渐：浸泡，淹没。

⑦ 爰：于是。

第二十一课　万物

美矣哉，宇宙间之万物也。仰而观之，昼则日光照耀。夜则月色清妍。其色青苍，其形圆穹者，天也。光明闪烁，若金刚石之悬于天空者，众星也。俯而察之，红葩绿叶，四野弥望，森然而成阴者，树木也。飞鸣上下于其间者，众鸟也，溪涧逶迤于山谷，高山壁立于天际。万象杂陈，目不暇接。世人好入骨董肆，把玩珍奇。岂知宇宙间万物，乃一大骨董肆乎！

植物之大者，如百尺之松，小者如一点之菌。动物之大者，如昂藏之象，小者如纤屑之微虫。其中皆有至理焉，在有心人之细察耳。

然万物虽美，岂能及人之万一乎？其躯体之奇妙，博学家已不能详说。至其心之灵明，则更不可思议矣。此人所以为万物之灵，而不可不自重也。

原文大意略略懂

宇宙间的万物真是美妙啊！仰天而望，白天阳光照耀，夜晚月光清丽。颜色青绿、形状浑圆的是天空。星星如同钻石般在空中闪烁明亮。低头而视，树木长满红花绿叶，遍布四野，蔚然成荫。鸟儿上下飞鸣，盘旋天地之间。小溪环绕山谷，大山高耸入天。天地间万物错综陈列，让人目不暇接。

世人都喜欢走进古董店赏玩古董，他们哪里知道宇宙间的万物就是最大的古董店啊！

植物中，大的有百尺高的松树，小的有如同星点般的菌类。动物中，大的有大象，小的有如同碎皮屑般的虫类。宇宙间的这一切都是有规律的，只是要有心人细心观察罢了。

然而，万物虽然很美好，但是它们哪里能比得上人的万分之一啊！人身体的奇妙，博学的人已经不能详细说清楚。人心的灵明更是不可思议了。这是人之所以成为万物之灵的原因，人类不可不自我敬重啊！

第二十二课　天然力

物之为用，初皆成自天然。后以人类欲望，不以此为已足，于是凡所享用，无不加以人工。然天地间自然之力，足以辅助人工者，又悉数难终也。

水似弱也，而因其就下之性，可以运舂[1]。风似虚也，而因其鼓动之性，可以张帆。农田灌溉，戽[2]水为劳，而因蒸汽循环，则种树可以御旱。山海睽[3]隔，消息莫闻，而因电力震动，则设器可以通问。推之因沸鼎而造机轮，因气压而制飞艇。吾人所惊为创获之事，要皆天然力之效也。

凡此诸端，方其未发明时，举世鲜有知者。自一经利用，其效大著，则相率骇叹，以为神奇，而不知其理固长存于天壤间也。天然之美利，启发之而不穷。人类之智慧，运用之则愈出。诚能即所已知，推所未知，好学深思，锲而不舍。天然力之为吾用者，又宁可量耶？

原文大意略略懂

事物被人们所利用，最初的时候，它们都成长于大自然。后来因为人类的欲望，不以大自然的原生状态为满足。于是凡是人们所使用的东西都加上了人工的痕迹。然而，天地间能够帮助人类实现人工雕琢的自然力量是不可计数的。

水，看起来很柔弱，但因为它有向低处流动的特性，因此可以用作舂米的器具。风看起来很虚弱，但因为它有鼓动的特性，因此可以扬起船帆。农田灌溉，需要靠体力劳动抽水，但是因为水蒸汽有循环的特性，因此靠种植树木可以预防干旱。山川河海间隔，消息闭塞不灵通，但是依据电力震动原理，设置通讯器材就可以实现通话。推而广之，人们依据水沸腾的原理制造蒸汽机，依据大气压的原理制造飞艇。我们人类所创造的事物，其中的要理都是仿效天然的自然力。

这些器具在没有发明之前，世界上很少有人知道它的原理。一经发明出来后，功效显著，人们都纷纷惊叹它的神奇。却不知道其中的制造原理已经长久地存在于天地之间了。自然界的美好与利益，开发它是不会穷尽的。人类的智慧，越是用它就越突出。如果能够以自己所知道的推论出自己所不知道的，平时喜好思考，有锲而不舍的精神，那么为人类所利用的自然力量又怎么可以估量得出来呢？

特别注释提醒你

① 舂：舂米的器具，用石头或木头制成，中间凹下。

② 戽：指吸水灌田的农具。

③ 睽：分离，背离。

第二十三课　名山大川（上）

我国富于名山大川，山脉之长者，至万数千里。山峰之高者，至数万尺。若夫长江大河，其源委亦近万里，诚宇内之壮观也！

山脉起于帕米尔高原，分四大支。最南者曰喜马拉雅，界藏印间，即佛经之须弥山[1]也。其高为世界诸山脉最，故称妙高山。又以其四时戴雪，称为大雪山。佛出家修行于此。

次北为昆仑山，自新疆入青海西藏之间。汉族西来，实循此脉。相传有黄帝之宫，颛顼诸帝之台，其后周穆王亦尝游此，今不可考矣。

又北为天山山脉，自新疆东行入陕甘。唐李白诗曰："明月出天山，苍茫云汉间。长风几万里，吹度玉门关。"足知其高爽而雄阔矣。

其东北行之一支，曰阿尔泰山脉，为蒙古与西伯利亚之界，匈奴、突厥、回纥、蒙古皆兴于此。北齐斛律金歌曰："敕勒川，金山下。天似穹庐，笼盖四野。天苍苍，野茫茫。风吹草低见牛羊。"其景象今犹宛在也。

原文大意略略懂

我国有很多的名山大川。山脉长的可以达一万几千里，山峰高的可以有几万尺。比如黄河、长江的全长就有近万里。

它们诚然是宇宙内的壮丽景观啊！

我国的山脉源起于帕米尔高原，总共分为四大支。最南的叫喜马拉雅山，处在西藏和印度之间，也就是佛经上所谓的须弥山。喜马拉雅山是世界的最高山，因为它一年四季都覆盖着厚厚的积雪，所以又被称作大雪山。相传佛祖在这里出家修行。

北面是昆仑山，位于新疆到青海、西藏之间。汉族人向西迁移其实就是沿着这条山脉走的。相传这里还有黄帝的皇宫，颛顼诸帝王的宫室，后来周穆王还在此地游玩。这些都已近不能考证了。

再北面就是天山山脉。天山山脉从新疆一直向东进入陕西、甘肃等省。唐朝诗人李白有诗说："明月出天山，苍茫云汉间。长风几万里，吹度玉门关。"这就足以知道昆仑山的高峻和雄伟了。

在东北有一条山脉叫阿尔泰山。阿尔泰山是蒙古和西伯利亚的分界。匈奴、突厥、回纥、蒙古都是从这里兴起的。北齐斛律金有一首歌唱道："敕勒川，金山下。天似穹庐，笼盖四野。天苍苍，野茫茫。风吹草低见牛羊。"这样的风景现在依然可见。

特别注释提醒你

① 须弥山：又译为苏迷嚧、苏迷卢山、弥楼山，意思是宝山。

第二十四课　名山大川（下）

山河分界之处，地势既殊，人民之风俗，亦随之而异。大河者，我国北部巨川也。发源于青海，绕积石而入甘肃，循行陕西山西之间，由河南直隶至山东，而入于海，俗谓之黄河。长江者，我国南部巨川也。亦发源于青海，循行四川云南之间，由湖北、江西、安徽至江苏，而入于海。其下流亦称扬子江。

江河两流域，风景气候，迥乎不同。雁度寒云，马嘶古道，崇山峻岭，陡开大阳，旷野平林，烟火攒簇；此黄河流域之大观也。青峦碧峰，处处点缀；虾房蟹舍，柳堤花坞；水乡人家，桔槔声起；此长江流域之大观也。

是以大河流域之人民，气象豪健，不挠不屈，多悲歌慷慨之士。长江流域之人民，性情聪敏，富于理想，有灌输文化之功。美哉山河！诚吾国之瑰宝也！

原文大意略略懂

山河分界的地方地势特殊，人们的风俗也随之不同。黄河是我国北部的巨大河流，发源于青海，环绕积石进入甘肃。流经陕西、山西之间，从河南、直隶流到山东，最后流入大海。人们称为黄河。长江是我国南部的巨大河流，也发源于青海，流经四川、云南之间，从湖北、江西、安徽，流到江苏，最后流入大海。它的下游也被称为扬子江。

长江、黄河两个流域的风景和气候都很不相同。雁阵在寒秋的高空上飞度云霄，瘦马在晚风古道中嘶鸣，崇山峻岭、斜坡陡峭、旷野平林、烟火攒簇，这是黄河流域的景观。青峰碧峦处处点缀，虾房蟹舍、柳堤花坞、小桥流水、桔槔声扬，这是长江流域的景观。

因此，在黄河流域生活着的人们气概豪迈，不屈不挠，多慷慨悲歌之士。而在长江流域生活着的人们性情聪敏，富于理想，有吸收传播文化的功劳。山河多么美啊！你们真是我国的瑰宝！

MINGUOGUOWENKEBEN
(BAIHUAZHENCANGBAN)XIA

民国国文课本（白话珍藏版）下

第五册

第一课　原国

社会相群而成国，家为社会之起点，亦即国之起点也。有家则有子孙，子孙繁衍，则成为族。族大人众，则分为部落。部落者，未完全之国也。部落既盛，其邻近部落，或自愿归附，或以兵力兼并之，则成为国矣。

今日地球之大国，其立国之始，本皆甚小，不过一族之结合耳。迨势力渐盛，归附日众，兼并日多，则国亦渐大。然国人之语言、风俗，遂有因之而大异者。结合之，同化之，是则有国者之责也。

既能统一于内，必求发展于外，往古诸国，所以兼弱攻昧[①]，取乱侮亡[②]，皆是道也。今世界大通，竞争益烈。强盛之国，又远出觅地而经营之，谓之殖民地。殖民地之土民，其性情风俗，相隔太远，大抵不能与本国之民享同等之权利也。

原文大意略略懂

社会上的人们群居在一起而形成国家。家是社会的起点，也是国家的起点。有家就有子孙，子子孙孙繁衍生息，就形成家族。家族壮大，人口众多，于是就分为部落。部落是没有发育完全的国家。部落势力强盛后，它邻近的部落有的自愿归附，有的以武力兼并，于是国家就产生了。

现在世界上的大国，在建国之初都很小，只不过是一个家族的结合而已。等到它势力逐渐强大，归附它的国家越来越多，它兼并的小国也越来越多，于是这个国家就越来越强大。然而，国民的语言风俗也就因此大不相同了。结合各种语言、同化各种风俗就是统治者的职责了。

统治者既然能使国家内部统一，那么必然寻求向外发展。以前那些国家兼并弱小国家，攻击愚昧国家，夺取政治荒乱的国家，侵侮将要灭亡的国家，都是这个道理。现在世界大通，竞争更加激烈。强盛的国家到远离本土的地方寻觅土地经营生产，称为殖民地。殖民地的土著居民，他们的性情和生活习俗与本国的人们相差太大，大多不能与本国的人们享受同等的权利。

特别注释提醒你

①兼弱攻昧：指兼并弱小、攻击愚昧的国家。兼，兼并；昧，昏昧。

②取乱侮亡：夺取政治荒乱的国家，侵侮将亡的国家。

第二课　达尔文

达尔文，英国人也。著《种源论》，考证人类及诸生物，皆由下等动植物，次第进化而至，乃立公例，曰："物竞天择，适者生存。"

大旨谓：物之孳生无穷，而地之容积有限，任何生物，有生而无减，转瞬间可占尽全球。故凡物皆不能无竞，类愈近则争愈剧，争愈剧则优劣愈显，胜败亦愈相悬，而适者出焉。凡诸不适者，自然归于消减，谓之天然淘汰。以人力为之别择，为之改变，谓之人为淘汰。淘汰不已，种乃日进。

自达氏之论定，一切邦国、种族、宗教、学术，未有能出此公例外者。不优则劣，不胜则败，不适则不能生存，其机间不容发。人生于世，当战兢[①]惕厉[②]，求所以适存之道，则达氏之志也。

原文大意略略懂

达尔文是英国人。他著作有《种源论》(《物种起源》)一书，考证出人类和其他生物都是从低级动植物渐渐进化而来，于是提出公例，说："物竞天择，适者生存。"

他的主张大致是说：生物的繁衍生息无穷无尽，而地球的容量有限。如果任何生物都是只有繁殖而没有死亡，那么在转瞬间就可占满全球。因此，凡是生物都不能没有竞争。

事物的性质越相近，竞争就越激烈，竞争越激烈，优劣就越明显，胜败悬殊也更加分明，于是适应能力强的就凸现出来了。那些适应能力弱的，自然就会消亡，这就是天然的淘汰。靠人力作出选择加以改变的就叫人为淘汰。淘汰永不停止，生物的质量就会不断进步。

自从达尔文这一论断被确立了下来，世界上的一切国家、种族、宗教、学术没有跃出这一公例的。不优秀就是低劣，不胜利就是失败，不适应就不能生存，这里面的形势十分紧迫。人们生活在这个世界上，应当有所戒惧、有所警惕，力求找到适合的生存之道。这就是达尔文的期望。

特别注释提醒你

① 战兢：戒惧，谨慎。

② 惕厉：也作惕励，警惕，谨慎。

第三课　动物之保护色

芸芸万汇，各争自存。适焉者昌，不适焉者亡。而适与不适，其机至微，往往有为人所不及察者。若动物之保护色，其最著者也。

保护色，视所居之地而异，所以防侵害，便攻击也。草木间之昆虫，止于叶者多绿色，或似鸟粪。居于干者多褐色，似木皮。处沙漠中者，则色类沙。

蝙蝠、鼷鼠[①]，昼伏夜出，则黑色。浮游动物，常在水中，则多透明。寒带动物，居冰雪中，则色多白。热带草木，四时不凋，则鸟类每作绿色。

琉球、印度及马来群岛，有绀蝶焉。翅之表面极美，而里面则无异枯叶。栖于树，戢[②]其翅，人莫知其为蝶属也。尺蠖[③]栖于桑，后部四足，附著枝上，首悬于空间，吐细丝络于树，以支柱其体，若桑之幼枝，人莫知其为虫类也。凡此皆所以防侵害也。

非洲有避役，善捕蝇，其色时黄，时白，时绿，时褐，视所止之树而易。爪哇有蜘蛛，结网树枝，踞其上，形似鸟遗。有嗜鸟遗之虫类，误止焉，则捕之。此皆所以便攻击也。

又有所谓警戒色者，如虎之斑斓，熊之黑质，豹之钱纹，兕之苍革，鹫之金目，蛇之赤斑。是已盖保护色者，所以避他动物之目，使不及觉。警戒色者，所以触他动物之目，使不来犯。一欲其隐匿，一欲其显著，虽相反适相成也。

生物之妙，可谓无奇不有矣。而夷[④]考其故，曰争生存。呜呼！竞存之义大矣哉！

原文大意略略懂

万物众生，各自争取生存机会。适应环境的就兴盛，不适应环境的就消亡。而适应与不适应，这期间的玄机是很微妙的，往往有很多人们难以察觉的地方。比如，动物的保护色就是一个很明显的例子。

动物的保护色依据周围环境而不同，主要用来防范侵害、方便攻击。草木之间的昆虫，停留在叶子上的大多为绿色，或像鸟粪；栖息在树干上的大多为褐色，或像树皮；处在沙漠中的动物颜色就和沙子类似。

蝙蝠、老鼠白天潜伏，晚上出动，因此它们大多为黑色。浮游动物常漂在水面上，因此它们大多为透明色。在寒带生存的动物常居住在冰雪中，因此它们多为白色。热带地区一年四季草木不凋，因此鸟类大多为绿色。

琉球、印度、马来群岛等地有一种绀蝶。它翅膀的表面非常美丽，而里面就像干枯的树叶。它栖息在树上，把翅膀掩藏起来，人们都不知道它是蝴蝶。尺蠖栖息在桑树上，身体的后部和四脚依附在树上，头悬空，口吐细丝缠绕在树上以支撑身体，就像桑树的小枝干，人们不知道它是虫类。生物的这些身体颜色都是为了防范侵害。

非洲有一种叫避役的动物，擅长捕捉苍蝇。避役的颜色时而黄，时而白，时而绿，时而褐，随着它栖息的树的颜色而变化。爪哇有一种蜘蛛，在树枝上结网，盘踞在上面，外形就像鸟粪。有嗜好吃鸟粪的虫类，误以为它是鸟粪而停留在网上，于是蜘蛛就马上捕捉它。生物的这种保护色就是为了便于攻击。

此外，还有一种叫做警戒色的。譬如老虎的斑纹，熊的黑色皮毛，豹的钱纹，兕的深青色皮革，鹫的金色眼睛，蛇的红色斑点。保护色主要是为了逃避其他动物的眼睛，使它们察觉不到。而警戒色是为了让其他动物发现，使它们不敢前来侵犯。一个为了隐藏，一个为了显现，看起来好像相反，其实是互相补充的，都是为了适应环境的需要。

生物奥妙真是无奇不有啊！西方人探究保护色的缘故，认为就是争取生存。啊！竞争生存的意义真是重大啊！

特别注释提醒你

① 鼷鼠：小家鼠。

② 戢：收敛，收藏。

③ 尺蠖：属于无脊椎动物，尺蠖幼虫身体细长，行动时一屈一伸像个拱桥，休息时，身体能斜向伸直如枝状。

④ 夷：中国旧时指外国。

第四课 罗马武士

昔罗马之都城依铁波尔河为固。会有寇至，罗马人少，不能迎敌，凭河待[①]之而已。敌大至，将渡河而南，父老忧之，募能毁河上之桥以阻敌骑者。敌亦出死力争之，呼声动地。

有霍律低者，方要敌河上，见敌将据桥而渡，号于同侪曰："事急矣！若尽退，留二人助我，坏此桥，无为敌人有也。"桥将圮，复令其二人速退。既渡而桥断。霍律低濒河而战，流矢中其目，气不稍衰，望罗马而歌曰："浩浩铁波尔，郁郁[②]罗马城。城能卫我家，河能障敌兵。矧[③]我为国民，不及河与城。一夫苟敢死，敌骑敢纵横？"

歌毕，耸身入河。倏忽间，已凫近彼岸，国人见者，皆呼万岁。时敌人数千，隔河而观，亦深以为忠勇，则亦大呼，为霍律低贺。

原文大意略略懂

以前罗马的都城依靠铁波尔河来巩固。有一次，适逢有外敌来侵犯，罗马人少，不能迎战敌人，只能依靠铁波尔河防备敌人。当敌军大肆进攻，将要渡过铁波尔河向南侵犯时，罗马的父老乡亲都很忧虑，招募能毁坏河上的桥梁以阻挡敌军的人。敌军也使出全部力量争夺桥梁。双方战斗的呼声震天动地。

有一个叫做霍律低的人在与敌人战斗时，看见敌人将要通过桥梁渡河，于是他对战友说："情况紧急，你们都撤退，留下一两个人帮我毁坏这桥梁，不要让他被敌人夺取。"桥将要坍塌时，他马上命令留下的两人快速撤退。敌人刚上桥，渡河桥就断了。霍律低在河边战斗，眼睛被敌军如雨般飞射而来的箭刺伤，但是他的志气并没有衰退。他望着罗马，唱道："浩浩荡荡的铁波尔河，郁郁葱葱的罗马城。罗马城尚且能保卫我家，铁波尔河尚且能阻挡敌兵。何况我还是我国的国民，却比不上河与城。大丈夫如果真的敢于为国死亡，敌人的兵马又怎么敢在我国纵横驰骋呢？"

唱完后，他纵身跳入河中，转眼间就游到了河的对岸，人们看见了都大呼万岁。当时几千敌军在对岸观看，认为他是真的勇士，也呼叫起来，为霍律低喝彩。

特别注释提醒你

① 待：防备。

② 郁郁：草木茂盛的样子。

③ 矧：何况，况且。

第五课　塞木披来之战

西洋史上，以勇敢善战著闻者，无过斯巴达人。当波斯之大发兵击希腊也，希人以斯巴达君留尼达御之。波军势甚盛，留尼达所部，仅三百人。益以他邦军士，亦不过数千人。众寡之势，盖悬绝也。

有要隘焉，曰塞木披来。左滨大海，右扼崇山，形势至险。留尼达屯兵隘上，誓以死守。波军至，急攻，留尼达坚拒之，斩获无算。相持数日，波军困甚，乃以重金募破隘之策。

会希人有卖国者，知有间道，可绕出要隘后，逃入敌营，为之画策。波人喜，潜师以入。留尼达徇于军中曰："事急矣！有愿归者，请速去。"众皆散，独三百健儿，愿与共死。

斯时也，波军如潮涌，而三百人阳阳无惧色。趋前杀敌，当者辄靡。转战既久，矛断不可用，则抽佩刀继之。正酣战间，留尼达殁于阵，波人气益壮，直前奋击。而此零落不完之三百人，犹能力御波军，取胜者四。

波军愤甚，济师合围之。斯巴达人知粮尽援绝，万无侥幸理。乃登小山列阵，相背而立，以面临敌。佩刀断，继以匕首。匕首缺，继以徒搏。力竭而歼，无一人降者。呜呼，烈矣！

原文大意略略懂

西方史上，以勇敢善战著称的莫过于斯巴达人。当波斯大军大肆进攻希腊时，希腊人以斯巴达王留尼达（列奥尼达斯）抵御波斯军队。波斯军队势力强大，而留尼达所统领的军队只有三百人，加上其他城邦的战士也不过几千人。敌众我寡，实力悬殊。

希腊有一个叫塞木披来（温泉关）的关口，左面濒临大海，右面占据崇山峻岭，地势极为险要。留尼达率领军队驻扎在这个关口，发誓至死也要守住这个关隘。当敌军发动紧急进攻时，留尼达等人坚决抗拒，斩杀了无数波斯军。双方相持了几天，波斯军陷入困境，于是花重金悬赏能攻破关口的计策。

这时，希腊有一个卖国贼，他知道关隘的附近有一条小路可以绕过关口进入希腊。他逃到波斯军营替波斯军献计策。波斯军很高兴，暗地潜入。留尼达对战士说："现在情势很危急，愿意回家的人请马上退出！"于是，大部分人都离开了，只有三百健将还与留尼达共同誓死作战。

这时候，波斯军队如同潮水般涌入，但是留尼达等三百人毫不畏惧，神色凛然，奋勇向前杀敌，敌人冲上来的立马倒下。战斗持续了很久，矛戟断了，他们就抽出佩刀继续杀敌。正在他们畅快斩杀敌人的时候，留尼达战死了。波斯军队更加士气奋发，勇往直前。而希腊零散的三百人中，仍然能继续与敌军进行殊死抗争，并且取得了四次胜利。

波斯人很气愤，把军队合起来进行围攻。此时的斯巴达人知道粮食已尽，外援也断绝，再也没有侥幸生存的机会了。

于是，他们登上小山排列成队，背靠背地站立，正面对敌。佩刀断了就用匕首，匕首断了就和敌人展开肉搏。直到力气耗尽被歼灭为止，三百人中没有一个人向敌人投降的。斯巴达勇士真是壮烈啊！

第六课　吴士

方孝孺

吴士好夸言，自高其能，谓举世莫及。尤喜谈兵，谈必推孙吴[①]。遇元季乱，张士诚[②]称王姑苏，与国朝争雄，兵未决。士谒士诚曰："吾观今天下，形势莫便于姑苏，粟帛莫富于姑苏，兵甲莫利于姑苏。然而不霸者，将劣也。今大王之将，皆任贱丈夫，战而不知兵，此鼠斗耳。王果能将吾，中原可得，于胜小敌何有？"士诚以为然，俾为将，听自募兵。戒司粟吏，勿与较赢缩[③]。士尝游钱塘，与无赖儒人[④]交，遂募兵于钱塘。无赖士皆起从之，得官数十人，月糜粟万计。日相与讲击刺坐作[⑤]之法，暇则斩牲具酒，燕饮[⑥]其所募士，实未尝能将兵也。

李曹公[⑦]破钱塘，士及麾下遁去，不敢少格。搜得，缚至辕门诛之。垂死犹曰："吾善孙吴法。"

原文大意略略懂

吴地有个读书人喜欢夸夸其谈，自以为才能很高，认为当今世上谁也比不上自己。他尤其喜欢谈论兵法，一谈兵法就必定称赞孙武和吴起。正值元朝末年天下大乱，张士诚在姑苏自称吴王，与朝廷争夺天下，还没有决出胜负。吴地的那个读书人拜见张士诚，说："我看当今天下，地域形势没有比姑苏更便利的了，物产没有比姑苏更富饶的了，武器士兵也没有比姑苏更精锐的了。但是，您之所以不能称霸天下，是因为将领太无能了。现在大王的将领任命的都是那些浅陋的人，他们指挥作战却不懂得兵法，这其实是鼠类相斗罢了！大王您若真能拜我为将军，便能夺取中原，至于战胜那些小敌就更不在话下了。”张士诚认为他说得对，便拜他为将军，听任他自行招募兵士，并命令管理钱粮军需的官员不要计较他支取数量的多少。

吴地的那个读书人曾游历过钱塘，与钱塘的一些无才能而又怯懦的人有交往，于是就到钱塘去招募兵士。那些浪荡市井的人都来投靠他，有几十个人被授予了官职，每月花费的军饷以万石来计算。他们每天相聚在一起谈论行军作战的兵法，闲暇的时候就杀牛宰羊大摆酒宴，款待那些被招募来的人。其实他不是一个能率领兵士作战的人。

曹国公李文忠攻占钱塘以后，吴地的那个读书人及其部下纷纷逃跑，不敢稍稍抵挡一下。后来他被搜捕出来，捆绑到辕门诛杀了。临死前他还在说：“我善长孙吴兵法。”

特别注释提醒你

① 孙吴：指孙武和吴起。

② 张士诚：泰州白驹场（今江苏东台境）人，元末明初的义军领袖与地方割据势力之一。

③ 赢缩：盈亏。这里指多少。

④ 懦人：犹言“懦夫”，指畏怯、软弱的男人。

⑤ 击刺坐作：击刺、坐作，都是古代训练士卒的科目。坐作指卧

倒起立。

⑥ 燕饮：即“宴饮”。燕同“宴”。

⑦ 李曹公：朱元璋姐姐的儿子李文忠，以战功官至大都督府左都督，封曹国公。

第七课　国货

生利之事，分功协力而已；分之愈精，斯合之愈广；合之愈广，则其所生之利愈多。此通功易事[①]之原理也。推之国际，何独不然？

虽然，因世界之大通，出吾之所有以与人易，而吾因得益专力于所长，可也。若如吾国今日，外货一入，国货立即衰颓。国民日用所需，几尽仰给于外国，则不可。何则？是非贸易，而负债也。

今国人竞言提倡国货矣，然其效卒鲜。何哉？不知改良制造，以从事于其本。徒欲激厉国民之爱国心，以抵制外货也。夫人之购物，必以自利为动机，岂能尽律以爱国之义？且苟物美价廉，则于购者为有利。今以爱国故，而勉购不廉不美之物，则其所损，亦仍在我国民耳。何益焉？

惟是国货之振兴，亦恃乎国民之奖励。我国今日，新工业方在萌芽，自不能与外国工业之久经发达者比。若以国货稍有未善，而即去之不顾焉，则此方始萌蘖之新工业，将永无发达之期矣。况国货之价本廉，物本美者，而亦炫尚新奇，惟外货是趋乎？《书》[②]曰："惟土物爱，厥[③]心臧[④]。"我国民其深念之哉。

原文大意略略懂

获利一事，只要分工合作就行了。分工越精细，那么合作就越广泛，合作越广泛，产生的利润就越多。这就是分工合作、互通有无的道理。把这个原理推广到国际上，何尝不是如此呢？

虽然现在因为世界各国都互相沟通往来，把我们拥有的东西拿去和别人交换，我们也会从中获利，但是这也仅限于我们专门致力于有优势的那一面才可以。比如，现在外国货一进入中国，我们的国货立即滞销了。我们国家人民的生活日用所需的物品几乎全靠外国供给是不可以的。这是为什么呢？因为这不是贸易，而是让中国背负国债。

现在我们国家的人都提倡国货，但是最终的效果却不好。这是为什么呢？因为他们不知道以改良生产技术为本，而仅仅是激发人们的爱国心，让人们抵制外货。人们购买货物必定是以自己的利益为主，岂能全靠以爱国的大义来约束他们？况且如果外货真是物美价廉，那么购买者就会从中受益。勉强购买既不美又不便宜的国货，其损失仍然由我国的人们承受，有什么好处呢？

只是振兴国货需要国民的支持鼓励。现在我们的新兴工业还处在萌芽阶段，不能与已经长久发达的外国工业相比。如果仅仅因为我们的国货还不完善就弃之不顾，那么刚刚开始萌芽的新兴工业将会永远没有发达的时候。更何况我们的国货价格本身很低廉，物品本身很美观，我们不能因为爱好外货的新奇而只买外货啊！《尚书》说：“只有热爱土生土长的东西，你的心灵才会美好。”我们国家的人们要牢牢把这句话记在心里啊！

特别注释提醒你

① 通功易事：分工合作，互通有无，拿多余的换没有的。

② 书：此处指的是《尚书》。

③ 厥：他的，你的。

④ 臧：善良，美好。

第八课　工业

今世富强之国，农商之业，固甚注重。然其所恃以吸收异国之财富者，实尤在于工业。盖其工业，常利用机械，成物之精，出货之速，均远非人力所及。且人力所不能造之物，机械多能造之。而又藉商业为之先驱，以农业为之后劲。他国民固有之生业，遂不免为其所夺矣。生计既蹙，则知识因之而卑。财政既窘，则兵力缘之而弱。今日未开化及半开化诸国，所以日贫日蹙，驯致于亡者，皆此之由，可不惧哉！

或谓欧美以工业勃兴故，财产之分配，乃愈不平均。全国之资本，为少数富豪所掌握。贫困之人，无尺地可以自立。此实最为不幸之事，抑[①]未始[②]非隐忧所伏也。不知此亦惟前无所鉴，未能预为之防者则然耳。苟能以去泰去甚[③]之计，为防微杜渐[④]之谋，亦岂至此？且彼国之贫富，虽不平均，然贫者富者，皆在国内。总计其国富，夫固[⑤]日有所增殖也。我国今日，苟不能急起以与之竞，将举国之财富，尽为他人所吸收。人为雇主，我为劳佣矣。可不惧哉！

原文大意略略懂

当今世上的发达国家，固然很注重农商之业。然而，它们吸收外国的财富所依赖的实际上是工业。因为它们的工业常利用机械进行生产。产品的精良、出货的迅速都远不是人力能赶得上的。况且人力所不能制造的东西，机械大多能制造。工业以商业为先驱，以农业为基础。其他国家人民原有的谋生产业都难免被工业夺取了。人们生活困难了，那么知识也随之卑微。国家财政窘迫了，那么军士兵力也随之变弱。现在那些没有开化或者半开化的国家之所以日益贫穷、困窘甚至于灭亡都是这个缘故。怎么能不让人害怕呢！

有人说，欧美国家就是因为工业的蓬勃发展才导致了人们财富分配的越来越不平均。全国的资本都掌握在了少数几个人的手中，普通人们没有安身立命的地方。这实在是最不幸的事，或许未必不是隐患所潜伏的地方。但是，他们却不知道这也只是因为没有以前的事例作为借鉴，没有提早预料并做好防范工作。如果真的能以适可而止、恰当适中为准则来预防，又怎么会到这个地步？况且那些国家的贫富虽然不平均，但是富人和穷人都在国内，国家总体来说是富有的。他们国家的财富一定每天都有所增殖。如果我们国家现在还不急忙奋起，与外国竞争，那么我们的财富就会被别的国家吸收殆尽。（到时候）别人做雇主，我们做劳佣。这是多么可怕啊！怎么可以不警惕呢？

特别注释提醒你

① 抑：或许，也许。

② 未始：未尝，未必。

③ 去泰去甚：泰、甚，过分。适可而止，不可过分。

④ 防微杜渐：防，防止；微，微小，指事物的苗头；杜，杜绝，堵塞；渐，事物的开端。在坏思想、坏事或错误刚冒头时，就加以防止、杜绝，不让其发展下去。

⑤ 固：必定，一定。

第九课　汉冶萍公司

客有游赣鄂归者，谓予曰："子亦知汉冶萍煤铁公司之情形乎？"予曰："不知也，请闻其略。"

客曰："吾国自炼钢铁之议，始于前清光绪十六年。嗣得大冶铁矿，乃设厂于汉阳。又苦无煤焦，而官款已罄，乃改为商办。求得煤矿于萍乡。又以所用机炉不合，出品不精，不能行销。卒乃派员出洋考察，别购机炉，而后所炼钢铁，得以合用焉。盖创办一种实业，蕲其有效，若斯之难也。

今汉厂出品，既以精良见称，而萍乡之煤、大冶之铁，亦经工师化验，推为上选。其蕴藏之富，以年采百万吨计，亦足供数百年之用。苟能尽力经营，必成东方最良之矿，可无疑已。顾[①]今世富国首重煤铁。以我国之大，地力蓄积之厚，而煤铁矿厂，著有成效者，仅仅若此。校之工艺兴盛之国，诚不能无愧已。"

客退。予念其言颇有关系，爰援笔而记之。

原文大意略略懂

朋友从江西、湖北游玩回来问我："你知道汉冶萍煤铁公司的情形吗？"我回答说："我不知道，请您说说大概吧。"

朋友说："我们国家有冶炼钢铁的计划始于光绪十六年。后来大量冶炼铁矿，于是在汉阳设立了钢铁厂。但是苦恼于没有煤炭作燃料，而那时官家的财政已经不足，于是就改为商人经营。在江西萍乡寻求到煤矿。后来，又因为所用的炼钢炉不好，生产出的钢铁质量不精，销售不出去。最后，又派人员出国考察，购买炼钢炉，这样生产出来的钢铁才能使用。可见创办一种实业，要产生效益是多么难啊！

“现在汉阳钢铁厂出产的钢铁以品质精良著称。萍乡的煤、大冶的铁经过专家鉴定为上品。这两个地方蕴藏的矿产丰富，每年都能开采出上百万吨矿产，足够用上百年了。如果能妥善经营，将来必定能成为东方最优秀的矿业。(然而)反倒是当今西方的富国最重视煤铁。凭借我国土地的广大，矿产的丰富，而煤铁矿厂成效显著的仅此而已。这和西方工艺兴盛的国家相比，确实不能不惭愧啊！”

朋友走后，想想他说的话，觉得很有道理，我于是提笔记录下来。

特别注释提醒你

① 顾：反倒，反而。

第十课　少年行

孙枝蔚

少年不读书，父兄佩金印[①]，子弟乘高车。少年不学贾，朝出乌衣巷[②]，暮饮青楼下。岂知树上花，委地不如蓬与麻。又如楼中梯，枯烂谁论高与低。尔父尔兄归黄土，尔今独自立门户。尔亦不辨亩东西，尔亦不能学商贾。时衰运去繁华歇，年年大水伤禾黍。旧时诸青衣[③]，散去知何所？府吏昨升堂，催租声最怒。相传新使君，怜才颇重文。尔曹不识字，张口无所云。鬻田田不售，哭上城东坟。昔日少年今如此，地下贵人闻不闻？

原文大意略略懂

有一个少年不读书，他的父亲和兄长都是佩戴金印的官员。他乘坐高贵的车辆出行。这个少年不学经商。他早上从华贵的府邸出来，晚上去青楼喝酒度日。他哪里知道，树上那些鲜艳的花朵一旦飘落到地上，就连蓬草和桑麻都不如。显赫的家世就像楼房中的梯子一样，一旦枯烂了谁还会去理会曾经的楼梯是高还是低。他的父亲和兄长都去世后，少年开始单独成立家庭。但是他不懂得农业种植，也不学经营商业。当他时运不顺的时候，曾经的荣华富贵也就停止了。年年都发生水灾，毁坏了田里的庄稼。他家以前的侍女和侍童都解散了，现在不知他们在何处。县官昨天升堂，愤怒地催促他交田租。相传新来的这个县官很爱惜人才，重视学问。但是他却不认识字，开口不知道说什么。他想变卖田产，但是卖不出。于是他跑到父兄的坟前哭泣。昔日那么娇贵的少年，现在变成这个样子，在地下的父兄，你们知不知道啊？

特别注释提醒你

① 金印：指旧时帝王或高级官员金质的印玺；也借指官职。

② 乌衣巷：在南京秦淮河南岸，三国时是吴国茂守石头城的部队营房所在地。当时军士都穿着黑色制服，故以“乌衣”为巷名。后为东晋时高门士族的聚居区。

③ 青衣：这里指婢女，侍童。

第十一课 斗狮

狮，猛兽也。乃有与之斗者，其人为英孙唐。当其客于美洲，有大动物园，张一广告，谓某日，将令狮与熊斗。孙唐见之，请于主人，愿自与狮角。主人知其能，许之。

及期，广幕大张，座客逾二万。孙唐至，不持寸铁，纵身入狮槛。狮见孙唐，蹲踞槛隅，目光炯炯，将扑之。孙唐窥之审，急趋狮侧，以右手捉其颈，左手抱其腹，擎举至顶而奋投之。狮怒甚，反身来扑。孙唐侧首避之，突进胯下，仰首挺身，尽力抱狮，附身狮胸。狮乃以前足蹴孙唐。盖至是始角力矣。

初，主人以狮之爪牙犀利也，加手囊口网以阻之。及孙唐努力倾狮，囊破而爪露。狮奋爪爪孙唐，衣襦迎爪而裂。孙唐益紧束两手，狮如置于钳铗间，转侧延引，终不得脱。孙唐乘其惫，再投之于数丈外。狮又自后来扑，孙唐觑其将及，奋两腕，攫狮颈而直投之。狮乃颓然委顿，伏地不动。久之，狮挺身起，向槛外狂逸。孙唐瞋目叱之，狮震栗，如丧魂魄，蒲伏于地。百计诱之，不敢复起，捉其尾捻之，始欠伸而立，向之跳舞，驯服无异羊豕。观者叹服，鼓掌如雷。

原文大意略略懂

狮子是凶猛的动物。然而，英国有一个叫孙唐的人竟然敢和狮子搏斗。孙唐在美洲旅行的时候，有一个大动物园张贴了一张大广告，说在某天将会有狮子和熊搏斗。孙唐看见这广告，就向主人请求，说他愿意与狮子搏斗。主人知道他有这个能力以后就答应了。

到了这一天，动物园挂起来巨大的屏幕，前来观看的超过了两万人。孙唐到来后，手中不拿一件武器，纵身跳入狮子笼中。狮子看到孙唐进来，就蹲在笼子的一个角落，目光炯炯地盯着他，随时都会扑过来。孙唐看见狮子在审视自己，快速地扑向狮子的一侧，右手抓住狮子的颈部，左手抱住狮子的腹部，把它高举到头顶，然后用力摔到地上。狮子十分愤怒，翻身扑向孙唐。孙唐急忙躲避开。突然，孙唐钻进狮子的胯下，抬起头，挺直了身体，用尽全身力气抱住狮子，紧紧贴着狮子的胸部，狮子就用前脚踢孙唐。这时，真正的角力才开始。

原先，主人因为狮子的爪子锋利，就给它套上网袋。在孙唐的用力搏斗下，狮子爪子上的袋子破了，露出了爪子。狮子用爪子使劲爪孙唐。孙唐身上的衣服，凡是被爪子碰触到的地方都裂开了。孙唐于是紧紧握拢两手，狮子就像在两个钳夹之间，想要从侧面挣扎出去，最终还是不能摆脱。孙唐乘狮子疲惫之际，再次把它摔到几丈之外的地方。接着，狮子又向孙唐扑过来。孙唐见狮子快到了，于是使劲用手抓住狮子的颈部，奋力把它摔出去。这时，狮子瘫倒在地上，不能动弹了。过了很久，狮子迅速挺起身子，向笼子的外面疯狂逃跑，孙唐圆睁双眼怒吼一声，狮子直怕得发抖，倒在地上不敢动。用各种方法引诱，它都不敢起来，直到用手拽它的尾巴它才敢慢慢站起来，并且向孙唐跳舞表示驯服。观众都很惊叹，掌声如雷。

第十二课　捕虎

明代有徽人唐某，甫[①]新婚，而毙于虎。其妇后生一子。戒之曰："尔不能杀虎，非我子也。后世子孙，如不能杀虎，亦非我子孙也。"故唐氏世世能捕虎。

旌德近城处有虎，暴伤猎户数人，不能捕。邑人谋曰："非聘徽州唐某，不能除此患也。"乃遣人持币往，归报："唐氏选艺至精者二人行，且至。"至则一老翁，鬓发皓然，时咯咯作嗽。一童子，十六七耳。县人见之，大失望，姑命具食。老翁察众意轻之，语众曰："闻此虎距城不五里，先往捕之，再食，未晚也。"遂命人导往。导者至谷口，不敢行。老翁哂曰："我在，尔尚畏耶？"入谷将半。老翁顾童子曰："此畜似尚睡，汝呼之醒。"童子作虎啸声，虎果自林中出，径搏老翁。老翁手一短柄斧，纵八九寸，横半之，奋臂屹立。虎扑至前，侧首让之。虎自顶上跃过，已血流仆地。视之，自首至尾，皆触斧裂矣。

老翁自言："炼臂十年，炼目十年。其目[②]，以毛帚扫之，不瞬。其臂，使壮夫攀之，悬身下缒，不能动。"谚云："伏习象神，巧者不过习者之门[③]。"信夫！

原文大意略略懂

明代的时候徽州有一个姓唐的人，刚刚结婚就被老虎咬死了。后来他的妻子生下了一个儿子。她告诫儿子说："你将来不能杀虎就不是我儿子，后代的子孙如果不能杀虎也不是我的子孙。"因此，唐氏家族世世代代都擅长捕虎。

旌德城附近有老虎，残暴地伤了好几个猎户没人能捉到它。城里的人谋划说："除非聘请徽州唐氏，否则不能铲除这一忧患。"于是派人带着钱去聘请。前去的人回来报告说："唐氏选了两个技艺最精湛的人来，他们已经上路，马上就要到了。"等那两人到了，一看，其中一位是一个须发苍苍的老人，而且时时咳嗽不止。另一位也不过是一个十六七岁的少年。县里的人都大失所望。姑且安排他们两人先吃些饭。老人觉察到人们轻视他，就对众人说："我听说在距离县城不到五里的地方有老虎，先去把老虎捕捉了再吃饭也不迟。"于是命令人带他们去。那人到了谷口就不敢进去了。老人笑道："有我在，你还害怕什么？"进到峡谷一半的地方，老人回头对少年说："这畜生似乎还在睡觉，你把它叫醒。"于是，少年就发出老虎的叫声，果然，老虎从树林中出来了，直向老人扑去。老人的手上拿了一把短柄的斧头，长八九寸，宽三四寸。他扬起手臂如同山峰一样屹立在老虎前。老虎扑过来的刹那间，老人把头一偏，让过老虎的利爪。老虎从他的头顶跳过来，已经血流不止，扑倒在地上。一看，老虎从头到尾接触到斧头的地方都裂了。

老人自言自语道："锻炼臂力十年，锻炼眼力十年。我睁开眼睛用毛扫帚刷一下也不会眨。我伸开手臂让壮士攀附在上面悬身下垂也不会动弹一下。”谚语说：“对所从事的工作经常练习，其状貌就自然能达到出神入化的境界，那些聪明灵巧的人是不敢在苦练之人面前夸耀其巧的”这话是可信的啊！

特别注释提醒你

① 甫：刚刚。

② 目：睁开眼睛，名词用作动词。

③ 伏习象神，巧者不过习者之门：此句为西汉时期的谚语。伏：通“服”，意为“所服”，即所从事的事（工作）。象：状貌，气象。

第十三课　无怒轩记

李　绂

怒为七情之一，人所不能无。事故有宜怒者，《诗》曰："君子如怒，乱庶遄已。"是也。顾情之发也，中节为难，而怒为甚。血气蔽之，克伐怨欲之私乘之，如川决防，如火燎原，其为祸也烈矣！

吾年逾四十，无涵养性情之学，无变化气质之功，因怒得过，旋悔旋犯，惧终于忿戾而已，因以"无怒"名轩。

不必果无怒也，有怒之心，无怒之色；有怒之事，无怒之言。盖所怒未必中节也。心藏于中，可以徐悟，色则见于面矣。事未即行，犹可中止，言则不可追矣。怒不可无，而曰无怒者，矫枉者必过其正，无怒犹恐其过怒也。

轩无定在，吾所恒止之地，即以是榜之。

原文大意略略懂

怒是人的七种情绪之一，任何人都不能没有它。事情本来就存在让人应该发怒的，《诗经》说："君子如果看到谗佞之人就想要怒斥他，那么国家的动乱或许就可以停止了。"这句话说的就是这个意思。

但是情绪发作的时候，要有所节制是很难的，怒是最难节制的。激动的血性蒙住了人的理性，于是好胜、怨恨、贪欲就乘机占据人的内心，就像大河决了口，就像烈火烧着了原野。它带来的灾祸真的很严重啊！

我已经年过四十，没有涵养性情的学识，也没有改变个人气质的功夫。我常因为发怒而出现过失。一会儿懊悔，一会儿又重犯了，我害怕这样下去最终就成为爱发怒而不讲理的人。因此我就用“无怒”命名我的书房。

人不必果真没有愤怒，应该有发怒的心而没有发怒的神色；有发怒的事情而没有发怒的言语。这是因为发怒未必能有所节制。心藏在身体里面，可以慢慢醒悟。而怒色已经是显露在脸上了就无法挽回了。事情没有做还可以中止。可是说出的话就难以追回了。怒是不可以没有的，而我却说“无怒”，是矫枉必过正的意思。我提倡无怒是怕过分发怒。我的书房没有固定的地方。我常常在自己长期居住的地方挂上这块牌子。

第十四课　币制

以金为币，由来旧矣。而金品之中，尤以金银为胜。物少值重，输运便利，一也。铜铁易蚀，金银之性，不易改变，二也。所产不多，无暴涨暴落之弊，三也。今世各国，或金银并用，或银铜并用，无用铁者矣。

古无铸造之制也。然以生金交易，出入必衡、杂伪难验、防奸疑欺，诸多不便，于是币制起焉。币制完善之国，于各种钱币，总重几何，纯量几何，皆为详析规定。流通全国，是曰法币。花纹巧致，以防杂伪。价格确定，计数以枚，衡验之烦，举无事焉。又虑各种货币，价格比例，不能一定也。于是专择其一，以为余品之程，是曰主币。欧美日本之主币，先皆用银，其后渐改用金。我国在昔，亦用金银，惟铜始铸为钱。前清之季，虽铸银圆，然银币大者一枚，当银角若干，铜圆若干，皆随市场用值，初无一定，不能谓为银本位也。尤可异者。通商以来，墨西哥诸国银圆输入，通用无阻。我国自铸之币，反有阻抑之累。妨害交通，滞塞经济，莫此为甚。故整理币制，实我国切要之图也。

原文大意略略懂

以金属作为货币由来已久。而金属物中以金和银最为优胜。金银数量少，价值大，运输起来方便，这是第一大优点；

铜和铁都容易腐蚀，而金银的性质不容易改变，这是第二大优点；金银产量少，没有暴涨暴跌的弊端，这是第三大优点。现在世界各国有的同时用金和银，有的同时用银和铜，没有用铁作货币的。

古时候没有铸造的法规，然而出现了金银交易后，支出和收入必定要衡量。真假难以分辨，防范奸人欺诈等诸多不便也随着产生。于是币制就兴起了。币制完善的国家，各种钱币总体重多少、国库囤积多少等都要有详细的规定。流通全国的就叫法定货币。法币花纹精美细致，以防范人造假参杂；价格确定，用枚来计算数量。法币验证和衡量的程序都很烦杂。考虑到各种货币之间的价格比例不能确定，于是选择其中的一种作为参照，叫做主币。欧美、日本等国的主币起初都是银，后来改为金。我国以前也用金银做主币，只有铜始终是作为钱来使用。虽然清朝前期曾铸造银圆，银币大的一枚可以当作几个铜元使用，但这些比例都是随着市场货币价值而变化，刚开始没有一定的规定，不能说银元就是主币。尤其值得注意的是，自从与世界通商以来，墨西哥等国的银圆不断输入，畅通无阻，反而我国自己铸造的银元使用起来却受到阻碍，多次受到抑制，妨碍了货币的流通，阻塞了经济发展。没有什么比这个更糟糕了。因此，整顿币制是我国迫切需要实施的。

第十五课　纸币

易事通功之始，货以易货而已，降而后有易中。易中由粗而精，于是有金银等法币。然治化日进，懋[1]迁日广，专用金银等币，犹苦其运输滞重，计数烦琐也。于是有纸币以为之代。其为物也，数虽大而质仍轻，经商携带，闾里藏储，无所往而不便也。

然纸币可以代金银之用，而非可遂视为金银者也。有金银之实币，与纸币相辅而行，则便于民。无金银之实币，凭虚而造，漫无限制，则立见其害矣。盖纸本无值，所以有值，由其能易金银。苟滥发焉，民之得是币者，必反之银行。银行既无充实之预备，必不足以应支付。支付止而商贾骚然，全社会胥受其病矣。宋金元明之季，皆苦钞值之落，无法维持。法美二国，亦曾以纸币发行过钜，公私交困。后虽补救，损失已多。故行用纸币，事诚便利，而滥发之失，又当引以为鉴也。

原文大意略略懂

市场交易在起初阶段，只是以物换物而已。后来有了作为中间媒介的事物作为交易的手段。作为中介的事物由粗糙到精细。于是有了金银等法定货币的出现。然而，随着社会政治制度的进步、迁移范围的扩大，专门用金银等货币，又苦于运输沉重、计算繁琐，于是就有纸币代替金银。纸币数量虽然大，但是很轻，经商携带和家庭存储都很方便。

然而，纸币可以代替金银，但不可把它当成金银。有金银这种实际的货币和纸币相互补充，就能方便人们生活。假使没有金银这种实际意义上的货币，滥造纸币而无限制，其中的祸害立刻就能显现出来。这是因为纸币本身没有价值，它之所以有价值是因为它能代替金银成为交换的媒介。如果滥造纸币，人们得到纸币，必定返回到银行提取金银。银行没有充分的准备，必定难以应对支付。支付一旦停止就会使商人人心惶惶，市场混乱。全社会都会受到损害。宋、金、元、明朝的末期，都苦于纸币价值跌落，无法维持社会秩序。法国和美国都曾经因为纸币发行过量而造成国家和百姓的困窘。后来虽然得到补救，但是损失惨重。因此，实行纸币虽然方便，但是要以滥发纸币造成重大损失为借鉴。

特别注释提醒你

①楙：古同“茂”。

第十六课　苏彝士运河

苏彝士河，以人工凿成，在红海地中海之间，为世界钜工之一。

方苏彝士河之未凿也，欧人之东来者，必航大西洋，掠好望角而东。风涛险恶，程途辽远，累月不得达。自有此河，东来可近二万余里。

初，法人雷赛使埃及时，上书埃君，请开运河。埃君许其请，列国亦多赞助者。独英人忌之，百计阻挠，事几偾[1]。雷赛竭力经营，不为所挫。溯自工事之始，迄于全河通航，时逾十年，费金二千四百万磅。河长三百里，最宽之处，为三百尺，最狭之处，为百七十余尺，深二十四尺。屡加疏浚，今益深广矣。

埃及本为地主，而规画河工者为法人。故运河之权，法与埃及共之。英人以东亚为贸易市场，而交通机关为法人所操，于己颇不利，乃乘埃及之急，尽购其股票。于是管理之权，移入英人掌握。商船之经此河者，皆须计吨纳税。英人坐获大利，而又操东西两洋交通之枢纽。英以商业横绝欧亚，岂无故哉？

原文大意略略懂

苏伊士运河是人工开凿而成的，位于红海和地中海之间，是世界上的巨大工程之一。苏伊士运河还没有开凿成功之前，欧洲人到东方来，航行一定要经过大西洋绕过非洲好望角。海上东南风强盛，海水涛涛，行程辽远，经常几个月都不能到达。自从有了这条河流以后，西方人到东方来可以节缩短两万多里的路程。

起初，法国人雷塞出使埃及的时候，上书埃及国王请求开凿运河。埃及国王批准了，并且许多其他的国家也来赞助。只有英国人妒忌它，百般阻扰。事情几乎被败坏。雷塞竭力经营，不被英国动摇。从运河开凿到整条河流全部通航，总共耗费了十多年，用了两千四百万英镑。苏伊士运河全长三百里，最宽的地方三百尺，最窄的地方一百七十尺，深二十四尺。经过多次的疏通，现在是更加深、更加宽了。

埃及本来是苏伊士运河的主人，但是因为设计规划的是法国人，所以苏伊士运河的所有权归埃及和法国共同拥有。英国以东亚为它的贸易市场，而交通运输的关口却被法国所操纵，对自己很不利，于是乘埃及急需用钱之际，从埃及人那里购买了所有股票。于是，苏伊士运河的管理权又转移给英国人掌握。凡是经过苏伊士运河的商船都要按吨计算缴纳税收。英国获得巨大利润，同时还掌控了大西洋和印度洋的交通枢纽。英国的商业在欧洲、亚洲横行无阻，岂是没有原因的啊！

特别注释提醒你

① 偾（fèn）：败坏，毁坏。

第十七课　巴拿马运河

苏彝士河，沟地中海红海之间，为欧亚交通枢纽。巴拿马河，则沟大西洋太平洋之间，为全世界交通枢纽。

巴拿马本为地峡，东临大西洋，西望太平洋，其间相距凡百五十里，而介于南北美洲间，如连锁焉。四百年前，西班牙人首议开凿，时阻抗者众，事卒不成。苏彝士河既通，雷赛更纠合公司，从事于此。然施工七年，程功未半，而资产已告罄矣。

二十年前，美西战事起。美之舰队，欲由旧金山赴大西洋者，必绕行麦哲伦海峡。费时失机，大不便之。故战役告终，而运河之说大盛。始也出巨资，购法公司之产，继也助巴拿马政府独立，得开凿运河全权，于是河工复举。画全部为三区，曰大西洋区、曰中央区、曰太平洋区。区有工师为之长，各役其役，各董其事，浚渫开凿，建筑运输，同时并举，日役三万人，费美金四百兆。千九百十五年二月，遂开落成纪念会，我国亦与焉。自施工讫竣事，凡十有二年。

夫商货之运输，避重税，尤趋捷径。是河既辟，非特美洲贸易，将由太平洋直达亚东。即欧陆各商，亦必因西伯利铁道，运费较昂，苏彝士运河，行程较曲，纷然争出于是途。吾国适当其冲，固宜乘此时机，扩张营业矣。乃各国皆筹设行栈，增置船舶，于巴拿马通航，筹备恐后。我独寂然无闻，瞠居人后，不亦有愧耶！

原文大意略略懂

苏彝（伊）士运河沟通了地中海和红海之间的水域，是欧洲和亚洲的交通枢纽。而巴拿马运河沟通了太平洋和大西洋之间的水域，是世界的交通枢纽。

巴拿马原本是峡谷，东面濒临大西洋，西面濒临太平洋，东西两端相距一百五十里，就像一条锁链一样位于南美洲和北美洲之间。四百年前，西班牙人首先提出开凿运河，当时反对的人很多，事情最终没有成功。苏伊士运河开凿成功之后，雷赛又联合其他公司开凿巴拿马运河。但是，工程进行了七年还没有完成一半，而资金已经耗尽了。

二十年前，美国和西班牙两国发生战争。美国舰艇想从旧金山到大西洋，必须绕过麦哲伦海峡。这样就耗费时间，错过时机，对军事运输造成很大的不便。因此，战争结束了，而开凿运河的舆论却开始兴盛起来。首先，美国出巨资购买了法国公司开凿运河的原有资产，接着又帮助巴拿马获得独立，取得开凿运河的全部权利，于是开凿运河的工程又重新实行了起来。这个工程分为三个区：大西洋区、中央区、太平洋区。每个区以工程师为长官，各自役使工人，各自管理工程事务。疏浚、开凿、建筑、运输同时进行。每天要役使三万人劳动，耗费四百兆美金。1915年2月，运河开凿成功。我国也参加了成功纪念会。从开始到完成，总共耗费了十二年的时间。

商船运输为了避免沉重的税收还是要选择捷径。这条河流的开辟成功，不仅使美洲的船只由大西洋直达欧洲陆地，还使欧洲大陆各个国家的商船，由于西伯利亚铁路运输运费昂贵，苏伊士运河行程曲折，而争着经过巴拿马运河。我国正处在这样一个重要的位置，也应乘着这个时机扩大商业。各国都纷纷设置栈道，增加在巴拿马运河上航行的船只，生怕在筹备通航上落后于别国。然而，我国对此却无动于衷，甘心在他国的后面，难道不感到惭愧吗？

第十八课　埃及

埃及者，开化最早之国也，然以借外债而亡其国。

当其时，欧洲诸国，正值物产过度，金融停滞，资本家怀金而无所用。乃恃己国之强，利埃及之弱，以重利行借贷之术。一千八百六十二年，借三千七百万圆，越二年，又借五千七百余万圆，皆有所谓经手周旋费者，埃及政府所得实额，仅十之七耳。骤进多金，外观忽增繁盛。心醉外债之利，复大事称贷。土耳其者，埃及之上国也，虽虑其有后患，然无从禁之。卒借外债逾十万万圆。

曾几何时，财政大紊，不可收拾。债主愈迫，国帑全空。英国领事，遂迫埃君延聘英人为顾问，募民债，加租税，丝毫无所补。又迫埃君立财政局，以英法两国人为局长，延用外人至一千二百余人，给外俸至三百八十余万金。

及至罗掘俱穷[①]，乃裁兵士之饷，使军队无力，不能相抗。增贵族之税，使豪强尽锄，无以自立。清查通国之田亩，使耰锄之农民，骚动不宁。又欺小民之无识，利诱威迫，使全国土地，大半归欧人管业。民无所得食，饿莩载道，囹圄[②]充阗[③]。埃及国民，于是忍无可忍，望无可望，不得不群起而与之为难。英人以数万雄师压境上，挟埃君以伐其民。石卵不敌，义旗遂靡，而埃及之生机绝矣。

原文大意略略懂

埃及是最早开化的国家，但却因为借外债而亡国了。

当时，欧洲各国正处在商品生产过剩、金融停滞、资本家拥有资本却无所用的阶段。于是凭借本国的强大、埃及的弱小，以沉重的利息借给埃及大量的债务，实行债务手段。1862年，借给埃及三千七百万元，过了两年又借了五千七百多万元，这些都有所谓的经手费、周旋费。其实埃及政府得到的仅仅只有十分之七而已。埃及在短时间内突然招进了大量的钱财，从外观看好像增加了埃及的繁荣。于是埃及醉心于外债的利益，又大量借贷外债。土耳其是埃及的宗主国，虽然知道埃及这样做会有后患，但是也没办法阻止它。最后埃及的外债竟然超过十万万元。

曾几何时，埃及财政紊乱，不可收拾，债主更加紧紧逼迫，而此时埃及的国库已经空了。英国领事于是逼迫埃及国王聘请英国人当顾问。搜刮民间资产，增加租税，但这丝毫无用。接着，英国又逼迫埃及国王设立财政局，以英法两国人为局长，聘用了一千两百多外国人，支出了三百八十多万的薪俸。

到了无法筹到款项的时候，埃及政府于是裁减军饷，使得军队无力作战，不能抗争；增加贵族的税收，使得国内的豪强都消除殆尽，没有办法自立；清查全国的田产，使得以种田为生的农民不得安宁；欺负普通百姓没有知识，对他们威逼利诱，使得全国大半的土地都掌握在了欧洲人的手中。百姓没有食物，饥饿的人到处都是，犯罪的人大量增加。埃及人忍无可忍，没有指望，于是联合起来发动暴动。英国以几万雄师进攻埃及，胁迫埃及君主镇压人民。双方的实力悬殊太大，就像鸡蛋和石头作斗争一样，起义军无法抗争，义军旗帜于是倒下了。因而埃及的生存机会从此断绝了。

特别注释提醒你

① 罗掘俱穷：罗雀掘鼠，而雀鼠已近；比喻无法筹到款项。

② 囹圄：监牢。

③ 阗（tián）：充满。

第十九课　福泽谕吉

日本福泽谕吉，家世仕藩侯。谕吉幼习汉学，既冠，游长崎，习荷兰语。明年，游大阪，从绪方洪庵游，研究泰西学术。越数年，诣东京，某藩邸延居其家。一藩子弟皆从学。时日本新与欧美诸国，订约通商。英人列肆横滨，语言不通，多龃龉。谕吉见之，因大发愤，专习英语，以求实用。未几，从使臣游美。既至，留心考察国情民俗。后又随使赴欧洲，历游英、法、荷、德、俄、葡诸国。

谕吉既历欧美，知教育为立国之本。迨归国，乃立庆应义塾于东京，召诸生讲习。既而明治维新，人人知向学之益，四方来学者愈众。谕吉教人，以独立自营为要旨，学风广被，国人修己治事之精神，为之振起。其所著书，记事说理，语尚平易，使人人能解。日本国民，得早开发知识者，多赖于此。

明治三十六年，卒于家，年六十有八。国中闻之，莫不嗟悼，惜教育界之失山斗云。

原文大意略略懂

日本人福泽谕吉，祖上世代为藩王做官。谕吉幼年的时候学习汉学，成年后到长崎游学，在那里学习荷兰语。第二年又游大阪，跟随绪方洪庵游学，研究泰西学术。过了几年，他到了东京，被一位藩王聘为家庭教师。这个藩王的子弟都跟随他学习。当时，日本刚刚与欧美等国订立通商条约。英国人在横滨开店铺，语言不通，发生多次争议。福泽谕吉看见了很是气愤，于是专门学习英语以致用。没多久，他随从使臣出使美国。到了美国后，他留心观察那里的民俗国情。后来，他又随使臣出使欧洲，游历了英国、法国、德国、俄国和葡萄牙等国。

福泽谕吉游历了欧美以后，深知教育是立国之本。回国后，他在东京设立了庆应义塾，招募学生讲学。等到了明治维新时，人人都知道学习的重要性，因而从各地前来学习的人越来越多。福泽谕吉教育人以独立自主为要领。他的学风遍及全国，于是国内兴起了修身治国的精神。他的著作，或记事或说理，语言平易，使人人都能理解。日本在那个时候能够早开民智，多赖于此。

明治三十六年，福泽谕吉在家中去世，时年六十八岁。国人听到这个消息都非常悲伤，惋惜教育界失去了一代泰斗。

第二十课 武训

武训，山东堂邑人。三岁丧父，家贫，行乞度日。饮食必先奉母，人称曰“孝丐”。七岁，复丧母。昼行乞，夜绩麻。得一钱，即储之。日惟以两钱市粗馒自养。

数岁，得钱六千。邑有富家某，颇自好。训踵门长跪乞见，阍者[①]挥之，不去。予以钱，不受。主人畏其丐，不敢见。训乃于门外长跪不去，不得已，见之。见则长跪请曰：“丐者有所求于贵人，贵人必许我。”主人曰：“若欲乞钱耶？”对曰：“丐者非就贵人取钱，乃以钱与贵人。丐者有钱六千，愿藏之贵人家，取其息。一年之后，以子为母。贵人其许我。”主人畏其丐，又以其数无多也，许之，拜谢而去。此后丐所获盈一千，则持往富家。如是者十年，子母相权，几及百千。曰：“今乃可以少行吾志矣。”

于是僦庙为学舍，招窭[②]人子学焉。聘宿学主教授，奉脩脯[③]丰有加，或鄙不就，则长跪不起，必得请乃已。每开校，必盛馔飨教师，不自为主人，请邑之有声望者陪宴焉。或不愿往，则长跪不起，必得请乃已。朔望，辄诣校省视，教授勤者，则跪拜之。有惰者，则长跪，垂涕泣不起。教师咸敬畏之，靡敢惰。学生有辍业嬉者，亦长跪以哀之。学生亦相戒不敢怠。行之数十年，弟子卒业而去者，不可胜数。训仍日以两钱市粗馒自养，终其身。

训为人身肥短，貌寝陋。行乞至八十岁，未尝妄费一钱。而所创学校，至三十余所。或劝之娶，执不可。铢积寸累，惟以兴学为事。殆所谓奇节瑰行，得天独厚[④]者欤！

原文大意略略懂

武训是山东堂邑人。他三岁的时候父亲就死了，家里贫穷，靠乞讨度日。每次一定要先侍奉母亲吃饭，人们都称他是孝顺的乞丐。到了七岁的时候，他的母亲又死了。他白天乞讨，晚上绩麻，得到一个铜钱就储存起来。每天只以两个铜钱买馒头吃。

几年后，武训攒了六千钱。当时县里有一个富人很自重。武训到了他的门前，长跪下来乞求见主人。守门人赶他，他不走，给他钱，他也不接受。主人怕乞丐，不敢见。武训于是长时间跪在门外不离开，主人不得已见了武训。武训还是长跪在地上，请求道："乞丐我有事请求贵人您帮助，您一定要答应我。"主人说："你想要乞讨钱吧？"武训说："乞丐我并非向您乞讨钱，而是要给您钱。我有六千钱，愿意把它储存在您的家里，我收取利息。一年之后以利息再作为本钱。您一定要答应我。"主人怕乞丐，又因为他的钱不多，于是就答应了。武训拜谢离开了。以后，只要存满了一千钱，武训就把它送到富人家里去。这样持续了十年后，利息加本钱有百千钱了。武训说："现在终于可以实行我的志向了。"

于是，武训租赁庙宇作为学堂，招揽穷人子弟前来上学。聘请博学的人主持教授，给教师的薪酬很是丰厚。有的人鄙视他而不愿意去当教师，他就长跪不起，一定要那人答应才罢休。每次学校开学，他一定要准备丰盛的饭菜招待教师，但是他自己不当主人，而是请县里有名望的人来陪同教师吃饭。如果有不愿意来的，他就长跪不起，直到他答应为止。每个月的初一十五他都会到学堂察看，对教学勤劳的教师，他就向他跪拜表示感谢。有懒惰的教师，他就跪下来流泪哭泣不起来。教师们都很敬畏他，不敢懒惰。学生中有荒废学业、嬉笑打闹的，他就长跪哀求他。学生也互相警戒，不敢怠惰。这样持续了数十年，毕业离开的学生不可胜数。但是武训仍然每天以两个铜钱买馒头吃。这样过了一生。

武训身材肥胖短小，相貌丑陋，一直乞讨到八十岁，没有浪费一分钱。可是，他却创办了三十多所学校。有人劝他结婚，但他坚决不肯。他的一分一毫的积蓄都用在了学校上，一生以兴办学校为事业。大概他就是那种具有高尚的节操、瑰伟的行为、优越的天赋的人吧。

特别注释提醒你

①阍者：守门人。

②窭：贫穷，贫寒。

③脩脯：干肉。这里指薪酬。

④得天独厚：天，天然，自然；厚，优厚。独具特别优越的天然条件。泛指所处的环境具有的条件特别好。也指人的天赋、机遇非常好。

第二十一课　自乡间与友人书

别来旬日，思子为劳。诗人云："一日不见，如三秋兮。"昔尝疑之，今乃知其信然也。自到乡间，耳目触接，都异畴曩①，相距不百里耳，俨若别有一天地者。人事愈进，则其去天然之境愈远，岂不信哉？今之乡居者，多羡城市，居城市者，亦羡乡间。弟以为皆非也。孔子云："君子居之，何陋之有？"所居之善否，则亦视乎其人耳。交通之捷，求取之便，师友之多，此居城市者之胜也，而其弊或入于浮华。风景之美，人情之厚，摄养之宜，此居乡园者之胜也，而其弊或流为朴塞。苟使乡居者能潜心问学，以补其见闻之隘，而因以启发其乡人。居城市者，能自甘淡泊，卓立于繁扰之中，而因以静镇夫末俗。则居城居乡，两得之矣。否则可谓两失之也，吾兄以为何如？

原文大意略略懂

分别数日，我十分想念您。古代诗人说："一日不见如隔三秋。"我以前很怀疑，但现在相信确实是这样了。自从到了乡下，眼睛看到的，耳朵听到的，都和往日很不一样。虽然这里距离城里不到百里，但似乎是两个不同的世界。人工雕琢得越多，那么事物就离开自然的本性越远。不能不信啊！现在居住在乡下的人羡慕城里人的生活，居住在城里的人羡慕乡下人的生活。我以为不应该这样。孔子说："君子居之，何陋之有？"居室的好坏要看居住主人的品性。交通便捷，索取便利，朋友众多，这是居住在城里的好处。但是，它的缺点在于容易让人陷入浮华的生活中。风景优美，人情深厚，宜于静养，这是居住在乡下的好处。但是，它的缺点在于消息闭塞。倘若能使居住在乡下的人专心学习，以弥补见闻的狭隘，然后用知识启发乡里的人；使居住在城里的人甘于淡泊，卓然独立于城市的喧嚣与繁华之中，以安静平和的心态镇治城市的陋俗。那么生活在城里和生活在乡间两者都各有所得。否则，可以说两者皆失了。兄长您以为我的看法对吗？

特别注释提醒你

① 畴曩：往日；旧时。

第二十二课　桃花源记

陶潜

晋太元中，武陵[①]人捕鱼为业[②]。缘[③]溪行[④]，忘路之远近。忽逢桃花林，夹岸[⑤]数百步，中无杂[⑥]树。芳草鲜美，落英缤纷[⑦]。渔人甚异[⑧]之。复前行，欲穷[⑨]其林。

林尽水源，便得一山。山有小口，仿佛[⑩]若有光。便舍[⑪]船从口入。初极狭，才[⑫]通人[⑬]。复行数十步，豁然开朗[⑭]。土地平旷，屋舍俨然[⑮]。有良田美池桑竹之属。阡陌交通[⑯]，鸡犬相闻，其中往来种作，男女衣着，悉如外人，黄发垂髫[⑰]，并怡然自乐。

见渔人，乃大惊，问所从来，俱答之。便要还家，设酒杀鸡作食。村中闻有此人，咸来问讯。自云:“先世避秦时乱，率妻子邑人，来此绝境，不复出焉。遂与外人间隔。”问今是何世，乃不知有汉，无论魏晋。此人一一为具言所闻，皆叹惋。余人各复延至其家，皆出酒食。停数日，辞去。此中人语云:“不足为外人道也。”既出，得其船，便扶向路，处处志之，及郡下，诣太守说如此。太守即遣人随之往，遂迷不复得路。南阳刘子骥，高尚士也，闻之，欣然亲往，未果，寻病终。后遂无问津[⑱]者。

原文大意略略懂

东晋太元年间，武陵郡有个人以打渔为生。一天，他划着小船沿着溪水航行，忘记走了多远。忽然遇到了一片桃花林，夹着溪水两崖有数百步的范围。桃花林中间没有别的树。芳香的青草鲜润美丽，落花繁多。他觉得这片桃花林非常奇怪，又继续往前走，想要走完这片桃花林。

桃花林在溪水发源的地方就到头了。他看到一座山，山中有个小洞口，隐隐约约好像有光。渔人离开了船，从洞口进去。起初洞口很狭窄，仅容一个人通过。又走了几十步，由狭窄幽暗突然变得开阔明朗起来。土地平坦开阔，房屋整整齐齐。有肥沃的土地、美丽的池塘、桑树竹林这类景观。田间小路交错相通，村落间鸡鸣狗叫的声音能互相听到。其中，在田野里来来往往耕种劳作的人们，男男女女的穿着打扮都和外面的人一样。老人和孩子都充满喜悦之情，显得心满意足。

村里的人看见渔人都非常惊讶，问他是从哪儿来的。渔人详细地回答村民。于是村民就邀请他到自己家里去，摆了酒，杀了鸡，准备食物款待他。村里的人听说来了这么一个人，都来打听消息。他们说："我们的祖先为了躲避秦时的战乱，率领妻子儿女和同县人来到这个与世人隔绝的地方，不再走出这里，于是跟桃花源以外的人断绝了来往。"村人问渔人现在是什么朝代。渔人很是惊讶，他们竟然不知道有汉朝，更不必说三国和魏朝两朝了。渔人把自己听到的事一项一项地告诉了他们。他们都感叹惊奇。其余的人各自都把渔人请到自己家中，都拿出酒饭来款待他。渔人停留了几天后，告辞离去。村里人嘱咐他道："这里的情况不要对外边的人说啊！"

渔人出来后，找到了他的船，就顺着旧路回去。一路上他处处做记号。回到郡里，去拜见太守，讲述了在桃花林的经历。太守立即派人跟着他前往，寻找以前所做的记号，最终迷失了通往桃花源的方向，再也找不到原来的路了。南阳有个叫刘子骥的人，是志向高洁的隐士，听说这件事后，兴致盎然，地亲自前往那里。最终他没有找到，不久就病死了。此后就再也没有寻找桃花源的人了。

特别注释提醒你

① 武陵：古代郡名。今湖南常德一带。

② 为业：以……为生。为，作为。

③ 缘：沿着，顺着。

④ 行：前行，这里指划船。

⑤ 夹岸：两岸。

⑥ 杂：别的，其他的。

⑦ 缤纷：繁多而纷乱的样子。

⑧ 异：感到惊异。

⑨ 穷：穷尽。这里是"走到……的尽头"的意思。

⑩ 仿佛：隐隐约约，形容看的不真切的样子。

⑪ 舍：离开。

⑫ 才：副词，仅仅，刚刚。

⑬ 才通人：仅容一人通过。通，通过。

⑭ 豁然开朗：豁然，形容开阔敞亮的意思；开朗，地方开阔，光

线充足、明亮。指一下子出现了开阔明亮的境界。

⑮ 俨（yǎn）然：整齐的样子。

⑯ 阡陌交通：田间小路交错相通。阡陌，田间小路，南北走向的叫阡，东西走向的叫陌。

⑰ 黄发垂髫（tiáo）：指老人和小孩。

⑱ 问津：本指打听渡口，这里是访求寻找的意思。津，渡口。

第二十三课　座右铭

崔瑗

无道人之短，无说己之长。施人慎勿念，受施慎勿忘。世誉不足慕，惟仁为纪纲。隐心而后动，谤议庸何伤。无使名过实，守愚圣所臧。在涅[①]贵不缁[②]，暧暧[③]内含光。慎言节饮食，知足胜不祥。行之苟有恒，久久自芬芳。

原文大意略略懂

不要揭露别人的短处，不要炫耀自己的长处。给予他人的帮助切勿总是挂念，接受他人的恩惠要牢记。人世间的名誉地位都如过眼云烟，不足以羡慕，唯有仁慈才是处世的准则。遇事应首先审度自己的心思意念是否合乎仁之纪纲而后再行动，别人的诽谤议论对我有什么伤害？即使遭到别人的恶意中伤也能够坦然面对，无愧于心。人贵在有自知之明，不要让自己的名声超出自己实际所拥有的才华和能力；大智若愚是圣人的智慧，这是一种美好的品质。在黑色的染缸里最难得的是不被黑色所染，具有高贵品质的人即使身陷囫囵之中依然能保持高洁的情操，如同外貌黯淡的明珠在昏暗不明的环境中依然能绽放光彩一样。言语要谨慎，饮食有节制，知足常乐能战胜不祥之灾。如果能坚持做到这些，长久下去，你的品德将会如同芳草一样散发芬芳。

特别注释提醒你

① 涅：以黑色染物。

② 缁：黑色。

③ 暧暧：昏昧不明貌。

MINGUOGUOWENKEBEN
(BAIHUAZHENCANGBAN)XIA

民国国文课本（白话珍藏版）下

第六册

第一课 二巨人

天地间有两巨人焉。其一四海为家，遍地球四之三，皆其所讬足。所至役于众，若公仆，不衣不食，日夜勤动，无少休，又不索值，人多利用之。力至大，有置磨河滨，以磨其谷者，磨綦重，莫能转。巨人直前推之，磨轮皆动。其背甚广，千钧加其上，负之而趋。健行不息，浪迹江湖者，非巨人不能致也。有时怒，与其曹相激战，则风云变色，山岳为摧，顾不久，即恬静如恒。性好游，举足千里，一往不复，然涧溪沼沚间，亦恒见其踪迹。或当黑云如墨，电掣雷鸣之际，众皆走避，巨人独驰骤空中，如飞将军之从天而下，嘻！异矣。

复有一巨人，性猛烈，喜掠食。所嗜独异，每求野草枯枝，纸片煤屑，以餍[①]其欲，遇之立尽。不常饮，饮必以油，或酒醇，饷以水浆，则望望然去之。或暴怒，夺门出，疾行廛[②]市间，所过无不毁灭，人皆惊避，莫敢撄[③]其锋。草昧初开时，人但畏惮巨人，敬祀之。久之，渐稔其性质，乃亦藉为用。巨人善执炊，茹毛饮血[④]之风以革，至于后世，虽有易牙[⑤]，非藉其力，莫能烹饪也。又能锻铸金属，化百炼钢为绕指柔[⑥]，冶人深赖之。而陶人之制器，亦非巨人无以奏其功焉。

论曰：甚矣哉，人类之弱也。昔人所谓不能搏噬[⑦]，又无毛羽，莫克自奉[⑧]自卫，必将假物以为用者也。自生民之初，至于今日，所假以为用者亦众矣。惟二巨人，自燧人神禹以降，民常食其利，贫富贵贱，莫能一日离，巨人之功。亦伟矣哉！

原文大意略略懂

天地间有两个巨人。其中的一个以四海为家，地球的四分之三都是它所容身、所踏足的地方。它像公仆一样服务人们，不穿衣不饮食，日夜辛勤劳作，不休息，也不向人们索取报酬，人们大多利用它来生活。它力大无比，有人把磨放在河边碾磨谷子，但是磨很重，人力无法转动它。于是巨人就上前帮他推磨，磨轮都转动了。它的背部很宽广，千斤重的东西放在它的背上，它都能背着前进，畅行不止。刚强劲健，运行不息，四处漂泊，只有它才能做到。巨人有时候也会发怒，与同伴们展开激烈的战斗，风云都因它变色，山林都被它摧毁，但是不多久它就会平静如初。它性情好游玩，一抬脚就能走千里，并且勇往直前、永不回头。但是小溪、沟渠、洲渚里也能看见它的踪迹。或者当天上乌云密布、电闪雷鸣时，大家都跑开躲避起来，只有巨人在空中飞快地奔跑，就像飞将军从天而降，它是多么奇异啊！

另外一个巨人性情凶猛暴躁，喜欢抢夺东西吃。它的嗜好很奇怪，每次都寻求野草、枯枝、纸片、煤屑来满足它的欲望，一遇上这些东西就会立刻吃光它们。它不经常喝饮料，要喝一定喝油或者酒精，给它清水浆汁喝，它就会失望地离开。有时候它发怒了，就冲出门外，在小巷集市间穿行，所到之处都被它摧毁了。人们都很惊骇，小心谨慎躲避它，不敢碰触它尖利的锋口。人类处在最初的蒙昧状态时，只是畏惧巨人，恭敬地祭祀它。过了很久，人们渐渐熟悉了它的本性，于是就把它借来用。巨人擅长点火做饭，于是原始人类连毛带血地生吃禽兽的生活风气也就被它改变了。以后虽然有易牙这样的好厨师，但是不借助它的力量就不能烹饪。巨人又能锻炼金属，能够把经过百炼的钢，变成可以绕指的柔软东西。冶炼的工匠深深依赖它。并且，制陶器的工人没有巨人也不能完成他的工作。

人类柔弱得很啊！不能像动物那样搏击和吞噬，又没有羽毛自我保护。日常生活的供养和自我防卫都要借助别的事物。人类从出生开始到现在，所借助的东西很多，但是只有这两个巨人是自从燧人氏、大禹以来就使人们受益的。世界上的人不论贫富贵贱都一日不能离开这两个巨人。它们真是伟大啊！

特别注释提醒你

① 餍：满足。

② 廛（chán）：市场上供商人储存销售货物的房屋。

③ 撄：迎。

④ 茹毛饮血：茹，吃。用来描绘原始人不会用火，连毛带血地生吃禽兽的生活。

⑤ 易牙：春秋时代的著名厨师，齐桓公宠幸的近臣。

⑥ 绕指柔：柔软得能在手指上缠绕。

⑦ 噬：咬，吞。

⑧ 自奉：谓自身日常生活的供养。

第二课　拿破仑

拿破仑，地中海科西嘉岛人也。少肄业陆军学校，补军官。法国大革命后，攻奥地利有功，又袭埃及，取之，威望日著，遂被举为总统。

拿破仑夙抱统一欧洲之志，既得位，勤修政事，搜讨军实，国势大张，舆论咸服，遂即帝位。欧洲诸国，屡结同盟以抗之，然卒不胜。奥都维也纳、普都柏林，皆为法所陷。俄人起兵援之，亦大败。拿破仑又北据荷兰，南举意大利，西取西班牙、葡萄牙，而东胁德意志诸邦。方是时，拿破仑以一人宰制大陆，欧洲诸侯，五合六聚而不能救，亦可谓旷世之勋矣。

已而拿破仑发布条例，禁大陆诸国与英通商。俄与瑞典首起抗之。拿破仑攻俄，不克。欧洲诸国，乘而攻之，流之厄尔巴岛。别立法王，而开会议于维也纳，使法返侵地，谋正疆界。议未定，拿破仑已潜返巴黎，列国闻之，大惊，再合兵攻之。拿破仑虽善战，然国中凋敝已甚，从军者皆不及年，众寡又不敌，遂大败，被流于圣海仑岛以卒，年五十一。

拿破仑功名虽不终，然其用兵，料敌制胜，出奇无穷，欧洲史家，至今艳称之。其初攻奥也，将逾阿尔卑斯山，入意大利，将士或难之。拿破仑毅然曰："阿尔卑斯，讵[①]足妨吾马足邪？"又尝有言曰："难之一字，惟愚人所用字典有之。"

亦可以想见其为人已。

原文大意略略懂

拿破仑是地中海科西嘉岛人，年轻的时候毕业于陆军学校，补授军官。法国大革命以后，他攻击奥地利有战功，又袭击了埃及并且夺取了它，威望与日俱增，于是被法国人推举为总统。

拿破仑一向怀抱着统一欧洲的志向。自从得到总统之位以后，他勤于政事，扩充军力，法国的国势得到极大扩张。社会舆论都很服从他，他于是登上了皇帝的宝座。欧洲其他国家多次结成联盟对抗他，但都没有成功。奥地利首都维也纳、普鲁士首都柏林都被法国军队攻陷了。俄国人出兵援助他们，也失败了。后来，拿破仑又向北攻占荷兰，向南攻占意大利，向西攻占西班牙、葡萄牙，接着又向东面进攻，威胁德意志各邦国。当时，拿破仑以一个人的力量主宰欧洲大陆，各国多次联合却不能制止他，他也算是旷世奇才了。

接着，拿破仑发布条例，禁止欧洲大陆各国与英国通商。俄国与瑞典首先起来反抗。拿破仑攻占俄国没有成功，于是其他各国乘机起来反抗他，最后把他流放到厄尔巴岛，在法国另立国王，在维也纳举行会议，让法国返还侵占的土地，谋划重新划分国界。会议的决定还没有确定，拿破仑就已经偷偷返回巴黎。各国听到这个消息都很震惊，联合起来反抗他。拿破仑虽然很善战，但是当时法国的民生已经十分凋敝，军队中多是一些未成年的孩子，再加上敌众我寡，因此大败了，被流放到圣海伦岛，在五十一岁时去世。

拿破仑虽然最终没有成就功名，但是他在军事上用兵制胜，出奇无穷，欧洲史学家至今都称赞他。当初，攻占奥地利的时候将要越过阿尔卑斯山进入意大利，有的将士认为很困难。拿破仑却坚决说道："阿尔卑斯山岂能妨碍我的骏马前进的脚步呢？"他曾经还说："'难'这个字，只有在愚蠢人的字典里才能找到。"从这里也可见拿破仑的为人了。

特别注释提醒你

① 讵：岂，难道。

第三课　祭田横墓文

韩　愈

贞元十一年九月，愈如东京[①]，道出田横[②]墓下。感横义高能得士，因取酒以祭，为文而吊之。其辞曰：

事有旷百世而相感者，余不自知其何心。非今世之所稀，孰为使余歔欷[③]而不可禁。

余既博观乎天下，曷有庶几乎夫子之所为。死者不复生，嗟余去此其从谁？

当秦氏之败乱，得一士而可王。何五百人之扰扰，而不能脱夫子于剑铓。抑所宝者非贤，亦天命之有常。

昔阙里[④]之多士，孔圣亦云其遑遑。苟余行之不迷，虽颠沛其何伤？自古死者非一，夫子至今有耿光。跽陈辞而荐酒，魂髣髴[⑤]而来享。

原文大意略略懂

贞元十一年九月，我去东都洛阳，经过田横的墓旁。我深感田横以崇高节义获得属下对他的拥护，于是取酒祭奠，并写成这篇文章以吊唁他。文辞如下：

有的事即使相隔了千百年却仍然能令后人感动，我不知道这是什么原因。如果不是今天这样的事太少了，它怎么会使我如此感叹不已呢？

我已放眼纵观天下，哪里有行为和田横差不多高尚的人呢？死者是不能复生的，我感慨除了田先生您，我还能慕从谁呢？

当秦朝衰败混乱的时候，得到一个有才能的节义之士就可以称王。为什么五百多的义士却不能使田横先生从利剑的锋芒中解脱？可能是您珍爱的这五百人并非贤士，也可能是上天的自然安排。

当年孔子也有众多贤能的弟子，但孔子也说他焦虑不安。只要自己前行没有迷失方向，即使因顿跌倒在路上又有什么呢？自古以来为正义而死的人不止一个，可先生的事迹直到今天仍然焕发出灿烂的光辉！现在我一边跪读着这篇祭文，一边为您献上酒浆，恍惚觉得您的英魂来享用它们了。

特别注释提醒你

① 东京：指洛阳。

② 田横：战国齐国国王的后代。秦灭齐后，田氏家族坚持反秦。秦朝末年，田氏起兵恢复齐国。秦亡后，群雄逐鹿，刘邦派韩信攻破齐国，田横自立为齐王，率部下五百人退守海岛。刘邦称帝建立汉朝后，遣使招降，田横带随从二人往洛阳。未至二十里，羞为汉臣，田横自杀。岛上五百部属闻田横死亦全部自杀。史称“田横五百士”。

③ 歔欷：感叹。

④ 阙里：孔子故居和讲学授徒之处，位于山东曲阜城内。

⑤ 髣髴：同“仿佛”。

第四课　登喜马拉雅山观日出记

喜马拉亚山，有大峰四十八，其高皆逾万尺，而以额非尔士[①]为之魁，高至二万九千尺，向推世界第一高山。

客有往游者，夜将晨，策马向最高峰观日出。但见云气蓊郁，群山尽黑。忽有紫光一道，破空而来，直射峰巅，动心骇目，盖湧出地平线之日光也。此时峰之上部紫色，中部纯黑，下部则浮云浩荡，莽然[②]一白。少顷，日光渐上，上部渐红，中部渐紫。又少顷，红者变，而为金紫者变而为红。于是全山皆受日光矣。日光愈上，群峰悉现，争曝于朝阳之下。而远望之，尚有一峰矗立天际，独纯黑如故，盖即所谓额非尔士者，据群峰之顶，至此尚未受日也。又逾数分时，紫光闪烁，自额非尔士反映于群峰，群峰皆深红，而额非尔士犹纯紫。庄严雄丽，无与伦比，不可谓非世界第一伟观矣。

原文大意略略懂

喜马拉雅山有四十八座大山峰，都高过万尺，而以额非尔士（珠穆朗玛）峰为最高峰，其高达两万九千尺，一向被推为世界第一高山。

有人曾经到珠穆朗玛峰附近旅游，在即将黎明之际，他骑着马向最高峰方向走去，在那里观看日出。只见云气缭绕，十分浓郁，群山都在一片漆黑中。忽然，有一道紫光划破天空直射山顶，让人惊心动魄，原来是从地平线涌出来的阳光。这时，山峰的上部为紫色，中部为黑色，下部则浮云浩荡，呈现出一片白茫茫的景象。不一会儿，阳光渐渐向上移动，山的上部变成红色，中部变成紫色。又过了一会儿，红色变成金色，紫色变成红色。山的整个身躯都受到阳光的照耀，阳光越是向上移动，群山都显现了出来，争着暴露在阳光之下。然而，远远望去，还有一座山峰矗立在天边，独独依旧纯黑。这就是所谓的珠穆朗玛峰。从阳光照射群峰的峰顶开始到现在，珠穆朗玛峰还没有受到阳光的照射。又过了几分钟，紫光开始闪烁，从珠穆朗玛峰反射到其他的山峰。其他的山峰都是深红色，只有珠穆朗玛峰是紫色。庄严雄丽，无与伦比，不可说它不是世界第一奇观啊！

特别注释提醒你

① 额非尔士：珠穆朗玛峰。

② 莽然：广大的样子。

第五课　天文台

泰西各国，天文一学研究甚力。其筑台以测日、月、星辰者，谓之天文台。以英国格林威尼为最著名，仪器纷陈，专家职掌。风、雨、寒、暑，布告国人，近世纪中，久已习为常事矣。

论其效用，则一在农业。水溢、旱干、风灾、雹害，谁实先知？患至后防，已嗟不及。惟彼司天文台者，以其算数之准，测验之精，眹兆①初萌，即能先见。于是日热盛衰，雨量多寡，风气变迁，在在若有预定。农家乃能遵守天时，知趋避而筹补救。

一在航海。舟行万里，生命财产其数无量，风浪骤张，人力实难保障。惟彼司天文台者，于飓起潮涨等事，皆准乎引力吸力之理，预测其发生。航海家乃能各有戒心，知儆备而无疏失。

此外则察彗星以遏讹言，验交食以成岁月，探星座以广发明，皆天文台之所有事。诚以天象②昭昭③，无一不有关人事也。我国昔时，于天文一学研求代有专家，职事掌诸官府。而近日行政，亦以历象属教育部，设有专员，其用意将毋同。

原文大意略略懂

西方各国大力发展对天文这一学科的研究。他们筑造楼台以观测日月星辰，把它称为天文台。其中以英国的格林威尼最为著名。那里陈列着各种仪器，由专家掌控。天文台把天气的风、雨、寒、热情况布告国民，这在近世纪，人们早就已经习以为常了。

说到它的效用，其中之一体现在农业上。水灾、旱灾、狂风、冰雹这些灾害谁能预先知道呢？灾患发生后才知道预防就晚了。只有掌管天文台的专家，以准确的算术、精确的测量，在不祥之兆刚刚萌发的时候就能预先知道这些情况。太阳光照的盛衰，雨量的多少，风向的变迁等等，处处都预先有测定。农民因此能遵守天气变化，知道提前避免灾害，筹划补救。

另一方面的效用体现在航海上。船航行万里，其中生命、财产的数量不可估量。风浪的骤涨，人力实在难以保障。只有掌管天文台的专家，对飓风的兴起、海潮的上涨等事都能以引力、吸力的原理为准则，预测其发生。于是，航海家才能有心提前戒备，而没有疏忽失误。

此外，观察彗星以遏制谣言，验证日月的交替运行以判定年月，探测星群以扩大创造发明等，都是天文台的事情。确实，天上的各种现象明白显著，没有一个是不与人事有关的。我国古时候，历代都有天文这一学科的研究专家，由官府掌控天文事务。而近代政府把天文学归于教育部管理，设有专职人员研究天文，其用意与古代官府设置官员掌管天文几乎没有什么不同。

特别注释提醒你

① 眹兆：征兆迹象。

② 天象：指古代对天空发生的各种自然现象的泛称。现代通常指发生在地球大气层外的现象。

③ 昭昭：明白；显著。

第六课　太平洋中汽船

客有乘汽船[①]游太平洋者。风日晴美，海平如镜，至最上层游览场中，凭高望远，水天一色，不知其几万里也，心目与之俱远。场周五百余尺，前为广堂，宽与舟相等，地铺石版，覆以红毡。堂顶启牖[②]，弯弯作新月状。下设电灯，至夕，千穗一焰，光耀夺目。堂后为音乐室，室前置风琴，管籥毕陈，俾客各奏其所习。为图书室，搜集名家著述，胪列数十百厨，以待借读者。其侧又为数室，室各置坐具，四周如大环，俾客各以类聚，毋相羼[③]也。场后复有室，遥与堂对，广亦相埒，是为群客聚集之处。别室备吸烟，供沐浴，与寝室参错其间。盖最上层尽于此矣。

客所处者为第二层，寝室在右舷[④]，行厨仆役在左舷，便于呼应，而不得穿越。寝室中坐卧盥洗之具，皆工致绝伦。室凡四列，各有休息盥沐之所。餐堂布长席，可容二百余人，壁傅漆，碧素相杂，糁以金泥，其华美皆类此。

更下复有二层，所以处二三等之客，储煤蓄水，虽华美弗逮，而坚致则同。隔以复壁，不使渗漏，以备万一遇险，水不遽入，虑至密也。

客既周历首尾，乃谘于舟人:“长几何耶？”曰:“五百七十尺有奇也。”“广几何耶？”曰:“六十三尺也。”“容积几何耶？”曰:“一万八千吨也。”且曰:“大西洋中之汽船，其华丽宏大，更有远过于此者。”

今者拘墟之子，或以远涉重洋为险，宁知凌波稳渡，其可乐固如是耶！

原文大意略略懂

有一个人乘坐轮船游览太平洋。（这一天）天气晴朗，风和日丽，海面平静得就像一面镜子。他来到轮船的最上层游览场中，登高远望，只见海天一色，所见不知几万里，于是心胸和眼界都随之开阔起来。场周五百多尺，前面是广堂，宽和船宽相等。地面铺上石板，盖上红色地毯。广堂顶部开了一扇窗，弯弯的像月亮。顶下设电灯，到了晚上，灯火辉煌，光彩夺目。堂后是音乐室，室前放了一架风琴，陈列着管箫。客人演奏他们所熟悉的乐器。图书室罗列了几百厨名家著作以待读者借阅。图书室的侧面又有好几个房间。室内都设置了座椅，四周就像一个大环，这是为了方便地位相近的乘客相聚在一起，不至于混杂。场后又有几个屋子，与广堂遥遥相对，广度也与它差不多。这是乘客聚集的地方。另外还有专门吸烟、沐浴的屋子，与寝室参错。这就是最上一层的情况。

客人住在第二层。客人的寝室在右边，厨师和仆人的寝室在左边，这是为了方便客人呼唤佣人，并且使他们不能随意穿越客人房间。客人的寝室里，坐卧盥洗的器具都精美绝伦。这样的寝室有四列，各有休息和洗浴的地方。餐厅里布置着长桌，可以容纳两百人，墙壁上刷了漆，绿色和白色相参杂，混合着金色的泥。上等舱的装饰都像餐厅这样华美。

再下面还有两层，用来接待二三等客人，也用于储备煤和水。虽然华美的程度不能和一等舱相比，但是却一样的坚固精致。它们都有两层墙壁，使水不会渗漏，以防万一船遇险，水不能很快进来。汽船设计者的考虑十分周密。

他游遍了汽船以后，又向船上的船员咨询船的情况，问："船长多少？"船员回答说："五百七十多尺。"又问："宽多少？"船员回答说："六十三尺。"他又问："船容量多少？"船员说："一万八千吨。"并且告诉他，在大西洋中，还有比这船更加宏大华丽的。

现在有些孤陋寡闻的人或许以为远游海洋是危险的事，他们哪里知道船在平静的波浪中平稳地航行，原来是这样让人快乐啊！

特别注释提醒你

① 汽船：本文的汽船指用蒸汽驱动的轮船。

② 牖（yǒu）：窗户。

③ 羼：参杂，混杂。

④ 右舷：从船尾向船首看时，左侧叫"左舷"，右侧叫"右舷"。

第七课　交通

语曰：水性使人通，山性使人塞。故近海之民，其开化常早，远海之民，其开化较迟。欧洲之开化，早于澳非；中国、印度之开化，早于中央及北方亚细亚，职是故也。

交通之发达，始于河湖，进及沿海，更进乃及于远洋，而今后则又将进入于大陆。试观澳洲纵贯铁道之成，而英属南非洲之铁道，亦将过湖水地方，而接连于埃及，可知也。自今以往，山岭重叠之地，沙漠绵亘之乡，将无往而非文明国民势力之所及矣。

往者瀛海未通之时，亚、欧、非、澳、南北美之人民，固渺乎其不相涉也。自汽船之用既宏，浩渺重洋，如航一苇，而澳洲白，非人奴，南北美辟，亚洲沿海诸国亦骎骎[1]不自保矣。交通之进步，既有加无已，则今后之立国于大陆者，可不思所以自保之策哉。

原文大意略略懂

常言说："水性使人通，山性使人塞。"所以，邻近海洋的人们往往开化得更早，远离海洋的人们往往开化得较晚。欧洲的开化早于澳洲、非洲；中国、印度的开化早于中亚、北方亚细亚，都是这个缘故。

交通的发达是从河流、湖泊开始的，接下来就是沿海，再接下来就是海洋。以后，交通还将会延伸到内陆地区。试看澳洲纵贯铁路的建成，而作为英国殖民地的南非的铁路也将穿越湖泊与埃及连接，就可知道这种趋势了。从今以后，崇山峻岭之地、沙漠绵延之乡，将会畅通无阻，文明国家人民的势力将没有到达不了的地方。

以前海上交通没有开通的时候，亚洲、欧洲、非洲、澳洲、南北美洲的人们本来相隔渺远，他们彼此不互相干涉。自从汽船开始使用，在浩渺的大洋上航行就像一根芦苇一样快捷，因而出现了澳洲的白人、非洲的黑奴、南北美洲的开辟。亚洲沿海各国也很快不能自保了。交通的进步有增无减，那么，今想要在大陆建立国家的人，怎么可以不思考自保的策略呢？

特别注释提醒你

①骎骎：形容马跑得很快的样子。比喻事业尽展的很快。

第八课　学术

利物前民之用，强兵富国之图，至今日，莫不有赖于学术。故各国政府咸汲[①]汲焉，思所以提倡奖励之。于发明品，则持许其专利；于著作物，则保护其版权，皆所以鼓舞其民，使能精心研究也。

不特此也，其社会相与集合研究之风亦最盛。私人之捐赀设立学校，补助图书馆博物院等事业者，既屡有所闻。又有所谓学会者，集一国中通人硕士共讲肄焉。其学识深邃，名望夙著者，虽籍隶异国，亦推为名誉会员。每一国中，新刊之书籍、杂志岁以千万计。其有艰深之理，重要之事，为少数人所不能解决者，则又悬赏征答，以冀众人之相与研究焉。呜呼！何其盛也！

我国社会，聚徒讲习之事罕有所闻。朋从相集，非博奕饮酒，则闲言送日耳。昔顾亭林尝悼晚明之习，谓南方学者皆言不及义，好行小慧；北方学者皆饱食终日，无所用心。以今日之风气较之，亦何以自解哉？不学则愚，愚则弱，弱则亡，我国人不可不深自省也。

原文大意略略懂

利用技术推进人民生活用度，实现强兵富国的理想，到了今天，没有不依赖学术的。因此，各国迫切发展学术，想尽办法提倡奖励发明创造。对发明品就给予专利许可；对著作物就保护版权，这些都是用来鼓舞国家的人民，使他们能专心研究。

不仅如此，西方各国社会上的研究者集合在一起搞研究的风气也极大盛行。我经常听说有私人捐资建设学校，资助图书馆、博物馆等事业。又有称为学会的，集合一国中普通学者和研究硕士一起讲学。那些学识深邃、名望一向很高的人，虽然隶属外国国籍，但也被推为名誉会员。每一个国家新刊印出版的书籍、杂志达到几千万。其中有艰深的道理、重要的事情，而少数人不能解决的，就悬赏征集答案，希望大众能参与研究。啊！这种学术研究是多么盛行！

在我们国家，聚集大众讲授学问的事情很少听到。朋友们相聚在一起，不是下棋、赌博、喝酒，就是闲聊以打发时间。以前顾炎武悲叹晚明的陋俗，说南方的学者都不谈仁义之事，喜欢耍小聪明；而北方的学者就每天吃喝，无所事事。用现在的情形和那时候比较，又有什么进步呢？不学习就会变得愚昧、软弱，国家就会灭亡，我国的人们要深深反省自己啊！

特别注释提醒你

①汲：本义是从井里打水，取水。而“汲汲”则专门形容急切的样子，表示急于得到的意思。

第九课　饥民惨状记

丁未冬，居上海，得友人函，言饥民状，予心怦然动，然未一见也。昨以事返扬州。扬州襟江带湖①，饥民南下者，均麕②集于此。既登陆，晤友人，询扬近事，曰："饥民可悲也。"予心又怦然动。翌日，以事往乡间，出城西南行。是日，朔风怒号，扑面如割，遍野皆作白色。予方饱食醉酒，犹时时肌起栗。行不数武③，见若老、若小、若妇、若男瑟缩遍官道傍，弥望而是。询之皆饥民，有司以圩居之，圩筑以土，圩内聚而居者，不知其几千万也。既入圩，则席棚趾相错，每一姓以一棚界④之。有著单衣者，有并单衣无之仅以破布被体者，匍匐僵处朔风中，瑟瑟战不已。每经一棚，无不闻哭声。有男女老幼相抱持哭者；有孩提子哭向其母索食，而母子均哭者；有偃卧草上，拥破席，色如陈死人，而其家属对之哭者。

哭声既遍野，人语举不得闻。有一人手持竹筐，不知从何许得残沈，杂红白，方欲自奉，旁坐者见之，则互抢攘。偶一不慎，筐倾于地，鸠⑤形者咸奔集，手爪腻漆，鹰攫狼搏，残粒顷刻尽。时日光从棚席下，咸匍匐骈踵就曝日中，犹战栗不止。一妇哭甚哀，与之钱，受而哭不止。问之，曰："吾家都七人，吾翁死最早，吾姑死，吾夫又死，今昨两日，吾之长次两子又死，所存者惟吾及一女，亦三数日内人耳。"

予问曰："若曹[⑥]胡不归乎？"曰："无家可归也。"曰："地方官不尝为冬赈局乎？"曰："人数过众，杯水车薪[⑦]，无济于事。且所给者皆豆饼，豆饼榨油之余粕也，食之者往往得疾死，死者日百数十也。"予闻之，心益动，涕靡靡[⑧]堕，不忍再进，遂废然返。

原文大意略略懂

丁未年的冬天，我居住在上海，收到一封朋友给我写的信，信中说到饥民的状况。我看了信后，心怦然而动。当时我没有看到过饥民的惨状。

前些天，我有事返回扬州。扬州是一个江河湖泊互相萦绕交错的地方，向南方迁移的饥民都聚集在这里。上了岸以后，我遇见了朋友，向他询问扬州近来的状况，朋友说："饥民悲惨啊！"我的心又怦怦跳动起来。第二天，我因有事要去乡下，于是出了扬州城向西南方走去。那一天，寒风怒号，刮在脸上如刀割般疼痛，田野一片白茫茫。我那时刚吃饱了饭，喝醉了酒，还时时被寒风吹得毛孔竖起来，直发抖。没走几步，我看见有不少老人、小孩、妇女、男子蜷缩在路旁瑟瑟发抖。放眼望去，路边都是这样的人。我上前询问，才知道他们都是饥民。官府让他们居住在用泥土建造的圩里。圩内聚集了不知几千几万人。我进入圩内一看，只见草棚子相错排列着。每一姓分给一个棚。再仔细一看，有的人只穿着一件衣服，有的人连一件单衣也没有，而只用一块破布遮盖身体。他们僵直地匍匐在地，在寒风中不停瑟瑟发抖。我每经过一个草棚都听到哭声。有男女老幼抱在一起痛哭的。有小孩向妈妈哭着要吃的，而他的妈妈与他一起哭泣的。有家属对卧在草上、抱着破草席面如死灰的亲人哭泣的。

哭声遍野，连人说话的声音也听不清。有一个人手里拿着一个竹筐不知道从哪里得到一点残汤，汤汁夹杂着红色和白色的东西。他刚想要吃时，旁边的人看见了就去抢。一不小心，筐倒在了地上，面黄肌瘦的人都奔上去抢，用手抓着油腻的食物就狼吞虎咽地吃起来。顷刻间连一点饭粒也没有了。

当时，阳光从草棚顶部直射下来，人就算匍匐骈踵地在阳光下暴晒也还是不停发抖。其中有一个妇女哭得最悲伤，我给她钱，她接过钱还是不停地哭。我问她原因，她说："我家里一共有七口人，我公公死得最早，接着我婆婆死了，后来我丈夫又死了。昨天、今天两天我的大儿子和二儿子又死了。现在只有我和一个女儿还活着。而我们俩也是快要死的人了。"我问她："你们为什么不回家呢？"她说："我们无家可归啊！"我说："地方官府没有设置冬赈局吗？"她说："饥民过多，官府的救济也无济于事。况且官府发放的都是豆饼，豆饼是用榨油剩余的糟粕做的，吃了它的人就会得病，每天有一百几十个人因此而死。"我听了以后，心跳动得更加厉害，眼泪渐渐流下来，不忍心再继续看下去，伤感地回来了。

特别注释提醒你

①襟江带湖：襟，衣襟；带，衣带。形容江河湖泊之间相互萦绕交错，如同衣襟和衣带一样。

② 麕：成群。

③ 武：脚步。

④ 畀：给，给予。

⑤ 鸠：鸟，鸠鸽科部分种类的统称。鸠形鹄面：形容人因饥饿而很瘦的样子。

⑥ 曹：相当于“们”。

⑦ 杯水车薪：用一杯水去救一车着了火的柴草。比喻无济于事，徒劳无功。

⑧ 靡靡：引申为逐渐、渐渐。

第十课　慈善事业

世有至不平之事焉，富者甚富，贫者甚贫。富者遇贫者，未尝有恻隐[①]之心，且从而贱视之，呵斥之。呜呼！是诚何心！

今非无慈善之人也。遇饥者与以饭，遇寒者赠以衣，其用心亦良苦矣。然其效卒鲜，何哉？有以养之，无以教之也。

夫慈善云者，`当为积极之进行，不当为消极之补缀，当使人人咸能自立，而不当使之待养于人。故欲为慈善者，如医院，如疯人院，如孤儿院，如习艺所，如聋瞽[②]残废学校，以及平时之大工厂，大建筑，战争时之红十字会，凶荒水火时之赈济团等，皆宜量力为之。虽操术不同，然慈善之旨则一也。体天地好生之德，以为根本之拯救。不禁为全世界既饥既溺[③]之民，祷祀求之矣。

抑余更有说焉。欲为慈善，不必专恃乎力也。力有不逮，救之以言。人无知识，我浚其灵明；人而庸懦，我鼓其志气。遇亲故如是，遇寻常相识者亦如是，即遇不相识者，亦仍如是。是其慈善，虽若无实迹可见，然由暂而常，由寡而众，即一启口间，人已蒙无穷之惠矣。先哲有言："仁人之言其利溥。"其是之谓乎！彼心乎慈善，而力有不逮者，盍[④]取法于斯？

原文大意略略懂

世上有最不公平的事存在。富者更富，贫者更贫。而富贵的人遇见贫穷的人却没有一点同情心，反而鄙视他们，呵斥他们。天啊！这是什么心肠啊！

现在并非没有做慈善事业的人。遇见饥饿的人就施舍给他饭，遇见严寒的人就赠送给他衣，他们可以说是用心良苦了。然而他们这样做的效果并不明显。为什么呢？这是因为他们只是供养穷人，并不教育穷人。

做慈善事业，应当积极推行，而不当消极补缀，应当让人人都能自力更生，而不当使他们依赖他人供养。因此，想要做慈善事业的，比如医院、孤儿院、疯人院、艺校、聋哑盲人残疾学校，以及平时的大工厂、大建筑、战争时期的红十字会、灾荒时期的赈济集团等，都应该按照实际力量实施慈善事业。虽然操作方法不同，但是慈善事业的宗旨是一样的，即以体现天地好生之德为拯救的根本。这是全世界既饥饿又困窘的人所祈祷的啊！

这里我还有话要说。做慈善事业不一定要只是依靠财力，如果财力不够，就用言语。对没有知识的人，我开发他的聪明灵性。对性格懦弱的人，我鼓舞他的志向勇气。对亲戚朋友这样，对普通认识的人也这样，对不认识的人也仍然这样。虽然这种慈善行为没有实际的痕迹可见，但是由暂时到长久，由少到多，在你一开口的一瞬间，别人从中受到的恩惠已经无穷了。古代的圣人说："仁人之言其利溥。"说的就是这个道理啊！那些有心做慈善事业但财力不够的人何不采用这种方法？

特别注释提醒你

① 恻隐：对别人的不幸表示同情。形容对人寄予同情。

② 瞽（gǔ）：眼睛失明。

③ 溺：陷入困境。

④ 盍（hé）：（副）何不。

第十一课　与安子介书

唐顺之

谨具布被一端[①]，奉为令爱[②]送嫁之需。

布被诚至质且陋矣。然以之厕于绵绣绫绮，销金缀翠，玄[③]朱错陈之间，则如苇箫[④]土鼓，而与朱弦[⑤]、玉磬[⑥]、金钟、大镛[⑦]相答响，乃更足以成文。又如贵介公子，张筵邀客，珠履貂冠，狐裘豹袖，联翩杂坐，既美且都[⑧]。而有一山泽被褐[⑨]老人，逍遥曳杖[⑩]其间，乃更足以妆点风景，而不害其为质且陋也。

且夫桓少君[⑪]之事，兄之所以养成闺行，而出乎习俗之外者，又岂多让古人哉？素辱知爱，敢以家之所常用者为献，而侑[⑫]之以辞。

原文大意略略懂

敬备布被数丈，奉送给您的爱女作为出嫁添箱之物。

布被确实质朴简陋至极。但是把它放在锦、绣、绫、绮这类丝织品的旁边而那些丝织品刺绣着美丽的图案，镶嵌着亮丽的金丝，点缀着光洁的翠玉，交错着鲜艳的颜色。这就像苇萧及土鼓这样粗陋的乐器与朱弦、玉磬、金钟、大镛这般精致的的乐器互相应答一样，反而更加有效果。又像尊贵的王公子弟摆酒席招待客人。客人们脚上穿着用珍珠镶嵌的鞋子，头上戴着用貂毛点缀的帽子，身上穿着用豹皮缘饰衣袖，用狐皮制作的大衣，他们相聚坐在一起既美丽又文雅大方。这时，有一个穿着粗布麻衣、拄着拐杖的老人无拘无束，神态自然地坐到他们中间。这样反而更能装点风景，而不会因为老人的质朴、简陋大杀风景。

况且兄长您一向以桓少君的品德来教育女儿，并且有着超出世俗之外的品行，兄长您岂会逊色于古人呢？我一向蒙受您的关爱，才胆敢把家里日常用的东西用来送给您，以报答您的恩情。

特别注释提醒你

①一端："端"为量词，布帛的长度单位，有的说两丈为一端，也有的说六丈为一端。

②令爱：对对方女儿的尊称。

③玄：黑色。

④苇箫：截苇为箫。

⑤朱弦：用练丝制成的琴弦。

⑥玉磬：用玉制成的磬。

⑦大镛：大钟。

⑧都：安娴文静，大方。

⑨被褐：穿着粗布衣服。

⑩曳杖：拄着拐杖。曳，牵引。

⑪桓少君：东汉鲍宣的妻子，初嫁鲍宣。鲍宣讨厌她的陪嫁太华贵。桓少君于是去掉服饰，换穿短布衣裳，"与鲍宣共挽鹿车归里，礼姑礼毕，提瓮出汲，修行妇道，乡邦称之"。

⑫侑：报答。

第十二课　书陈怀立传神

苏 轼

传神[①]之难在于目。顾虎头[②]之传神写照，都在阿堵[③]中，其次在颧颊[④]。吾尝于灯下，顾见颊影，使人就壁画之，不作眉目。见者皆失笑，知其为吾也。目与颧颊似，余无不似者。眉与鼻口，盖可增减取似也。

传神与相[⑤]一道。欲得其人之天，法当于众中阴察其举止。今乃使具衣冠坐，注视一物。彼敛容自持，岂复见其天乎？

凡人意思[⑥]，各有所在，或在眉目，或在鼻口。虎头云：“颊上加三毛，觉精采殊胜。”则此人意思，盖在颧颊间也。优孟[⑦]学孙叔敖[⑧]，抵掌谈笑，至使人谓死者复生。此岂能举体皆是耶？亦得其意思所在而已，使画者悟此理，则人人可以为顾陆[⑨]。

吾尝见僧惟真画曾鲁公[⑩]，初不甚似。一日，往见公，归而甚喜，曰：“吾得之矣！”乃于眉后加三纹，隐约可见，作仰首上视，眉扬而额蹙[⑪]者，遂大似。

南都人陈怀立传吾神，众以为得其全者。怀立举止如诸生，萧然[⑫]有意于笔墨之外者也。故以所闻者助发之。

原文大意略略懂

为人画像的难点在于画眼睛。顾恺之绘画的传神写照，都在人物的眼睛里，其次在颧颊上。我曾经在灯下看见灯光反射在墙上的侧影，就让人把它画在墙壁上，不画眉毛和眼睛，看见的人都笑了，知道墙壁上画的的那个人就是我。（画人像的时候）只要眼睛与颧颊相似了，其他的没有不相似的。眉毛、鼻子和嘴巴大概可以通过增减使它们相似。

画肖像和看相是一个道理。想要得到一个人的天然本质，方法就是在众人中暗暗观察他的行为态度。现在有的人画人像，让人穿着衣服、带着帽子坐在那里，让他注视一件东西，那个人于是收敛笑容约束自己，这样怎么能看见他的本性呢？

每个人的神情都显示在不同部位，有的体现在眉毛上，有的体现在鼻子或嘴巴上。顾恺之说："脸颊上加上三笔，就会觉得这个人特别有精神。"那么这个人的特征就在脸颊胡须之间。优孟学孙叔敖拍掌谈笑，以至于使人觉得孙叔敖死而复生。这岂能学得全部都相似呢？只不过是优孟知道孙叔敖的神情所在罢了。倘使绘画的人领悟了这个道理，那么他就可以成为顾恺之、陆探微这样的大画家了。

我曾经看见僧人维真画曾鲁公，刚开始画得不像。有一天，他去见曾鲁公，回来后很高兴，说："我明白了。"于是，他在曾鲁公的眉毛后面加上三条皱纹，隐约可见，把他画成一个抬头向上看、扬着眉毛、紧皱眉头的人，于是画画得极其相似。

南都人陈怀立帮我画像，大家都说画得很逼真。怀立言行举止就像书生，不拘泥于俗套（不屑于线条形体而重在传神）。所以我以我的见闻来启发他。

特别注释提醒你

① 传神：写真，指人物肖像画。

② 顾虎头：东晋画家顾恺之小字虎头，故称顾虎头。

③ 阿堵：是六朝和唐时的常用语，相当于现代汉语的“关键处”。这里指眼睛。

④ 颧颊：颧骨与颊骨。

⑤ 相：看相，一种世俗迷信。

⑥ 意思：神情。

⑦ 优孟：春秋时期楚国宫廷艺人。以优伶为业，名孟，故得名。擅长表演，常谈笑讽谏时事。

⑧ 孙叔敖：春秋时期楚国期思人，楚国名臣，在海子湖边被楚庄王举用。

⑨ 顾陆：指顾恺之和陆探微。

⑩ 曾鲁公：指曾公亮，北宋著名政治家、军事家、军火家。

⑪ 额蹙：不高兴或全神贯注时的皱眉头。

⑫ 萧然：潇洒、悠闲。

第十三课　核工记

宋起凤[1]

季弟获桃坠[2]一枚，长五分许，横广四分。全核向背皆山，山坳插一城池，历历可数。

城巅具层楼。楼门洞敞，中有人，类司更卒，执桴[3]鼓，若寒冻不胜[4]者。

枕山麓一寺。老松隐蔽三章。松下凿双户，可开阖。户内一僧，侧首倾听。户虚掩，如应门。洞开，如延纳[5]状。左右度之无不宜。松外东来一衲，负卷帙踉跄[6]行，若为佛事[7]夜归者。对林一小陀，似闻足音仆仆前。

核侧出浮屠[8]七级，距滩半黍。近滩维[9]一舟。篷窗短舷间，有客凭几假寐，形若渐寤然。舟尾一小童，拥炉嘘火，盖供客茗饮也。舣[10]舟处当寺阴，高阜，钟阁踞焉。叩钟者貌爽爽自得，睡足徐兴乃尔。

山顶月晦半规，杂疏星数点，下则波纹涨起，作潮来候[11]。

取诗"姑苏城外寒山寺，夜半钟声到客船"之句。计人凡七，僧四、客一、童一、卒一。宫室器具凡九：城一、楼一、招提[12]一、浮屠一、舟一、阁一、炉灶一、钟鼓各一。景凡七：山、水、林木、滩石、四星、月、灯火三。而人事如传更、报晓、候门、夜归、隐几、煎茶，统为六。各殊致[13]殊意，且并其愁、苦、寒惧、凝思诸态，一一肖[14]之。

原文大意略略懂

我的弟弟得到了一枚桃核坠子，长五分左右，宽四分。整个桃核正面和背面都是山，山坳处有一座城，城墙上的垛子清晰可见。

城顶有一幢高楼。楼门大开着，里面有一个人，像是打更的更夫拿着鼓槌打鼓，好像经受不住这寒冷天气的样子。

山脚处有一座寺院。寺院里隐蔽着三棵古老的松树。松树下面开了两扇门，可以开合。门里面有一个和尚，侧着头倾听。门半掩着，好像是等着谁应声开门的样子。门大开着，好像在请谁进去的样子。以上两种情况反复揣测没有不合适的。松树东面来了一个和尚，背着佛经跌跌撞撞地向前走，好像是刚为人家做完法事回来。对面的树林里有一个小和尚，好像是听到了脚步声急急忙忙地走上前的样子。

桃核的侧面露出一座七层宝塔，距离河滩有半分远。靠近河滩的地方系着一条小船，在篷窗与短弦之间，有一个船客靠着茶几打盹，好像快要睡醒了的样子。船尾有一个小童，在炉旁吹火，大概是烧水给客人泡茶喝吧！船停靠在寺院的背面，高处的土山上有敲钟的阁楼。敲钟的人神色飞扬，怡然自得，是睡足了慢慢醒来后才这样的啊。

山顶上的月亮昏暗，呈半圆形。天空夹杂着几颗星星。山下的水面涨起来了，像是大潮要来的样子。

整个桃坠的创意取自于唐朝张继的“姑苏城外寒山寺，夜半钟声到客船”的诗句。整个桃坠上总共有七个人，分别是：四个和尚、一个船客、一个小童、一个士兵。房屋器具等共有九个，分别是：一座城、一座楼、一座寺院、一座宝塔、一条小舟、一幢阁楼、一个炉灶，钟和鼓各一个。景致共有七处，分别是：山、水、林木、滩石、四颗星星、月亮、三盏灯火。而人的活动则有传更、报晓、候门、夜归、隐几、煎茶，总共六项，各自神情态度都不相同。并且、他们愁眉苦脸、畏惧严寒、凝聚神思各种神态，都模仿得很像。

特别注释提醒你

① 宋起凤：字来仪，清康熙时河北人。

② 桃坠：桃核做的坠子。

③ 桴：鼓槌。

④ 不胜：受不了。

⑤ 延纳：邀请（人）进门。

⑥ 踉跄：跌跌撞撞，走路不稳。

⑦ 佛事：和尚给人念经。

⑧ 浮屠：宝塔。

⑨ 维：用绳栓着。

⑩ 舣：拢船靠岸。

⑪ 候：征兆。

⑫ 招提：寺庙。

⑬ 殊致：不同的情趣。

⑭ 肖：相像。

第十四课　病梅馆记

龚自珍

江宁[①]之龙蟠[②]，苏州之邓尉，杭州之西溪，皆产梅。或曰："梅以曲为美，直则无姿；以欹[③]为美，正则无景；以疎为美，密则无态。"固也。此文人画士，心知其意，未可明诏[④]大号，以绳天下之梅也；又不可以使天下之民，斫[⑤]直、删密、锄正，以夭梅病梅[⑥]为业，以求钱也。梅之欹、之疏、之曲，又非蠢蠢求钱之民，能以其智力为也。有以文人画士孤癖之隐[⑦]，明告鬻[⑧]梅者，斫其正，养其旁条，删其密，夭其稚枝，锄其直，遏其生气，以求重价，而江浙之梅皆病。文人画士之祸之烈至此哉！

予购三百瓮[⑨]，皆病者，无一完者。既泣之三日，乃誓疗之：纵之，顺之，毁其瓮，悉埋于地，解其棕缚；以五年为期，必复之全之。予本非文人画士，甘受诟厉[⑩]，辟病梅之馆以贮之。

呜乎！安得使予多暇日，又多闲田，以广贮江宁、杭州、苏州之病梅，穷予生之光阴以疗梅也哉！

原文大意略略懂

江宁的龙蟠里、苏州的邓尉山、杭州的西溪，都出产梅。有人说："梅以枝干弯曲为美，笔直了就没有风姿；以枝干倾斜为美，端正了就没有景致；以枝干疏朗为美，稠密了就没有形态。”历来都是如此。对这种情形文人画士心里明白它的意思，却不便公开宣告，大声疾呼用这个标准来衡量天下的梅；又不可以使天下种梅人砍削笔直的、剪除繁密的、除掉端正的，以摧残梅，把梅弄成病态为职业来赚钱。梅的枝干的倾斜、疏朗、弯曲，又不是那些、只知忙着赚钱的人能够凭他们的智慧、能力做得到的。有的人把文人墨客隐藏在心中的嗜好明白地告诉卖梅的人，让他们砍掉端正的枝干，养护倾斜的侧枝，除去繁密的枝干，剪掉它的嫩枝，锄掉笔直的枝干，抑制它的生机，用这样的方法来谋求高价。于是江苏、浙江的梅都成病态了。文人画士所造成的祸害竟如此惨烈啊！

我买了三百盆梅，都是病梅，没有一盆完好的。我对着它们流了好几天泪，于是发誓要治好它们：放开它们，顺着它们的天性，毁掉那些盆子，把它们全部种在地里，解开捆绑它们的棕绳；以五年为期限，一定要使它们恢复本来面貌，保全它们的健康的状态。我本就不是文人画士，所以心甘情愿被人诟骂，于是设立一个病梅馆来贮存它们。

唉！怎样才能使我有很多闲暇的时间，又有很多空闲的田地，来大量贮存江宁、杭州、苏州的病梅，尽我一生的时光来治疗它们呢？

特别注释提醒你

① 江宁：今江苏南京。

② 龙蟠：龙蟠里，在今南京清凉山下。

③ 攲（qī）：倾斜。

④ 诏：告诉，一般指上告下。

⑤ 斫（zhuó）：砍削。

⑥ 夭梅病梅：摧折梅，把它弄成病态。

⑦ 隐：隐衷，隐藏心中特别的嗜好。

⑧ 鬻：卖。

⑨ 瓫（pén）：古用“盆”。

⑩ 诟厉：辱骂。

第十五课　美禁华工

美国加利福尼省，本荒野之区也。后以发见金矿，资本家欲开采之，而白种人不乐就，乃招华工以往。十数年后，地利大兴，向之荒凉满目者，一变而为富庶繁华。盖华工之力为最多也。不意其地既辟，至者渐多，而彼国有禁华工之举。

耐劳苦，勤工作，此华人特性。取价低廉，亦固其所。美工则缘是而妒之，美政府于是设种种苛例，凡华人至美，必须领有护照，初抵其境，由关员查验之。其查验也，非随到随验，必守候关员之至。守候之处为一木屋，内容湫隘[1]，甚于牢狱。当查验时，应对必慎，其或年貌姓名与护照稍有异同，立即驱逐出境，不许逗留。又华工初至，言语不通，有所询问每难洞晓，则关员任意去留之。以致重洋远涉，进退两难，饮泣吞声无从控诉者，所在多有。此皆为杜绝未来华工计也。

至于前已在美者，虽不能公然下逐客之令，然亦以注册为由派员搜查，备极骚扰，务令不得安居乐业，或他往，或返国，然后快。即已注册及假道之华工，亦用量囚徒身体之器量之，其辱之者至矣。

嗟乎！美之铁道、农场，其为华工所建筑开辟者何限？徒以国力不竞，我耕人获，利益不平。今澳洲等处，亦禁华工矣。世界茫茫，殆无往而非加利福尼省也。倘不亟谋自振，华人虽欲自食其力，亦岂可得耶？

原文大意略略懂

美国的加利弗尼亚州本来是荒芜之地。后来因为发现那里有金矿，资本家想去开采，但是白种人不乐意自己劳作，于是召集华工去那里。几十年后，土地得到大力开发，从前的满目荒凉之地变得富饶繁华。华工出力是最多的。没有想到，土地开辟以后，前来的人渐渐多起来，美国就有禁止雇用华工的举动。

吃苦耐劳、辛勤劳作是华人的特性，要价低廉也是华工的特点所在。美国工人因此而妒忌华工。美国政府于是设置种种苛刻的条例，凡是到美国的中国人必须领有护照，由关员检查。而这种检查并不是随到随查，必须守候关员的到来。等候的地方是一个小木屋，里面低洼狭小，比监狱还要恶劣。查验时应对一定要小心谨慎。如果有年龄和相貌同护照稍有不同，就立刻把他驱逐出境，不准逗留。又因为华工刚到美国，语言不通，有询问的事情也难以知晓。于是官员就任意决定华工的去留。以至远过海洋又陷入进退两难的境地、忍气吞声、没有地方控诉的华工大量存在。这些都是拒绝华工的计谋。

至于对以前已经在美国的华工，虽然不能公开下驱逐令，但是他们也以注册为借口，派官员搜查，极具侵犯、骚扰性，一定要逼得华工或迁移到别的国家去，或返回本国，不能安居乐业，然后才感到畅快。对已经注册及通过关口的华工，就用量囚徒的器具来量他们，对他们的侮辱到了极端的程度。

华工所建造的美国铁路和农场不可胜数。只因为我国国力不强，致使我华工辛勤劳动，成果却归他人所有，利益分配不公平。现在澳洲等地也禁用华工。世界茫茫，然而没有什么地方不是像加利弗尼亚州这样的。倘若我们还不谋求发展，华人即使想要自食其力，又怎么能实现呢？

特别注释提醒你

① 湫隘（jiǎo'ài）：低洼狭小。

第十六课　外交

凡独立之国，无论大小强弱，其在国际上之权利义务均立于平等地位，不以国力不齐而有异也。

自交通渐盛，国际交涉亦日繁，于是各国于内设外交部，更于外遣使互驻，以为外交机关。

驻外之外交官，为大使或公使。其职务在代表本国整理驻在国之交涉，故各国分遣使节常驻北京。我国亦遣使分驻于各国首都。

其为本国商务等利益，而遣驻于各国地方者，为领事官。领事官非全国代表也，不过依一定之法令，或听指挥于驻使，以执行其职务耳。若他国领事，在我国内有审判其本国人民讼案之权，乃因我与各国订约时，法律未备，司法制度未善所致，是当早求撤废者也。

吾国与各国缔约以来，外人以私人资格，来华经营事业，或游历考察者，后先接踵。我国人亦以经商游学等事，多远适他国。社会之往来日密，则彼此之疑阻自除。吾人处此，在国内当交道接礼，以尽地主之谊；在国外，尤当问禁问俗，详察外情，保持己国荣誉，增进己国利益。诚能内外相处，咸得其宜，则吾国与世界之平和关系将日臻深固。可见外交之责，初不限于少数之外交官吏也。

原文大意略略懂

凡是独立的国家，无论大小强弱，在国际上的权利和义务都处在平等的地位，不因为国力不一致而有差别。

随着交通的渐渐兴盛，世界各国的交流也越来越频繁，于是各国在国内设立外交部，又对外派遣外交使臣，互相驻扎，作为外交机关。

驻扎在外国的外交官称为大使或者公使。他们的职务是代表本国整理与所驻国的交涉。因此，各国都派遣了使臣长期驻扎于北京。我国也派遣使臣分别驻扎在其他各国首都。

那些为了本国的商务等利益而驻扎在其他国家的各行政区的官员叫做领事官。领事官不是一个国家的代表，只不过依照一定的法令或者听从驻扎使臣的指挥来执行他的职务而已。至于外国领事官有在我国审判他们国家的人民的诉讼权利，是因为我国在与他国订立条约时法律不完备，司法制度不完善。这些条约应该要求尽快撤除、废止了。

自从我国与外国缔结各种条约以来，外国以私人身份来中国经商或者游历考察的人接踵而来。我国人民也因经商、求学等事远到他国。社会交往日益密切，彼此的猜疑也自然消除了。我国人民处在这样的时期，在国内应当以礼接待外国人，以尽地主之谊。在国外就应当询问清楚当地的禁忌、风俗，详细考察他们的民俗风情，以维护本国的荣誉，增进本国的利益。如果真的能够内外和平相处，各得其宜，那么我国与世界其他国家的和平关系将会日益深厚、牢固。可见，外交的责任不仅限于外交官。

第十七课　唐且使秦

《国策》

唐且使于秦。秦王谓唐且曰："寡人以五百里之地易安陵，安陵君不听寡人，何也？且秦灭韩亡魏，而君以五十里之地存者，以君为长者，故不错意也。今吾以十倍之地，请广于君，而君逆寡人者，轻寡人与？"唐且对曰："否，非若是也。安陵君受地于先王而守之，虽千里不敢易也，岂直五百里哉？"

秦王怫然[①]怒，谓唐且曰："公亦尝闻天子之怒乎？"唐且曰："巨未尝闻也。"秦王曰："天子之怒，伏尸百万，流血千里。"唐且曰："大王尝闻布衣[②]之怒乎？"秦王曰："布衣之怒，亦免冠[③]徒跣，以头抢[④]地耳。"唐且曰："此庸夫之怒也，非士[⑤]之怒也。夫专诸[⑥]之刺王僚也，彗星袭月[⑦]。聂政[⑧]之刺韩傀也，白虹贯日[⑨]。要离[⑩]之刺庆忌也，苍鹰击于殿上。此三子者，皆布衣之士也。怀怒未发，休祲[⑪]降于天，与臣而将四[⑫]矣。若士必怒，伏尸二人[⑬]，流血五步，天下缟素[⑭]，今日是也。"挺剑而起。秦王色挠[⑮]，长跪[⑯]而谢之曰："先生坐，何至于此，寡人喻[⑰]矣。夫韩灭魏亡，而安陵以五十里之地存者，徒以有先生也。"

原文大意略略懂

唐且出使秦国。秦王对唐且说："我用方圆五百里的土地换安陵，安陵君不听从我，为什么啊？况且秦歼灭了韩、魏，安陵君之所以能凭借方圆五十里土地存在下来，是因为我认为安陵君是个忠厚老实的长者，因而不打他的主意。现在，我用十倍的土地，让安陵君扩大自己的领土，但安陵君反对我的建议，是轻视我吗？"唐且回答说："不对，不是这样。安陵君从先王那里接受土地只想守护它，即使大王拿出一千里，他也不敢交换，岂止五百里呢？"

秦王勃然大怒，对唐且说："您也听说过天子发怒吗？"唐且回答说："我没听说过。"秦王说："天子如果发怒，就会有百万尸体倒下，血流千里。"唐且问道："大王听说过布衣之士发怒吗？"秦王说："布衣发怒，也只不过是摘下帽子，光着脚丫，用头撞地而已。"唐且说："这是庸人的发怒，不是士人的发怒。专诸刺杀王僚的时候，彗星尾光扫过月亮；聂政刺杀韩傀的时候，白色的云气直穿天日；要离刺杀庆忌的时候，苍鹰直扑殿上。这三个人都是布衣之士，士人心中的愤怒还没有发作时，上天就要降示征兆。今天加上我，就成了四个人。如果士人非发怒不可，那么尽管倒下的是两具尸体，血流才五步，但全国老百姓都要穿白戴孝。今天就是这样。"说着，挺起利剑，站起身来。秦王很沮丧，挺身长跪道歉说："先生请坐！何必这样呢？我已明白了。韩、魏都灭亡了，安陵却能仅靠五十里土地而存留下来，都是因为有您存在啊！"

特别注释提醒你

① 佛然：勃然，脸上陡变怒色的样子。

② 布衣：普通百姓。

③ 冠：贵族男子戴的帽子，此指一般百姓戴的头巾。

④ 抢：撞，触。

⑤ 士：此指有本领、胆量的人。

⑥ 专诸：人名，伍子胥给吴公子光所荐的勇士。

⑦ 彗星袭月：彗星的尾光扫过月亮。

⑧ 聂政：战国时齐人。

⑨ 白虹贯日：一道白气上贯日光。

⑩ 要离：春秋吴国勇士。

⑪ 休祲：吉凶的征兆。休，祥气；祲，凶气。

⑫ 与臣而将四：专诸、要离、聂政加上唐且自己，将成为四个人了。

⑬ 伏尸二人：如唐且刺死秦王，自己也难免一死，所以这样说。

⑭ 缟素：一般指穿白戴孝。缟，未经染色的绢。素，白绸。

⑮ 色挠：脸色沮丧。

⑯ 长跪：耸身挺腰而跪。

⑰ 喻：明白，理解。

第十八课　木兰诗

唧唧[①]复唧唧，木兰当户[②]织。不闻机杼声[③]，惟闻女叹息。问女何所思，问女何所忆。女亦无所思，女亦无所忆。昨夜见军帖，可汗大点兵。军书十二卷，卷卷有爷[④]名。阿爷无大儿，木兰无长兄。愿为市鞍马，从此替爷征。

东市买骏马，西市买鞍鞯[⑤]，南市买辔头[⑥]，北市买长鞭。朝辞爷娘去，暮宿黄河边。不闻爷娘唤女声，但闻黄河流水鸣溅溅。旦辞黄河去，暮至黑水头。不闻爷娘唤女声，但闻燕山胡骑声啾啾。

万里赴戎机，关山度若飞。朔气传金柝，寒光照铁衣。将军百战死，壮士十年归。

归来见天子，天子坐明堂。策勋十二转，赏赐百千镪[⑦]。可汗问所欲，木兰不愿尚书郎，愿借明驼千里足，送儿还故乡。

爷娘闻女来，出郭相扶将。阿姊闻妹来，当户理红妆[⑧]。小弟闻姊来，磨刀霍霍[⑨]向猪羊。开我东阁门，坐我西阁床。脱我战时袍，着我旧时裳。当窗理云鬓[⑩]，对镜帖花黄[⑪]。出门看火伴[⑫]，火伴皆惊惶。同行十二年，不知木兰是女郎。

雄兔脚扑朔，雌兔眼迷离。两兔傍地走[⑬]，安能辨我是雄雌？

原文大意略略懂

织布机中不断传出“唧唧”的织布声，木兰正对着房门织布。听不见织布机织布的声音，只听见木兰在叹息。问木兰在想什么？问木兰在惦记什么？木兰没有在想什么，也没有在惦记什么。昨天晚上看见征兵文书，知道皇帝在大规模征兵，那么多卷征兵文册，每一卷上都有父亲的名字。父亲没有大儿子，木兰我没有兄长，木兰愿意到集市上去买马鞍和马匹，从此以后替代父亲去征战。

（于是）木兰在集市各地购买了马匹、鞍鞯、辔头、长鞭等用具。第二天早晨便离开父母，晚上宿营在黄河边，听不见父母呼唤女儿的声音，只能听到黄河“哗哗”的流水声。早晨离开黄河上路，晚上到达黑山头，听不见父母呼唤女儿的声音，只能听到燕山胡兵战马的啾啾的鸣叫声。

不远万里奔赴战场，翻越重重山岭如同鸟儿飞翔那样迅速。北方的寒气中传来打更声，月光映照着战士们的铠甲。将士们身经百战，有的为国捐躯，有的转战多年胜利归来。

胜利归来朝见天子，天子坐在殿堂上。给木兰记很大的功勋，得到的赏赐有千百金。天子问木兰想要什么官，木兰说不愿做尚书郎，希望骑上千里马，奔回故乡。

父母听说女儿回来了，走到城外去迎接；姐姐听说妹妹回来了，对着门户就打扮起来；弟弟听说姐姐回来了，急忙霍霍地磨刀杀猪宰羊。打开东阁的门，坐在西阁的床上，脱去打仗时穿的战袍，穿上女孩子的衣裳，临着窗子整理云一般的头发，对着镜子在在脸上贴花黄。走出去看一起打仗的伙伴，伙伴们很吃惊，在一起打仗十二年，竟然不知木兰是女孩。

提着兔子耳朵悬在半空中，雄兔两只前脚时时动弹，雌兔两只眼睛时常眯着，所以容易分辨。然而，雄雌两兔一起并排跑，怎能分辨出哪只是雄兔哪只是雌兔呢？

特别注释提醒你

①唧唧：纺织的声音。

②当户：对着门。

③机杼声：织布机发出的声音。

④爷：指父亲。

⑤鞯：马鞍下的垫子。

⑥辔头：驾驭牲口用的嚼子、笼头和缰绳。

⑦镪：古代称成串的钱。

⑧红妆：指女子的艳丽装束。

⑨霍霍：模拟磨刀的声音。

⑩云鬓：像云那样的鬓发。

⑪帖花黄：帖”通假字 通“贴”。花黄，古代妇女的一种面部装饰物。

⑫火伴：同伍的士兵。古代兵制十人为一火，火长一人管炊事，同火者称为火伴，现在泛指共同参加某种组织或从事某种活动的人，写作伙伴。

⑬傍地走：贴着地面并排跑。

第十九课　辟浮屠

刘 基

浮屠①氏设为祸福之论，亦巧于致人②者。人情无不爱其亲③。而谓冥冥之中，欲加以罪，孰不恻然④动心？故中材⑤之人，波驰蚁附⑥。若目见其死者拘于囹圄⑦，受箠楚⑧而望救，虽有笃行⑨守道之亲，则亦文致⑩其罪，以告哀于土偶、木桶之前。彼固自以为孝，而不知为大不孝，岂不哀哉？

浮屠又谓妇人之育子者，必有大罪，入地狱。故儿女子尤笃信其说，持斋念佛，以致恩于母。吾不知司是狱者为谁？人必有母，将舍己母而狱人之母欤？将并己母而狱之欤？狱己母，不孝。舍己母而狱人之母，不公。不孝不公，俱不可以令将见群起而攻之矣。虽有狱，谁与治之？吾知其必无是事也。

原文大意略略懂

佛教徒创设祸福的理论，也可以说是巧妙控制人们。人没有不爱他的父母的。而佛教徒说上天会在冥冥之中加罪于他的父母身上，谁能不产生怜悯之情、悲伤心动呢？因此，平庸的人就迅速趋附它，好像亲眼看见死去的父母被拘禁在地下监牢里受鞭子的抽打而指望在阳间的亲人来拯救他们。

虽然他死去的父母活着的时候切实恪守道德，但是他也歪曲事实，给父母罗列罪名，在土偶或木偶前哀求。他认为这样做是尽孝道，却不知其实这是大不孝。这难道不可悲吗？

佛教徒又说，妇女生育孩子必定会被以大罪打入地狱。因此，做儿女的尤其相信这个说法，吃斋念佛来感谢母亲。我不知道管理这阴间监狱的人是谁。每个人都有母亲，他是放走自己的母亲而把别人的母亲打入地狱呢？还是把自己的母亲一起打入地狱？囚禁自己的母亲是不孝，但是放走自己的母亲而囚禁他人的母亲就是不公。不孝和不公两者都会被大家集合起来攻击的。虽然有地狱，那么谁来治理它呢？我想必定是没有这样的事的。

特别注释提醒你

① 浮屠：亦作浮图。古人称佛教徒为浮屠，后来也称佛塔为浮屠。

② 致人：控制别人。

③ 亲：指父母。

④ 恻然：哀怜、悲伤的样子。

⑤ 中材：中等才能。

⑥ 蚁附：像蚂蚁一样趋集缘附。

⑦ 囹圄：监牢。

⑧ 箠楚：棰楚，鞭杖之类刑具。

⑨ 笃行：切实履行；专心实行。

⑩ 文致：谓舞文弄法，致人于罪。

第二十课　信徒

求幸福，畏灾祸，保持现在，希冀未来，此人心所同也。于是具大智慧者，迎普通之心理，定信仰于一尊，标明宗旨，创建仪式，集合党徒，虔心崇拜，以达其希望，而宗教以兴。

世界宗教派别甚多，以佛、回[①]、耶三教为大，而耶教又分新旧两派。当欧洲古代，政教混合。扩大教规只凭权力。党同伐异[②]，视为当然。后更同教相争，此矜改革，彼号保存。口舌无功，继以武力，杀机一起，蔓延至数十百年。平心论之，甚无谓也。

人心不同，各如其面，岂易强而齐之？况教旨虽殊，类足化导社会。其以平等为怀，祈祷为事，又各教皆然。试阅内典《可兰经》、新旧约各书，一斑固可见也。

吾国历史，向无宗教战争之祸。今者信教自由，更明著之法律矣。惟信教不限一宗，而爱国必归一致，是又吾民所当知也。

原文大意略略懂

乞求幸福，畏惧灾祸，保持现在，憧憬未来，这是人们共同的心理。于是，具有大智慧的人就迎合普通人的心理，使人们只信一个神，标明宗旨，创设仪式，集合信徒，虔心崇拜，希望达成愿望。因此，宗教得以兴盛起来。

世界上的宗教派别很多，以佛教、伊斯兰教、基督教为世界三大宗教。基督教又分为新旧两派。欧洲古代的时候，政治和宗教合二为一，扩大教规只需要凭借权力。因此，宗教各派之间互相排挤、打击也被看做很自然的事情。后来变成同一宗教（内部）的相互争斗。这一派崇尚改革，那一派就号召保守。口头上的争斗没有效用接着就动用武力，杀机一旦兴起，就要延续数百年。平心而论，这实在是没有必要。

人的心理如同人的外貌一样是不相同的。岂能强求他人改变来追求同一？况且各个宗教的宗旨虽然不一样，但是他们同样都能开化、引导社会。以平等为怀、祈祷为事又是宗教的共同点。试着阅读宗教内部的经典《可兰经》、新约全书、旧约全书，就可以看出这一点了。

我国历史上一向没有宗教战争。现在宗教信仰自由更是明白地在法律上注明了。只是，我国人民的信仰虽然不限于一个宗教，但是爱国的心必定归于一致，这是国民应该知道的。

特别注释提醒你

① 回：伊斯兰教。

② 党同伐异：和自己同派的就拉拢或偏袒，不一派的就排挤或攻击。伐，讨伐，攻击。

第二十一课　俾斯麦（上）

欧洲英杰，继拿破仑而起者，厥惟俾斯麦。初，罗马之亡也，欧洲中原之地，德奥法实分据之。奥法久以强大闻，惟德介两大，诸邦分裂，积见侵侮，莫能自振也。

西历千八百六十一年，普鲁士王威廉一世立相俾斯麦，谋统一诸邦。首务扩张军备，议院不可。俾斯麦乃演说，曰："普之于德，自有其当处之地位，昔以实力不足，故屡失之。今欲决此，惟铁与血耳。"议员犹不许。俾斯麦乃赞王，解散议院，力行其政策。

时奥方为德盟主。而法王拿破仑三世亦以雄才大略闻于时。俾斯麦虑法、奥之合也，则潜约拿破仑，使于德、奥战时守中立，又与意大利结攻守同盟。奥人闻之，大修战备。威廉即位后六年，开战。奥人大败，弃其主盟之权，而许普合北德意志为联邦。

然南部诸邦，犹未服也。拿破仑忌普之强也，复结欢于奥。且构南邦，使贰于普。普奥战后四年，普法复开战。法兵大败，拿破仑被俘，巴黎亦陷，割地偿款以和。南部诸邦乃争合于北，而今德意志帝国以立。

原文大意略略懂

欧洲的英雄豪杰继拿破仑之后就是俾斯麦了。当初，罗马帝国灭亡之后，欧洲中部的土地实际上被德国、奥地利和法国分割了。奥地利和法国长久以来都以强大闻名。只有德国处在两强之间，各个邦国分裂，多次遭受侵略、欺侮，不能自我振兴。

公元1861年，普鲁士国王威廉一世立俾斯麦为首相，谋划统一各个邦国。俾斯麦以扩张军备为第一要务，但是议院不同意。俾斯麦于是举行演说。他说道："普鲁士在德国要有它应有的地位，以前因为实力不足而多次失败。现在要实现这个只有靠铁和血。"议院还是不同意。俾斯麦于是帮助国王解散议会，实行他的策略。

当时奥地利是德国的盟主，拿破仑三世又以雄才大略闻名欧洲。俾斯麦担心法国和奥地利联合，于是暗地里与拿破仑立下约定，使拿破仑在德、奥发生战争时保持中立，又与意大利结下攻守同盟。奥地利人听说以后，大力扩张战备。威廉即位后六年，德奥开战。奥地利大败。奥地利放弃了在德国的盟主权利，同意普鲁士将北德意志合并为联邦。

然而，德国的南部的各个邦国还没有臣服。拿破仑嫉恨普鲁士的强大，又与奥地利联合，并且收买了南部邦国，使他们背叛普鲁士。普奥战争之后四年，普法又开战了。法国大败，拿破仑被俘虏，法国巴黎沦陷。法国割地赔款乞求和平。于是南部各邦国争着加入北部联邦，德意志帝国就这样建立了起来。

第二十二课　俾斯麦（下）

俾斯麦既胜法，知法人必图报复，乃首与奥结同盟，旋又构意，使叛法而合于德奥，所谓三国同盟也。后复与俄密约。法攻俄，德守中立，攻德，俄亦如之。于是法势益孤。

威廉帝德意志后，十有八年而卒。太子立，三月而殂[①]。今皇威廉二世继之，不复能尽用俾斯麦之策，俾斯麦罢相去，于是，俄法协约，以千八百九十一年成立。越三年，英法协约成，又三年，而英俄协约，亦继之而起矣。

今英俄法之交既合，而意与德奥之交卒离。人皆咎威廉二世外交之失计，而非必然也。盖俄之所欲者，联巴尔干半岛诸国，以弱土耳其。昔见厄于英法，而今见阻于德奥。英之所惧者，德人扩张海军，求殖民地，与英争海上之权。意与法交本最亲，而德势之日张，又为欧洲诸国所同嫉。国际之离合，有不期其然而然者也。然而，俾斯麦之外交，则倜乎远矣。

论曰：自罗马之亡，欧土分裂逾千年。拿破仑始有志于统一，功未竟而死。今俄人颇以再造东罗马自许，而德人亦自负，足继西罗马。其果克有成邪？否邪？不可知矣。拿破仑死，法一蹶不振，而德帝威廉一世、俾斯麦之遗烈[②]，盛强至今。“人之云亡，邦国殄[③]瘁”，信夫！

原文大意略略懂

俾斯麦战胜了法国，知道法国人必将图谋报仇，于是首先与奥地利结成同盟，接着又勾结意大利，使它背叛法国与德奥联合，这就是所谓的三国同盟。后来又与俄国秘密约定，法国进攻俄国的时候，德国坚守中立，法国进攻德国的时候，俄国也要坚守中立。于是，法国势力更加孤立了。

威廉称帝德意志后十八年去世，太子即位三个月后也去世。现在的皇帝威廉二世继承皇位，不再沿用俾斯麦的政策。俾斯麦被罢免了首相职位。于是，法俄协约于1891年签订，三年后英法协约签订，又过了三年，英俄协约接着签订。

现在，英国、俄国、法国三国的邦交已经联合，而意大利和德国、奥地利的结合最终崩溃了。人们都把责任归咎于威廉二世外交政策的失误，但是事实未必是这样。俄国想要的是联合巴尔干半岛各国，以削弱土耳其的势力，以前受到英国、法国的遏制，而现在又受到德国、奥地利的阻拦。英国所惧怕的是德国扩张海军实力寻求殖民地，与英国在海上争夺霸权。意大利本来和法国的交情最深，而德国的势力日益扩张，受到欧洲各国嫉恨。国际的离合也有不能预料的。然而，俾斯麦的外交政策确实卓越而影响深远。

有人评论说，自从罗马帝国灭亡以后，欧洲领土分裂了上千年，拿破仑最先有志于统一欧洲，然而事业未完成他就死去了。现在俄国人以再造东罗马自许，德国也自负足够能继承西罗马的业绩。他们的最终结果是成功呢？还是失败呢？这是不可预知的。拿破仑死后，法国一蹶不振，而威廉一世和俾斯麦的业绩至今仍然强盛。“贤人死去，国事也变得危殆”，真是这样呀！

特别注释提醒你

① 殂：迅速死亡。

② 遗烈：前人遗留的业迹。

③ 殄：尽，枯竭。

第二十三课　巴黎观油画记

薛福成

余游巴黎蜡人馆，见所制悉仿生人，形体态度，发肤颜色，长短丰瘠，无不毕肖。自王公卿相，以至工艺杂流，凡有名者，往往留像于馆。或立或卧，或坐或俯，或笑或哭。骤视之，无不惊为生人者。余亟叹其技之奇。

译者称西人绝技，尤莫逾油画。乃偕行至油画院，观普法交战之图。其院为一大圜室，周悬巨幅，由屋顶放光入室。人在室中，极目四望，则见城堡、冈峦、溪涧、树林，森然布列。两军人马杂沓，驰者、伏者、奔者、追者、开枪者、燃炮者、搴大旗者、挽炮车者，络绎相属。每一巨弹堕地，则火光迸裂，烟焰迷漫。其被轰击者，则断壁危楼，或黔其庐，或赭其垣。而军士之折臂断足、血流殷地、偃仰僵仆者，令人目不忍睹。仰视天，则明月斜挂，云霞掩映。俯视地，则绿草如茵，川原无际。几自疑置身战场，而忘其在一室中者。其实则壁也，画也，皆幻也。

余问法人好胜，何以自绘败状，令人丧气若此？译者曰：“所以昭炯戒，激众愤，图报复也。”则其意深长矣。

原文大意略略懂

我游览了巴黎蜡人馆，看到那里塑造的蜡人全都仿照活人的样子，形体神态、头发肤色、高矮胖瘦，都很逼真。从达官贵族到工艺家和各行各业的人，太凡有名气的，往往在馆里留下蜡像。有的站着，有的躺着，有的坐着，有的弯着腰，有的笑，有的哭。猛然一看，没有一个不令人惊讶地以为是活的人。我极其赞叹制作蜡人技术的精妙。

翻译人员说西方人的绝技，没有超过油画的。于是我们一起走到油画院看普法交战图。油画院是一间又大又圆的房屋，巨大的画幅悬挂在四面墙壁上，光线从屋顶上进入室内。人在房屋里，放眼四望，就可以看见城堡、山冈、溪流、树林，密集地分布排列着。两军的人马纷乱拥挤，驱马奔驰的、卧倒在地的、逃跑的、追击的、开枪的、点炮的、拔大旗的、拉炮车的，连续不断。每当一颗巨大的炮弹落地，就立刻火光迸射，烟火弥漫；那些遭到炮击的地方，就只剩下断壁残危楼了，有的熏黑了房屋，有的烧红了围墙。而那些折臂断腿、血流染红了地面、或仰趴的死伤士兵，实在叫人不忍心看。抬头看看天空，只见明月倾斜着悬挂高空，云彩交相辉映在天际；低头看看地面，绿草就象地毯，广阔的平野一望无际。我仿佛置身战场中，而忘记自己是在一间屋子里了。其实它们是墙壁，是油画，都是幻想出来的。

我问："法国人好胜，为什么自己描画战败的情景，叫人看了这样丧气？"翻译人员说："这是用来昭示警戒，激发群众的义愤，图谋报复啊。"这样说来，它的意义还是很深远的。

第二十四课　国性

国之为国，其能根本深固，历久不敝者，必有其特具之要素，所谓国性是也。

国之有性，犹人之有性然。人性与有生以俱来，国性亦开国而已具。其遗传也，历千百世；其广被[①]也，达亿兆人；其强而有力也，甚于有形之政令。故国性亡，则国随以亡；国性裂，则国随以裂。征之前代，如辽、金、元、清，一入中原即失其故俗。印度、波兰，一经摧挫即不克图存。皆国性未臻充足，或充足不能保守致之也。

虽然，所谓国性，果何物耶？论其全体，则无往不在，不得而名。论其要端，则相得益彰，自有可指。试举其著者言之，则一曰语文、一曰教化、一曰礼俗，三者相合，而国性之梗概可睹焉。

我国为世界古国之一，并我而建国者，今皆澌[②]灭以尽，惟我国岿然[③]独存。是非国性养之久，积之厚，曷克臻此？今者西方文物输入吾国，势厚力雄，目眙[④]心骇。其将扩张固有之国性，消纳之以助我进化耶？抑忍弃置本来之国性，盲从之以促我沦胥耶？吾人当知所择矣。

原文大意略略懂

作为一个国家，能够根深蒂固，经久不衰，必定有它独特的要素，这就是所谓的国性。

国有性情就像人有性情一样。人的性情与生俱来，国性也是如此，在国家建立之初就已经产生了。国性世代流传，经历千百年；遍及国内，深入亿万人之中。它强太、有力，超过有形的政令。因此，国性消亡则国家也将随之消亡。国性分裂则国家也将随之分裂。这可以从以前的朝代得到验证，如辽、金、元、清，这些少数民族一入中原就失去了原本的习俗。印度、波兰一经摧残就不能继续生存。这都是因为国性没有充分发展，或者充分发展了却不能保守导致的。

虽然是这样，但是所谓的国性到底是什么东西呢？从总体上说，它无处不在，又无法形容；从具体说，它的各个要旨相得益彰，各有所指。这里试着列举其中重要的几点来概说，即语言文字、教化、礼俗。三者相结合，那么国性的大概就可以看到了。

我国是世界文明古国之一，与我国同时建立起来的国家如今都消亡了，只有我国还岿然独存。如果不是国性培养得长久，积淀得深厚，怎么能达到这样的地步呢？现在，西方文化物品输入我国，势头强盛，财力雄厚，让人看了不禁心里恐慌起来。我们是要扩张本国原有的国性，消化、接纳它们，以助我国进化呢？还是忍心地抛弃原来的国性，盲目追求它们来加快我国沦陷呢？我们国家的人们应当知道该如何选择啊！

特别注释提醒你

① 广被：遍及。

② 澌：消灭。

③ 岿然：形容高大独立的样子。

④ 眙：直视，瞪。

民國國文課本

（白话珍藏版）

上

吕思勉◎主编　范源廉　等◎阅订
陈志扬　叶仙云◎翻译

本书宗旨：一、授以切于实用之文字，养成发表思想之能力；二、修炼语言；三、辅导智德。

九州出版社 JIUZHOUPRESS | 全国百佳图书出版单位

图书在版编目（CIP）数据

民国国文课本：白话珍藏版 / 吕思勉主编. -- 北京：九州出版社，2011.10
ISBN 978-7-5108-1140-1

Ⅰ. ①民… Ⅱ. ①吕… Ⅲ. ①小学语文课－教材
Ⅳ. ①G624.201

中国版本图书馆CIP数据核字(2011)第185981号

民国国文课本：白话珍藏版

作　　者　吕思勉 主编　范源廉等 阅订　陈志扬 叶仙云 翻译
出版发行　九州出版社
出 版 人　徐尚定
地　　址　北京市西城区阜外大街甲35号（100037）
发行电话　(010)68992190/2/3/5/6
网　　址　www.jiuzhoupress.com
电子信箱　jiuzhou@jiuzhoupress.com
印　　刷　三河市东方印刷有限公司
开　　本　680毫米×970毫米　16开
印　　张　26.5
字　　数　314千字
版　　次　2011年11月第1版
印　　次　2011年11月第1次印刷
书　　号　ISBN 978-7-5108-1140-1
定　　价　48.00元（全二册）

译者序

“语文”，一个关系教育、关系未来的字眼，它承受着太多的希望与责任围绕“语文”注定有着说不尽的话题，以至于每一次中小学语文教材的改革都会引起持续高温的讨论。这反映出教育界与民间面对新时代语境下的教育所产生的困惑与焦虑。为此，我们强势推出民国五年（1916）由中华书局出版的高等小学国文教材，希望能在多元的教育理念下给中小学课外教学作一个补充，并且，我们有足够的理由认为这种补充是可行的。

自1906年清学部颁布审定教科书的凡例和章程，到20世纪30年代后期“国定制”教科书制度的实施，中小学教科书编写推行的是审定制。即把教科书编写权下放，鼓励民间组织力量广泛参与，由此出现了近代教科书繁荣和竞争的局面。

本套教材原为《新式高等小学国文教科书》，语体上选择的是浅易文言文，这倒不是编选者有意为之，因当时“新文化运动”尚未兴起，案头读物尚属文言文的一统天下。五四新文化运动后，白话文是否进入教科书成为争论的热点。1920年1月24日，教育部正式下令小学国文改为国语，随后中学语文教科书也迅速采用白话。变革的结果是小学阶段由原来的文言文教学完全转变成白话文教学，初中的文言文和白话文选文数量形成了一定的比例，高中阶段也把培养学生白话文读写能力当作语文教学目标之一。不可否认，白话文教科书的采用开启了民智，促进了教育的普及，功不可没。但这一模式沿用近百年的今天，全社会都在忧虑这样一个不争的事实——我们今天学生的语言文字表达能力越来越下降了！这是白话文固有的毛病？还是现代粗糙网络语言流行冲击的必然？在这种忧虑的意识下，回过头去审视具有简洁、传神特点的文言文，不失为一种纠正弊端的手段。不少教育者与家长强烈呼吁增加教材文言文的比例，都是基于这样的一种认识。本套教材的宗旨是“授以切实实用之文字养成发表思想之能力”与“修炼语言”，所以在选录文章的标准上讲究“明晰”、“势力”、“流畅”，非常有利于学生语言根基的培养。当然，或许有人会心存疑惑，要十来岁的小学生学习文言，是否强人所难？其实不然。孩童的大脑蕴含着极大的潜能，只要教法得当，十岁上下的孩子完全可以掌握浅近文言，中国数千年蒙童教育实践就是最好的证明。

优秀的教科书应是工具性与人文性的统一，这套教材同样体现了这一特点。禀着“兼采中西，服务民国”的编辑理念，教材增选不少国体政体以及法政常识方面的文章，以提升国民参政之能力。如第一册《集会》、第三册《地方自治》、第六册《外交》。教科书旨在养成学生健康向上的道德观念，因此将祛除社会陋习作为其重要的内容之一。如第一册《入学》倡导终身教育，第二册《心力并用》与《农业》反对等级，尊重劳动，第四册《卫生》讲究健体的强民之道，第四册《借贷与保证》倡导人际交往的信誉。该教材还有不少有关科学家和科技发明的文章，意在向学生灌输科学知识，诱导学生的求知欲望，激发他们对科学技术的兴趣。如第二册《兄与弟论传染病书》，第三册《望远镜记》。教材还有介绍国外的文章，引领学生认识世界、了解世界。如第五册《塞木披来之战》，第六册《拿破仑》。除了上述反映新时代文化精神的文章外，其次还选入了大量体现中国传统文化的文章，或介绍中国历史人物的文章，如第三册《郭子仪单骑见回纥》；或介绍中国历史、地理的文章，如第一册《渑池之会》。就其内容而言，教材主要涉及道德、历史、地理、理科、实业、日用知识六个方面；就其性质而言，主要涉及军国民教育、实利主义教育、公民道德教育、世界观教育和美感教育，即蔡元培提倡的“五育”主义。这些观念与我们今天的社会发展仍然是一致的，符合邓小平提出的教育要面向现代化，面向世界，面向未来的总体要求。

这套教材编著者是吕思勉与范源廉。吕思勉，以史学闻名，近代不少史学名家均出自其门下。究其实，吕思勉是一位职业教师，先后在小学、中学、大学教书育人，有着丰富的教育经验。范源廉，中国近现代教育创始人之一，一生致力于教育、文化事业。曾参与创办清华学堂、殖边学校、南开大学等。辛亥革命后，先后四次出任教育总长，曾任北京师范大学校长、中华书局编辑部长、中华教育文化基金会董事长、北京首都图书馆理事及代馆长等职。两位专家学贯中西，视野开阔，同时熟悉教育，热心教育，为这套教材的质量提供了基本保证。

由上述说明，让我们明白了这套教材编写队伍是高素质的、认真负责的；编写的内容也是符合当今社会主流发展方向的，文言文的语体采用也有利于语言能力的提高。最后我们要做几点说明：

1. 适用范围。这套教材是民国五年（1916）为高等小学编写的教科书，当时执行的民国二年（1912）教育部公布的“壬子癸丑学制”。“壬子癸丑学制”规定初小学制为 4 年，高小学制为 3 年，中学学制为 4 年。因此这套教材适应的范围对应我们现代学制的小学五六年级，而实际上，其难易程度对我们学制下的初中生也是极为适用的。

2. 学习进度。这套教材一共六册，供高小三年六个学期使用，即每个学期使用一册。而且按照内容的多少与难易程度提供了相应的授课时数。今天我们既然已把它作为课外读物，自然不必拘泥这一进度的规定，学生可以根据自己的阅读能力与兴趣自由确定进度。

3. 译文应用。本书一律译以白话，并配以简单的注释。译文中我们尽可能采用原文逐句比附的方法，便于学习者有路可寻。但是，我们的注释与译文仅起参照之用，并不建议学习者采用先阅读译文后阅读原文的本末倒置学习方式。

当然，这套教材对于今天的人而言当然有其不足之处。比如就其认知而言，不少知识已经过时，但是对于今天在各种科普知识下长大的青少年而言，自有分辨的能力，相信不会走入误区。

陈志扬

（华南师范大学文学院）

2011年9月

编辑大意

一、宗旨

遵照部定教则规定本书之宗旨。

1. 授以切于实用之文字，养成发表思想之能力。

2. 修炼语言。

3. 辅导智德。

二、编制法

1. 春秋季始业通用。

2. 全书分六册。每学年用二册。

3. 各册不规定同样之课数，以教材之深浅，为排列之先后。以文字之长短，及内容之繁简，分配授课之时间（详见教授书）。

（一）文章之标准

（甲）文之构成　文章之道，从形式方面论之，不外积字成句积句成篇。而语其大要，不外首求明晰，次务势力，终贵流畅。本书注意于此。要点如下：

1. 明晰　（1）措语明确。（2）所用皆普通语与口语不十分悬绝。（3）字字相联语语相缀均无谬误。（4）起伏呼应段落分明。

2. 势力　(1) 文有节制，勿令散漫。(2) 用笔变换动人心目。(3) 引喻陈辞言之有物。(4) 反覆推勘有义毕宣。(5) 故作疑阵含蓄不尽（上五项细析之可得十余法，各课属于何法特详于教授书）。

3. 流畅　(1) 音调和谐便于诵读。(2) 文采斐然以实用为主。(3) 句法长短相配恰合分际。

（乙）文之排列及采择之标准

1. 首顺叙法及平列法。次总起法及总结法；次总起总结法。

2. 首记叙；次说理；次议论；次言情。

3. 语气之属于普通者居前，其特须注意者居后。

以上仅属各学年偏重之点，并不为甚严之界限，期无疑多方练习之兴味。

4. 多采散文，间采明白流畅之韵文，藉达美感教育之旨。至所采散文，如记事记物及日常应用之书简文等，采列最多。其契约单据等，为国民学校国文教科书未能列入者，分附于课后，藉便练习。

5. 行文之程式，如，论辩、序跋、书说、赠序、传记以及记游、记物之作，无不甄采。而其选录之多少，排列之先后，则一以实质形式之深浅为衡。其箴铭、颂赞、词赋、哀祭之类，仅择其浅近易解者，甄录一二，藉示程式。

（二）材料之标准

高等小学修身、历史、地理、理科，皆专列科目。故国文中关于此类材料，当补各科所缺，而不宜重复。此外关于实业事项及日用知识，有必须列入者，教授书另载教材分配表，兹列举其大要于下：

1. 道德教育 (1) 记事。(2) 寓言。(3) 法制大意补修身书所不备。

2. 历史 (1) 名人之传记或轶事，其意味不专属于道德范围者。(2) 壮快勇武之史谈与军国民教育有关者。(3) 欧美近世之人物及事实与政治经济进化等有关者。

3. 地理 (1) 著名胜地之游记。(2) 地理上特著之现象。

4. 理科 (1) 自然物之最有关系于人生者。(2) 自然物之性状富有兴趣有道德教育或美育有关者。(3) 自然界美丽之景色。(4) 理化知识之关于日用者。

5. 实业 (1) 农工商状况及关系。(2) 职业上应用之知能。(3) 本国重要出品。(4) 世界实业趋势。

6. 日用知识 (1) 人事之有关于生活者。(2) 游戏事项。(3) 近世之公共事业。

目录 CONTENTS

民国国文课本（白话珍藏版）上

目录

CONTENTS

教育部审定新式高等小学国文教科书

民国五年四月首印　上海中华书局印行

目录

CONTENTS

目录

CONTENTS

教育部审定新式高等小学国文教科书

民国五年四月首印　上海中华书局印行

目录

CONTENTS

目录

CONTENTS

民国国文课本（白话珍藏版）下

第四册

教育部审定新式高等小学国文教科书
民国五年四月首印 上海中华书局印行

目录

CONTENTS

目录

CONTENTS

教育部审定新式高等小学国文教科书

民国五年四月首印　上海中华书局印行

第五册

目录

CONTENTS

目录

CONTENTS

教育部审定新式高等小学国文教科书
民国五年四月首印 上海中华书局印行

MINGUOGUOWENKEBEN
(BAIHUAZHENCANGBAN)SHANG

民国国文课本（白话珍藏版）上

第一册

第一课　入学

国旗、校旗，交叉悬于门。诸生鱼贯入[①]，集于礼堂，聆师长训词。此学校之始业式也。

教育无止境，人受教育亦无止境。视其受教育之程度何若，即可知其人之造就何若。诸生于国民教育，既完全领受，今乃进求较高之教育，实为人生之幸福。盖今日文明世界，非学问无以自立也。诸生勉乎哉！

原文大意略略懂

国旗和校旗交叉悬挂在校门上。学生们像鱼儿一样一个跟着一个有秩序地走进礼堂集合，聆听师长的教诲。这就是学校的开学典礼。

教育没有止境，人接受教育也是没有止境的。根据一个人受教育的程度如何，便可知此人将来所能达到的成就怎样。你们已经接受了完整的国民教育，于是现在追求更高的教育，这确实是人生中幸福的事。在当今的文明世界中，没有学问就无法自立。各位学生要努力学习啊！

特别注释提醒你

① 鱼贯入：像游鱼一样一个跟着一个地接连着走。形容一个接一个地依次序进入。

第二课 喻学

木谓铁曰："君生土中，我家地上，风马牛不相及也。君乃为斧以斫我，为锄以掘我，为锯以锯我，为凿以凿我，为钻为钉以穿穴我，为刀为削[①]以雕镌我，我与君何仇，乃苦我至此？"

铁曰："人自欲君成器耳，我何敢苦君？且我岂生而为斧凿刀削者哉？人出我石穴，投我猛火，使我至坚至刚之质，化而成液。于是或压为板，或引为丝，或轧为片，百出其技而未已。若欲炼钢，则忽入烈焰，忽置寒泉，戕贼我尤甚。顾我不以为仇。若釜、若炉、若锤，固我所自为也。亦且迫而自煎，奋而自击，皆不遑恤。盖非经磨炼，则不能成器耳。人自欲君成器，我何敢苦君哉？"

原文大意略略懂

木对铁说："您生于土中，我长在地上，彼此本来毫不相干。可您竟变成斧头砍我，变成锄头挖我，变成锯子锯我，变成凿子凿我，变成钻头、钉子在我身上打洞，变成刀子来雕刻我，我与你有什么仇恨，致使你折磨我到这个地步呢？"

铁说："人们自己想把您打造成器具啊，我怎么敢让您受苦呢？况且，难道我生来就是斧头、凿子、刀子的吗？人类把我从石穴中取出，把我投进猛烈的大火中，改变我极其坚硬和刚强的性质，把我化成液体，然后或者把我压成平板，或者把我抽成丝，或者把我轧成片，用尽了各种技术。如果想把我炼成钢，就忽然把我置于烈火中，忽然把我置于寒泉里，对我的残害更为厉害。然而，我并不因此仇恨人们。至于变成釜（锅）、炉子、铁锤，是我自己化作的。我也承受着逼迫和煎熬，奋力击打自己，但我并不感到惶恐。因为不经受一番磨练，就不能成器。人类自己想让您成器，我怎么敢让您受苦呢？”

特别注释提醒你

①削：古代用来书写的刀。

第三课　奈端轶事

奈端者，英之物理学家也。其为学恒苦思力索。一日晨起，方兀立仰视，不知意何属。侍者进，持鸡卵就釜。且曰："将朝食矣。"奈端曰："置之，我当自烹。"侍者退。已而复进。奈端又曰："汝退，我当自烹。"俄而釜沸，启视，则时表在焉，卵仍置其前。盖当其取投釜中时，不知其为卵为时表也。

学者乎，能好学深思如奈端乎？用志不纷，乃凝于神。能专一，斯能研深；能研深，斯能精进。学者乎，能好学深思如奈端乎？

原文大意略略懂

奈瑞（牛顿）* 是英国的物理学家。他在学习上总是极力苦苦思索。一天早上起床后，他正站着抬头往上看，不知在想些什么。他的仆人走了进来，拿着鸡蛋放到锅前，并说："快要吃早饭了。"奈瑞说："放着吧，我会自己煮。"仆人退了出去，过了一会儿又进来了。奈瑞又说："你退下吧，我会自己煮。"过了一会儿，锅中水开了，打开一看，竟是手表在锅里，鸡蛋还放在锅的前面。原来当他把东西投进锅中时，并不知所投的是鸡蛋还是手表。

* 译注：括号内译名为译者所加。

求学的人能像奈瑞那样好学深思吗？学习要专心致志，聚精会神。能专心一致才能深入研究，能深入研究才能精湛进步。求学的人能像奈瑞这般好学深思吗？

第四课　圣迹

一国之圣人，非独其言行，为后世所尊仰也。即其居宅坟墓，虽历数千年，后人仍谨守之。凡过其处者，无不肃然起敬焉。

孔子所居阙里[①]，在今曲阜县城内西南隅。自汉以来，时有修筑，永为奉祀之所。而孔林[②]尤为中外观听之所系。

孔林在泗水之南，方十余里，草树深茂，景色开朗，孔子墓在焉，红墙环之。墓前有碑，曰“大成至圣文宣王墓”。西偏小屋三间，为子贡庐墓[③]处。墙东南有枯木，护以石栏，子贡手植楷[④]也，旁有楷亭。门外有洙水桥。桥南有门，门距曲阜城可二里。道旁植柏，行列整齐，蔽日参天，皆数千年物。吾人徘徊其间，益叹孔子之道，尊严伟大，无与伦比也。

原文大意略略懂

一个国家的圣贤之人，不单单他的言行被后世的人所尊崇敬仰，就连他的住宅和坟墓，虽然历经了几千年，后人也仍然会小心谨慎地守护它们。凡是经过他的故居和坟墓的人，没有不肃然起敬的。

孔子的故居位于现在曲阜县城的西南角。自汉代以来，常常修葺，永远作为祭祀供奉的地方。而孔林尤其是吸引中外游客的地方。

孔林位于泗水之南，方圆十多里，草木幽深茂密，景色开阔明朗，孔子的坟墓就在那里，周围环绕着红色的垣墙。坟墓前面有一块碑，上面刻着“大成至圣文宣王墓”。孔林西边偏僻处有三间小屋，是孔子的弟子子贡为孔子守墓的地方。屋墙的东南方有棵用石栏围护着的枯树，这是子贡亲自栽种的楷树，楷树旁边有一个楷亭。孔林的门外有座洙水桥。洙水桥的南边有道门，此门距曲阜城大约二里。孔林的道路两旁植有柏树，排列整齐，遮天蔽日，都是上千年的树木。我们在那里来回参观，更加赞叹孔子之道的尊严伟大，无与伦比。

特别注释提醒你

① 阙里：孔子故里，在今山东曲阜城内阙里街，因有两石阙，故名。

② 孔林：本称至圣林，是孔子及其家族的墓地。

③ 庐墓：古人于父母或师长死后，服丧期间在墓旁搭盖小屋居住，守护坟墓，谓之庐墓。

④ 楷（jiē）：落叶乔木，亦称“黄连树”。

第五课　纸鸢

天朗气清，惠风和畅。群儿集草地，共谋游戏。偶翘首仰望，瞥见空中一物，状如蝴蝶，盘旋往复，高达云端。

某儿曰："是纸鸢也，我能为之。诸君盍取竹丝、面糊及线、纸来。"于是络绎奔赴，各持物至，且助某儿分任削竹、裁纸、搓线、粘贴等事。一时众手毕举，而纸鸢遂成。

众又购长绳一束，以系纸鸢。至广场，乘风纵之，倏忽之间，上升天半，与向所见之纸鸢无异。群儿欢呼跳跃，莫可名状。

某儿曰："鸢本鸟之善飞者，是物以纸为之，而飘然高举，有类于鸢，此命名所由来也。今日时促，未及制一筝，加于其上。不然，迎风而鸣，其声清越，又可称为风筝矣。"

原文大意略略懂

天朗气清，惠风和畅。一群小孩聚集在草地上商量如何做游戏。他们偶然间抬头仰望天空，看到空中有一形状类似蝴蝶的东西来回盘旋着升上云端。

一个小孩说："这是纸鸢，我也能做。你们何不去取些竹丝、面糊、线和纸来？"于是大家纷纷奔赴各处，寻找制作纸鸢的材料，不一会儿，各自拿着物品回来了，并帮助那个小孩做些削竹条、裁剪纸张、搓线、粘贴之类的事。一时间，大家都动起手来，因而纸鸢很快就做好了。

众人又买来一束长绳，用来牵系纸鸢。纸鸢做成后，他们来到了广场，顺风放飞纸鸢。顷刻间，纸鸢就升到半空，与先前所看到的纸鸢没有差别。大家都欢呼跳跃，其欢喜无法用语言形容。

那个孩子又说："鸢本来是一种善于飞翔的鸟，这个东西是用纸做成，并能飘然升到高空，跟鸢类似，这就是'纸鸢'的命名由来。今天时间仓促，没来得及制作一个筝附在它的上面。不然，它就会迎风而鸣，声音十分清越，又可以叫做风筝了。"

第六课　钓鱼

兄弟捡弃物，得铁丝寸余。兄曰：“是可屈为钩，作钓鱼之具。”弟乃以指力屈之，丝颇劲，不能屈。兄炙以火，丝顿柔，果屈为钩。于是弟取竿，兄系线，又捕虫为饵，同往池边。

时宿雨初晴，水清如镜。弟欲持竿先钓，兄乃为之钩饵，垂于池中，注目视之。一鱼掉尾来，将及饵，弟急举竿，鱼惊而逸。

兄曰：“弟不善钓。必待鱼吞饵，方可举竿也。盍让我为之。”弟不肯，遂又下钓。良久，一鱼至，弟持竿不敢稍动，移时，询兄曰：“可举竿未？”兄曰：“可。”及举竿，仍不得鱼。盖鱼已食饵去矣。

弟乃愿作旁观，请兄垂钓。兄置饵如前，持竿静俟之。须臾，见钩丝动，急掣起，果得一鱼。弟乐甚。

兄曰：“向使弟谙钓法，今已得三鱼。可见事必有法，钓其小焉者也。”

原文大意略略懂

有兄弟二人在捡废弃物的时候获得一根一寸多长的铁丝。哥哥说：“这根铁丝可以弯成钩，用来作钓鱼的工具。”于是弟弟用手指使劲想弄弯铁丝，可是铁丝太硬，不能弄弯。哥哥用火烤它，才把它弄软。铁丝果然弯成了钩。于是弟弟拿来鱼竿，哥哥系上鱼线，又捉了些小虫作鱼饵，一起去池塘钓鱼。

当时，正好下了一夜的雨停了，天刚刚放晴，水面清澈得就像明镜一般。弟弟拿着鱼竿想先钓鱼，哥哥就给他钩上鱼饵。弟弟把鱼竿垂到水中，专心注视着鱼竿。过了一会儿，有一条鱼摆动着尾巴游了过来，刚靠近鱼饵时，弟弟就急忙收竿，结果鱼儿受到惊吓逃走了。

哥哥说："弟弟，你不善于钓鱼啊。一定得等鱼把鱼饵吞进嘴中才能收竿。要么让给我试试吧。"弟弟不答应，又把鱼钩放下去钓鱼了。过了好久，一条鱼游了过来，弟弟握着钓竿不敢动，过了一会儿，问哥哥："可以收竿了么？"哥哥说："可以了。"等到把鱼竿收起来还是没钓到鱼。原来鱼已把鱼饵吃完游走了。

弟弟这才愿意做旁观者，请哥哥钓鱼。只见哥哥还是像先前那样放置鱼饵，手持鱼竿静静等候鱼儿。过了一会，看到钩丝在动，急忙收竿，果然钓到一条鱼。弟弟十分开心。

哥哥说："假如先前弟弟掌握钓鱼要领，现在已钓到三条鱼了。可见做事一定要讲究方法，钓鱼只是这样一件小事罢了。"

第七课　放鱼诗

白居易

晓日提竹篮，家僮买春蔬。
青青芹蕨下，叠卧双白鱼。
无声但呀呀，以气相煦濡。
倾篮写地上，拨刺长尺余。
岂惟刀机忧，坐见蝼蚁图。
脱泉虽已久，得水犹可苏。
放之小池中，且用救干枯。
水小池窄狭，动尾触四隅。
一时幸苟活，久远将何如？
怜其不得所，移放于南湖。
南湖连西江，好去勿踟蹰。
施恩即望报，吾非斯人徒。
不须泥沙底，辛苦觅明珠。

原文大意略略懂

早晨，僮仆提着竹篮到集市买了春天的蔬菜回来。在青青的芹菜和蕨菜下，重叠卧着两条白鱼。白鱼没有发出声音，只有呀呀作响，互相用气泡润湿彼此。

僮仆把篮子里的东西倾倒在地上，只见两条鱼乱跳，约有一尺来长。它们担忧的岂止是菜刀和案板呢？眼看连蝼蚁也对它们有所图谋。虽然它们脱离泉水已经很久了，但是再给它们水还是可以救活的。我把它们放在小水池中，勉强救活它们。

水很少，池子又窄，鱼儿稍微摆动一下尾巴就能碰到池子的四壁。看来它们只能暂时侥幸存活下去，以后又该怎么办呢？我怜惜它们不适应这里的环境，于是把它们放生到南湖。

南湖与西江连接，鱼儿啊，快快游去吧！不要犹豫了。我不是施舍别人恩情就希望人回报的人。你们不要在泥沙里费力地寻觅珍珠，以图报答。

第八课　水

水者，透明之流质也。至清之水无味，一勺之水无色，及其汇而入海，则作青绿色，且有咸味矣。

水自高山而下，其显者为悬瀑，隐者为伏泉。其流于平地也，小者为沟涧，大者为江河。浸润灌溉，渐达于海。其行于地中者，亦复泉源贯注[①]，如人身之有血脉焉。

水为养生要物，非此则人畜草木，将枯渴而死。然水亦非尽可饮也。若煮之易沸，入皂易化，烹蔬易熟，则其水可饮。否则或以致害，不可不察也。

水之中含有矿质者，名曰矿泉。其水温热者，名曰温泉。是皆可以治病，有益于人者也。

孟子曰："民非水火不生活。"斯言信哉。

原文大意略略懂

水是透明的流动物质。至清的水是没有味道的，一勺水是没有颜色的，当它们汇合后流入大海时，就变成了青绿色，并且有咸味。

水从高山上流下来，外形突显的是瀑布，隐蔽的是泉水。水在平地上流淌，身躯娇小的是沟渠，庞大的是江河。水浸润灌溉土地，逐渐流到大海。其中，那些在地下流动的水，也是四方源流相互贯通，就像人身体上的血脉相互贯通一样。

水是养育生物的重要元素。如果没有水，那么人和牲畜、草木都将枯竭而死。但是并不是所有的水都可以饮用的。如果水比较容易煮沸，使肥皂容易融化，使蔬菜容易煮熟，那么这样的水就可以饮用。不然，可能会造成危害，不能不加以鉴别就饮用。

含有矿物质的水叫做矿泉水。那些从地下冒出来的本身温热的水就叫做温泉。矿泉水和温泉都可以用于治病，对人的身体有好处。

孟子说：“百姓没有水和火就不能生存。”这话是可信的。

特别注释提醒你

①贯注：贯穿，贯通。

第九课　记某法人事

普鲁士某王，每阅兵，必人人遍劳[1]之曰："年几何矣？入伍几何时矣？军中苦乐何如？"王恒作此三语，且先后不乱，如是者有年，士卒咸熟闻之。

有法人初入伍，未谙普语，闻王复将阅兵，讯诸同侪[2]，习其答语。王至，问及法人，偶易其序。曰："入伍几何时矣？"对曰："二十一年矣。"王惊其齿幼，问年几何，则答曰："三阅月。"王益惊，曰："汝何言？汝非癫者乎？"又对曰："军中甚乐也。"

原文大意略略懂

普鲁士有个国王，每次检阅军队必定一一慰劳士兵，问："你多大了？参军多久了？在军队中过得如何？"国王总是说这三句话，而且先后顺序不变，这样持续了好些年，士兵们都听说了，对此很是熟悉。

有个法国人刚参军，对普鲁士语还不熟悉，听说国王又要阅兵了，于是就向同辈们咨询，并练习要回答的话。国王来了，问到法国人时，不经意间变换了问题的顺序。国王问："你参军多久了啊？"法国人答道："二十一年了。"国王惊讶他年纪那么小，又问他几岁了，法国人回答说："三个月了。"国王更为惊讶了，说："你说什么？你是不是疯子啊？"法国人又回答说："在军中很快乐。"

特别注释提醒你

① 遍劳：请人帮忙或感谢别人帮忙的客套话。遍，普遍，一一；劳，慰问。

② 同侪：指与自己在年龄、地位、兴趣等等方面相近的平辈。

第十课　察理（上）

世俗论事，于不经见者，虽小，辄相诧以为奇。及其既成，虽大，则又忽视之，以为不过尔尔。盖察理不精，即寻常因应①，亦动辄失宜②也。

当欧洲初有烟草，人莫之识。英有赖留者，尝吸之，微烟腾室中。会其仆叩户入，骤睹之，以为火自其首出，急沃以水。闻者传以为笑。

哥仑布既得美洲，告成功于西班牙王，国人日置酒颂其功。或嫉之曰："大陆本天生，何功之有？"哥仑布闻之，持卵置众前，曰："试卓立之。"莫有应者。乃微叩其一端，植③几上曰："观事于已成，众固无不能者。"

特别注释提醒你

① 因应：回应，随机应变。

② 失宜：不恰当；不适当。

③ 植：立。

原文大意略略懂

世俗之人判断事物，对那些不常见的东西，即使事物很微小，也还是会感到诧异，把它当作奇异之物来珍惜。等到事物长大成熟了，虽然很大，却又忽视它，认为不过如此罢了。因此，如果审察事理不精明，即使是应付寻常的事物，也会经常处理不当。

当初，欧洲刚开始有烟草的时候，一般人都不认识它。英国有个叫赖留（雷利）的人，曾经有一次吸烟，轻烟在室内升腾。恰好他的仆人敲门进来，乍一看，以为火从他头上冒了出来，急忙用水扑灭。听说此事的人都传为笑谈。

哥伦布发现美洲后，把他成功的消息报告给西班牙国王，西班牙人每天置办酒宴称颂他的功德。有嫉妒他的人说："大陆本来就天然存在，他有什么功劳呢？"哥伦布听说后，拿了一枚鸡蛋来到众人面前，说："试着让它直立起来。"没有人响应他。于是，他轻轻敲开鸡蛋的一端，把它立在桌子上，说："看着已经做成功的事，人人一定都觉得没有什么是自己不能做到的。"

第十一课　察理（下）

理之宜察，不独人事也，物亦有之。某生尝去灯罩，取湿布作垫，罩未及去，遇布而裂。冬日晨起，见玻璃窗面结冰花，自语曰："以热水洗之使净。"甫动手而玻璃裂。生始知玻璃猝遇冷热，骤涨骤缩必至迸裂，然无及矣。

一夕，取瓦盆盛水，至四分之三，露庭中。晨起视之，水结冰而盆裂。盖冰之体积，较水为大。盆之裂，涨力使然也。

又一日，或遣汲酒，生以瓶往。盛酒至满，几不能容塞，击之使下。然流质之性，不受逼压，一击而瓶裂，手中仅余一瓶颈矣。

原文大意略略懂

应该明察事理，不仅对人事要这样，对物体也要有明察事理的精神。有个学生曾经用湿布垫着手去取灯罩，灯罩还没来得及取下，遇到布就裂了。冬天的早上起床后，他看到玻璃窗上结了冰花，对自己说："用热水把玻璃洗干净。"刚一动手，玻璃就裂了。这个学生这才知道玻璃突然遇到冷和热，受热后快速膨胀，遇冷后又快速缩小，必然会导致破裂，然而已经来不及挽救了。

一天傍晚，他用瓦盆盛了四分之三的水放在庭院中。早上起床，发现水已结冰，但盆子裂了。这是因为冰的体积比水的体积要大，盆子裂开是水变成冰后体积膨胀导致的。

又有一天，有人让他去盛酒，他拿着瓶子前往。酒盛得很满，几乎盖不上瓶塞，于是他用力一击，想按下瓶塞。但液体会传递这种挤压的力量，因此，一击打瓶子就裂了，他手中只剩下一个瓶颈。

第十二课　甲乙辨

欧阳修

甲问于乙曰："铸铜为钟，削木为莛①，以莛叩钟，则铿然②而鸣。然则声在木乎，在铜乎？"

乙曰："以莛叩垣③墙，则不鸣，叩钟则鸣，是声在铜。"

甲曰："以莛叩钱积，则不鸣，声果在铜乎？"

乙曰："钱积实，钟虚中，是声在虚器之中。"

甲曰："以木若④泥为钟，则无声，声果在虚器之中乎？"

原文大意略略懂

甲问乙说："用铜铸造成钟，把木头削成棍棒，用棍棒敲钟，就会发出响亮的声音。那么声音是木头发出的呢，还是铜发出的呢？"

乙说："用棍棒敲击墙壁，就不会发出鸣声，叩击钟就有鸣声，所以声音来自铜。"

甲说："用棍棒敲击钱堆就不会发出鸣声，声音果真在铜上吗？"

乙说："钱堆是实心的，钟是空心的，所以声音在空心的器物中。"

甲说："用木和泥做钟，也没有声音，那么声音果真在虚空的器物中吗？"

特别注释提醒你

① 莛：棍棒。

② 铿然：形容敲击金石所发出的响亮的声音。

③ 垣：墙。

④ 若：及，和。

第十三课 盲鱼

人之生也，脑出思虑，五官主知觉，四肢司运动。然或怠惰暴弃，不得尽其用，则思虑变灵而为蠢，知觉变敏而为拙，运动变健而为弱。如是者久之，事事不如人矣。且不独身受其病也，子孙得其遗传，其蠢、其拙、其弱，且愈变而愈甚。此在人或不易察，观于动物，固有显然可见之例也。

意大利某山，有巨壑焉。暗不见天日，积水满中，不知其深几千尺也。群鱼潜居，目无所睹，久之，遂尽盲。网罟[①]不能入，钓饵不能到，自以为无患也。一旦矿工入，沟而属之湖，獱[②]獭[③]戕于下，鸬鹚[④]鸂鶒[⑤]伺于上，无几时，盲鱼垂垂尽矣。嗟乎！鱼失一官之用耳，其祸乃至此乎？

原文大意略略懂

人从一出生开始，就靠大脑发出思考，五官主管知觉，四肢负责运动。然而，如果人懈怠懒惰，自暴自弃，不能充分发挥它们的作用，那么思考就会由灵敏变为蠢钝，知觉就会由敏捷变为笨拙，运动就会由强健变为孱弱。这样长久持续下去，就会事事不如他人。而且不仅自己的身体受到伤害，子孙如果得到这种遗传，那么蠢钝、笨拙、孱弱等毛病就会越来越严重。这在人身上或许不容易发现，从动物身上看，就有很多明显可见的例子了。

意大利有一座山，山里有条很深的沟壑。沟壑里极其黑暗，看不见阳光，里面积满了水，不知道它有几千尺深。鱼群居住在那里，眼睛看不到任何东西，时间一久，这些鱼的眼睛都瞎了。渔网不能深入其中，钓饵也不能到达那里，鱼儿自以为没有忧患。然而有一天，矿工进入沟壑，把沟壑改造成了湖泊。于是，湖中猿獭之类的动物就到水下捕杀，鸬鹚、鸂鶒等水鸟就在岸上等候。没过多久，盲鱼就几乎被捕杀殆尽了。唉，鱼只是失去了一种官能，灾祸就到了如此严重的地步呀！

特别注释提醒你

① 网罟：指渔网。网，提网的总绳；罟，渔网。

② 猿：古书上说的一种獭类动物。

③ 獭：哺乳动物，善游泳。

④ 鸬鹚：水鸟，也叫水老鸦、鱼鹰。

⑤ 鸂鶒（xī chī）：水鸟，形大于鸳鸯，而多紫色，好并游，俗称紫鸳鸯。

第十四课　小鸟之良伴

某儿畜一小鸟，爱之甚笃[①]。

一日，鸟跃案上。案有镜，鸟窥镜见影，以为他鸟也，怒而噪，狂跃不已。见其影亦狂跃，益忿，奔而啄之，触镜而仆[②]。骇甚。耽视镜中鸟良久，若有所思。乃趋至镜后，无睹也。折而前，则鸟又在焉。既而跃登镜顶，细察镜之上下左右，始悟镜背无彼鸟藏身之所。复跃下，逡巡镜前，若欲与镜中鸟通殷勤[③]者。久之，怡然而鸣，翩然而舞，其影亦随之舞，乃大喜。

某儿睹其状，乐之，为置一小镜于笼中。鸟由是视己影为良伴，对镜呢喃[④]，终日不倦。

原文大意略略懂

有个小孩养了一只小鸟，十分喜爱它。

一天，小鸟跳到桌面上。桌上有面镜子，鸟往镜子里窥视，看到自己的影子，以为是别的鸟，于是就愤怒地叫着，不停地跳跃。它看到镜子里那鸟也疯狂地跳跃，就更愤怒了，跑上去啄它，一碰镜子就跌倒了。它很是害怕。小鸟久久注视着镜子里的鸟，似乎在思考什么。它跑到镜子后面，可是什么也没看到，返回镜前，鸟又出现了。接着，它跳到镜子顶端，仔细地观察镜子的上下左右，才明白镜子背面没有那只鸟的藏身之处。于是，它又跳了下来，在镜前走来走去，好似想与镜中鸟做朋友。过了一会儿，它愉悦地鸣叫起来，并且翩然起舞，影子也跟着它一起跳舞，它十分开心。

孩子看到了这一幕，十分高兴，就为它在笼中放置了一面小镜子。鸟自此就把自己的影子视为好伙伴，对着镜子呢喃不休，整天不知疲倦。

特别注释提醒你

① 笃：一心一意。

② 仆：向前跌倒。

③ 殷勤：深厚的情谊。指友谊。

④ 呢喃：呢和喃本是同一个意思，都是象声词，形容小声说话的声音。

第十五课　益鸟

鸟之有益于农务者，以其食虫也。盖害物之虫，品类纷赜，滋生繁衍，植物实被其殃。鸟则能攫之于空中，捕之于地上，即在土中者，亦能探而出之。故动物之足为虫敌者，惟鸟耳。

如桑扈①、鹳鸽②，能食小虫。而燕类捕捉黄蜂、蚊蚋之属，尤不可胜数。他若麻雀一物，或食葡萄，或食麦穗，不无小害。然樱桃、苹果、梨树之被其保护者，亦不少也。且每杀一害苗之虫，即三四十麦穗可保无恙，岂得因其偶一食谷，遽③斥为无益之鸟哉？

原文大意略略懂

鸟之所以对农业有益，是因为它们能吃害虫。害虫种类繁多，滋生繁衍，植物常常遭受它们的残害。而鸟可以在空中抓捕它们，在地上逮捕它们，即使是在土中的害虫，鸟也能窥探到它们并把它们揪出来。所以，动物中只有鸟才足以成为害虫的天敌。

比如桑扈、鹳鸽之类的鸟就能吃小虫。而燕类捕捉到的黄蜂、蚊蚋之类尤其多，数不胜数。其他的如麻雀这种鸟儿，有时吃葡萄，有时吃麦穗，有些小害处。然而，樱桃、苹果、梨树被它保护的也不在少数。况且每杀死一只祸害禾苗的害虫，就可以使三四十株麦穗安然无恙，怎能因为它偶尔吃一点稻谷就斥责它是没有益处的鸟呢？

特别注释提醒你

① 桑扈：鸟名，即青雀。又名小腊嘴或小桑鹰，又名窃脂。

② 鸜鹆（qú yù）：鸟类，俗称“八哥儿”。

③ 遽：就。

第十六课　卖油翁

欧阳修

陈尧咨善射，当世无双。公亦以此自矜[①]。

尝射于家圃，有卖油翁，释担而立，睨[②]之，久而不去。见其发矢十中八九，但微颔之。尧咨问曰：“汝亦知射乎？吾射不亦精乎？”翁曰：“无他，但手熟尔。”

尧咨忿然曰：“尔安敢轻吾射？”翁曰：“以我酌油知之。”乃取一葫芦，置于地，以钱覆其口，徐以勺酌油沥之。自钱孔入，而钱不湿。因曰：“我亦无他，惟手熟尔。”

尧咨笑而遣之。

原文大意略略懂

陈尧咨擅长射箭，在当时可谓举世无双。他也以高超的射箭技艺自我夸耀。

一次，他在自家的园圃里射箭，有个卖油的老翁放下担子，站在一旁，斜着眼看他射箭，久久不离去。老翁见他射出的箭十支能中八九支，只是微微地点点头。陈尧咨问道：“你也懂得射箭吗？难道我射箭的技艺不精湛吗？”老翁说：“你射箭没有什么特别的奥妙，只不过是手法熟练罢了。”

陈尧咨气愤地说：“你怎敢轻视我射箭的技艺！”老翁说：“这个道理凭我倒油的经验得来。”于是他取出一个葫芦放在地上，用一枚铜钱盖住葫芦口，慢慢地用勺子倒油。油通过铜钱方孔注到葫芦里，却没有沾湿铜钱。老翁说：“我也没有什么其他奥妙，只不过是手法熟练罢了。”

陈尧咨尴尬地笑着把老翁打发走了。

特别注释提醒你

① 自矜：自夸，自大。

② 睨：斜着眼睛看。

第十七课 慎微

甲与乙剞[1]木于船坞。有木坚而洁，行选为舟材矣，忽睹一虫焉，长不及半寸。甲曰："此木易蠹[2]，用之，且有后患，不如弃之。"乙曰："仅一虫，何伤焉？弃之可惜。"遂以造舟。

舟成，航行海外。其初无他变，久之，木渐蠹。船主以无大害也，满载货物而归。中途遇风，怒涛冲激，水自蠹处入。舟有抽水器，舟子并力去水，水势速，卒不能御。一昼夜而舟沉，生命货财，同归于尽。

嗟乎！一虫之细，一工人之不谨，其为祸也若此。天下之患，每起于甚微，而发于所忽，信夫！

原文大意略略懂

甲和乙在船坞里剖凿木头。有一根即将被选为造船材料的木头既坚硬又洁白。忽然，甲和乙看到木头里有一条不到半寸长的虫子。甲说："这块木料容易被虫蛀，用了它以后会遇到麻烦，不如丢了吧。"乙说："区区一只小虫有什么要紧呢？丢掉可惜了啊。"于是甲乙就用那木头来造船。

船造好后，航行于海外。起初的时候没有任何变故，时间一久，木头渐渐被虫蛀蚀了。船长认为没有什么大的危害，用船载满货物而回。船航行到中途的时候遇到了大风，海上浪涛汹涌澎湃，不断冲激着船身。水从虫蠹的地方灌入。船上有抽水器，水手们合力抽水。但由于水势迅速，最终不能抵御海水的侵袭。一夜之间，满船的生命和货物都葬身海底。

唉！一个虫子那样微小的动物，一个工匠的疏忽不谨慎，就酿成如此重大的灾祸。天下的祸患都是从细微之处开始，从疏忽之处发端，不能不信啊！

特别注释提醒你

① 刳（kū）：从中间破开再挖空。

② 蠹（dù）：指蛀蚀器物的虫子。

第十八课　运动

运动之益，人多不之信，曰："空气良矣，饮食宜矣，衣服适矣，居室当矣，已足尽卫生[①]之道。何必劳劳[②]运动为？"殊不知人不运动，则血液循环，不免迟滞，饮食虽美，不能消化，筋肉不能强韧，精神不能活泼，身体将日就衰弱，安能得康健之益乎？

运动之法，不胜枚举。击球、蹴踘[③]、驰马、试剑，少壮之人，皆所当为。至野外散步，尤易而有益。平野广阔，空气清洁，徜徉[④]其间，心神泰然，实人生至佳之境也。

原文大意略略懂

运动的好处，人们大多不相信，说："空气良好，饮食适宜，衣服舒适，居室恰当，这就足够维护人的身体健康了。何必还要忙碌着去运动呢？"可是，他们却不知道人不运动，血液循环就难免会迟缓、停滞，饮食虽然很美味，却不能消化，肌肉不能强韧，精神也不能活泼，身体就会日渐衰弱，怎么能得到健康的益处呢？

运动的方法有很多。打球、踢球、骑马、练剑都是年轻力壮的人应该做的运动。到野外散步尤其简单而且有好处。原野广阔平坦，空气清新洁净，在那里安闲自在地漫步，心神都能安宁，实在是人生最美好的境界。

特别注释提醒你

① 卫生：卫护人的生命，维护人的健康。

② 劳劳：辛劳；忙碌。

③ 蹴踘：是我国古代的一种足球运动。

④ 徜徉：安闲自在地步行。

第十九课 公园

辛苦之余，继以游息，则心神为之一畅，身体因以健康。此必至之效，无难实验者也。

文明各国之都会，皆设公园，吾国近亦仿办。岂导人以闲游哉？盖人烟稠密之区，空气不良，天机[①]易窒。辟此公园，以游鱼鸣鸟、奇卉名花点缀而成美景。居民劳作之暇，散步其间，可领略天然之趣味。其有益公众卫生，非浅鲜[②]也。

惟然，游公园者当知公德。不特器具陈设不可毁伤，花木敷荣不可攀折也。即涕唾之微，亦必力防任意，毋使不洁之习，取厌于人。否则公众之所经营，将为一人之所败坏。就令不为人所指摘，试反躬自问，其何以自安哉？

原文大意略略懂

辛苦之后，加以游玩休息，那么人的精神就会因此而舒畅，身体也会因此而健康。这个方法一定有效果，不难验证出来的。

文明国家的主要城市里都修建了公园，我国近年来也开始效仿它们建设公园。这难道是引导人们无事闲游吗？这是因为，人口稠密的地方空气不好，人的灵性也会阻塞不通。开辟这些公园，用游动的鱼儿、鸣叫的鸟儿和奇异名贵的花草来加以点缀，成为美丽的景色。居民在工作的空余时间，散步其中，可以领略体会到大自然的乐趣。这对人民维护身体健康是有益处的，作用并不微薄啊！

只是，游览公园的人应该知道公共道德，不仅不能毁坏器具摆设，花草树木不能攀折，即便是鼻涕唾沫这种小事，也一定要尽力防止随意，不要让自己因为那些不讲卫生的坏习惯被人讨厌。否则大家筹划营造的环境就被一个人败坏了。即使不被别人指责，试着扪心自问，怎么会安心呢？

特别注释提醒你

① 天机：指灵性。

② 浅鲜：微薄，轻薄。

第二十课　全体之话（上）

头部、躯干、四肢、脏腑，协力合作，非一日矣。

一日，口忽大言曰：“全体生活，皆我之功，如我不食，必致饿毙。”

胃曰：“否。我之功能，较大于口。如我不消化，口虽能食，亦有何益？”

手噪曰：“如我不取食物纳于口，尔等皆殆[①]矣。”

目笑之曰：“如我不视物，手安能取哉？”

足更起而诘[②]之曰：“我之功最高。如我不行，目虽见物，手亦不能取也。”

嚣然[③]自夸，纷扰不已，卒至决裂。于是口不食，胃不纳，手不取，目不视，足不行。

未几，全体大困。脑乃责之曰：“尔等合群，则互受其益；涣散，则自促其生。宜相亲，勿相猜也。”各部皆悟，协力如初。

原文大意略略懂

头部、躯干、四肢、脏腑，协力合作不止一天了。

一天，嘴巴忽然大声说：“整个身体能生存，全都是我的功劳，如果我不吃饭，你们必定会饿死。”

胃说：“不是这样的。我的功劳比口大。如果我不消化食物的话，口虽然吃了食物，又有什么用？”

手大喊着说：“如果我不拿食物放进嘴里，你们都会危险的。”

眼睛笑着说：“如果我不看食物，手怎么能够拿到呢？”

脚奋起而反驳说：“我的功劳才是最高的。如果我不走路，眼睛虽然能看到食物，手也不能去拿。”

大家都得意地自我夸奖，纷扰不止，最后导致互相决裂。于是口不吃东西，胃不吸纳食物，手不去拿，眼睛不去看，脚也不行走。

没多久，整个身体都陷入困乏的状态。大脑责备它们说：“你们团结在一起，则对大家都有利；散漫松懈，则是缩短自己的生命。你们应该相亲相爱，不要相互猜忌。”于是各部分都醒悟过来，像以前一样协力合作来。

特别注释提醒你

① 殆：危险。

② 诘：责问。

③ 嚣然：得意的样子。

第二十一课　全体之话（下）

口贪食美物，不及细嚼，遽纳于胃。胃不能消化，欲逐至肠中，肠不受，乃将其物停积于胃肠之间。

顷之，肠胃皆作痛。痛益剧，胃乃责口曰："何故将硬物咽下，使我不能消化？"又责肠曰："何不速将硬物泻出？"肠责胃与口曰："何不用呕吐之术，以出之乎？"

肺与心亦来相责曰："此种剧痛，累我呼吸短促，脉跳加疾。推其祸原，谁任厥[①]咎[②]？"

于是全体各部请脑为司法官，判断此案。脑曰："嚼物宜细，口之职也。胃不过消化已嚼碎之食物，输送其精液于各部而已。肠不过吸收其余液，排出其渣滓而已。非能代口之职也。故其咎实在口。"乃罚口一日不食，以为贪食之戒，而胃肠之痛亦愈。

原文大意略略懂

口贪吃美食，来不及细细咀嚼就把食物送到胃里。胃不能完全消化食物，于是想把食物赶到肠子里。肠子不接受，于是就把食物堆积在肠胃之间的地方。

不一会儿，肠和胃都开始疼痛。疼痛越来越剧烈，胃就责备口说："为什么要把坚硬的食物吞下，使我不能消化？"又责怪肠说："为什么不迅速将硬物排泄出去？"肠责备胃与口说："为什么不用呕吐的办法把硬物吐出去呢？"

这时，肺和心也来指责说："这种剧痛，害得我呼吸急促，脉搏跳动加快，追究灾祸的根源，是谁的错呢？"

于是身体的各部分都请大脑做裁判员，判断这件事情。大脑说："咀嚼食物应该仔细，这是口的职责。胃的职责不过是消化这些已经被咀嚼成碎末的食物，然后把精华输送到身体各个部分而已。肠的职责只不过是吸收剩余的精华，然后排出残渣而已。它们都不能代替口的职责。因此过失在口。"于是惩罚口一天不能吃东西，以作为它贪吃的惩戒，而肠和胃的疼痛也好了。

特别注释提醒你

① 厥：那个。

② 咎：过失；罪过。

第二十二课　义犬

一商人索债于外，乘马出，一犬随之。既得偿，囊银马上。行数里，下马少息，置囊其侧。

迨上马，遗囊于地。犬在后，欲以口衔囊，囊重，力不能胜，狂吠逐主人。马行疾，犬声嘶力竭，主人犹不省。乃直前啮马足，马狂跃，商人几坠。疑犬病疯，出枪拟之，犬亦不避。枪发，犬创甚几仆。

商人不之视，策马前行。已而以手探囊，囊亡。急回马，趋树下，见沿途血迹淋漓，至憩息之所，遗囊固在，而创犬犹守其旁。

既见主人，强摇其尾，欲起立，力不能支，仆地上。商人大悲，以手抚之，犬瞑目①而逝。

原文大意略略懂

一个商人骑马到外面讨债，一只狗跟随着他一起出行。讨回债务之后，商人把装钱的包裹放在马上。走了几里路，他下马稍作休息，把包裹放在旁边。

等到上马的时候，包裹遗忘在地上了。狗在后面，想用嘴巴叼起包裹，可是包裹太重，它的力气不够，于是狂叫着追主人。马跑得很快，狗的嗓子都喊哑了，用尽了力气，主人还是没有察觉。于是狗就径直跑上前咬马腿。马疯狂跳起，商人差点摔下来。他怀疑狗得了疯病，于是拿出枪对准它，而狗也不躲避。枪响了，狗受了很重的伤，几乎要仆倒在地。

商人看都不看狗一眼，就策马向前奔去了。不久后，商人用手去拿包裹，发现包裹不见了，急忙掉转马头返回去，赶往树下，看见沿途血迹淋漓。他回到原先休息的地方时，丢失的包裹还在，而受伤的狗仍然守在包裹的旁边。

狗见到主人后，勉强摇动着尾巴，想要站起来，但气力不支，最后扑倒在地。商人非常悲伤，用手抚摸着它，狗闭上眼睛死去了。

特别注释提醒你

① 瞑目：闭上眼睛，多指人死时无所牵挂。

第二十三课　临江之麋

柳宗元

临江[①]之人，畋[②]得麋麑[③]，携归畜之。入门，群犬垂涎[④]，扬尾皆来。其人怒，怛[⑤]之。自是日抱就犬，习示之，使勿动，稍使与之戏。积久，皆如[⑥]人意。

麋稍大，忘己之麋也，以为犬良我友。抵触偃[⑦]仆，益狎[⑧]。犬畏主人，与之俯仰甚善，然时啖其舌。

三年，麋出门外，见外犬在道甚众，走欲与为戏。外犬见而喜且怒，共杀食之，狼籍道上。麋至死不悟。

原文大意略略懂

临江有个人，打猎时捉到一只小鹿，就把它带回家饲养。刚一进门，一群狗流着口水，摇着尾巴跑过来。主人非常愤怒，便呵斥那群狗。从此主人每天都抱着小鹿去接近狗，让狗看熟了，使狗不伤害它，后来又逐渐让狗和小鹿在一起玩耍。时间长了，那些狗也都顺从主人的意愿不去伤害小鹿。

小鹿渐渐长大了，忘记了自己是只鹿，把狗当成自己的朋友，经常与狗互相碰撞，打闹，互相亲昵。狗因为畏惧主人，所以和小鹿玩耍时对它十分友善，但不时地舔自己的舌头，想要吃掉小鹿。

三年后，有一天小鹿走出家门，看见路上有很多野狗，立刻跑过去想跟它们玩耍。这群野狗见了小鹿既高兴又愤怒，一哄而上把它吃掉了，尸骨散落在路上，一片狼藉。小鹿到死都没有醒悟过来。

特别注释提醒你

① 临江：江西省清江县。

② 畋（tián）：打猎。

③ 麋（mí）麑（ní）：麋鹿。

④ 涎（xián）：唾沫，口水。

⑤ 怛（dá）：惊吓，呵斥。

⑥ 如：依照，按照。

⑦ 偃（yǎn）：仰倒。

⑧ 狎：态度亲近而不庄重。

第二十四课　热

人与万物，无不藉热以生。食物，所以增体热也。衣服，所以护体热也。

凡物化合，则热自生。食物入胃，化为营养料，随血液之循环，与养气[①]相合，自能发热。人方食后，体热必增，此其验也。

棉丝毛羽，皆不易传热。制以为衣，寒能使体热不外泄，暑能使体热不骤增。冬衣裘，夏衣葛[②]，此人所共知者。然取木偶人，被以狐貉，必不能温。可知热在体不在裘，裘特阻之不遽[③]泄耳。酷暑中力作，非得棉布衣不能御烈日。可知夏衣在阻外热侵入。至其利用白色，则藉以反射光热者也。

原文大意略略懂

人类和万物，都是依靠热量来维持生命的。食物用来增加身体的热量，衣服用来保持身体的热量。

所有物质经过化合反应后，热量就自然生成了。食物进入到胃里，转化为营养物，营养随着血液一起循环，跟氧气相结合，自然能够产生热量。人吃完食物以后，身体的热量必定会增加。这是人们的切身体验。

棉丝和毛羽都不容易传递热量。把它们制成衣服，寒冷的时候能够使身体的热量不会外泄，天热的时候能使体温不会突然增加。冬天穿皮衣，夏天穿葛衣，这是人人都知道的。然而即使给木偶人穿着狐皮貉绒，也是不能使它温暖的。由此可知热量在身体里，不在于皮衣上。皮衣只不过是阻挡热量不快速外泄而已。在炎热的夏天里劳动，必须得穿棉布制成的衣服才能抵御烈日。由此可知夏天的衣服是为了阻止外部热量的侵入。至于用白色，则是为了用来反射日光的热量。

特别注释提醒你

① 养气：指氧气。

② 葛：指葛衣，葛布制成的衣

③ 遽：突然，仓促。

第二十五课　热与色

富兰克林，美人也，善穷理格物[①]。一日访友，时值晌午，主人款以饭。既罢，进咖啡茶，不虞已冷。主人歉然曰："以冷茶饷客，予心滋愧。然其咎在仆，贮茶之壶，久不拂拭，是以黝然黑暗，茶乃易冷耳。"

富闻言，悠然[②]以思，思："夫器之黑而暗者，能使茶易冷。是黑色之能吸热，异于白色之能拒热也。顾一己之理想，岂足为凭？安得就宿学[③]而问之？"瞥见日光照耀，顿有所触。

时方冬令，积雪未消。富乃取黑白巾各一，并覆雪上，伫立凝眸以待。有顷，黑巾之下，雪已尽融，启白巾视之，则融未过半也。于是知黑色之物果能吸热，而白色之能拒热，亦因此恍然[④]。

原文大意略略懂

富兰克林是一个美国人，喜欢深入推究事物的道理。一天，他外出拜访朋友。当时正好是中午，主人用饭菜款待他。吃完饭后，主人又奉上咖啡，没想到咖啡已经冷了。主人歉疚地说："用冷咖啡招待客人，我实在是心有愧疚。然而责任在于仆人，装茶的壶长期没有擦洗，所以颜色深黑昏暗，咖啡就容易冷掉。"

富兰克林听到这话后，久久思考其中的道理。他想：“深黑昏暗的器物能使咖啡容易冷却，是因为黑色能够吸热，与白色能反射热量不同。但是自己一个人的想法岂能作为凭据？怎么才能找到一个博学的人来请教呢？”他不经意间看到阳光照耀大地，顿时就有所感悟。

当时正好是冬天，积雪还没有融化。富兰克林拿黑白帕子各一块盖在雪上。他站在雪地上聚精会神地观察等待着。过了一段时间之后，黑色帕子下面的雪全部都融化了。打开白色帕子一看，融化的雪还没有超过一半。于是就知道了黑色的物品确实能够吸收热量，而白色则能反射热量，他因此猛然大悟。

特别注释提醒你

① 穷理格物：推究事物的道理。

② 悠然：久远的样子。

③ 宿学：博学的人。

④ 恍然：猛然领悟。

第二十六课　布

中国古无棉，所用以为布者，不外苧[1]、葛、麻三种。自棉种传入，棉布盛行，而苧、葛、麻诸布，用途渐狭。盖苧、葛、麻布，性硬而散热易，宜于暑时。棉布松软，能保体温，宜于寒时。人于寒时需布多，暑时需布少也。

自外洋之布输入中国，中国所织之布销售遂滞。无他，外人讲求工艺。同一棉布，彼缕匀而有美观，幅阔而便裁制。我国机妇，率其旧法，仍以粗糙狭幅者与之角，利为所夺也固宜。

帛虽适体，然值颇贵，不能制普通之衣，故其销售，亦终不及布之广。然则居今日而欲振兴工艺，以挽回利权，所急宜讲求者，当自布始矣。

原文大意略略懂

中国古代的时候没有棉花，被用来作为制作布的原料的不外苧、葛和麻三种。自从棉花的种植传入中国，棉布开始盛行，而苧布、葛布和麻布这些布的使用范围就越来越窄了。苧布、葛布和麻布质地坚硬而容易散热，适合于夏天使用。棉布松软，可以保护身体的温度，适合于冬天使用。人在寒冷的时候需要的布多，在热的时候需要的布少。

自从外国的布输入到中国以后，中国自己织造的布的销售就停滞了。这没有别的原因，只是因为外国人讲究工艺技术。同样的棉布，他们的就丝线均匀而美观，面积大，方便裁剪加工。我国的纺织女工遵循旧的纺织方法，仍然用粗糙窄小的布来与外国的相抗衡，利润就当然被夺走了。

帛虽然适宜穿在身上，然而价值太高，不能做成普通的衣服，所以销售的范围终究没有棉布广。那么，生活在今天的世界上，如果想要振兴工艺来挽回利益和权利，所急需讲求的应该是从棉布开始。

特别注释提醒你

① 苧：多年生草本植物，茎皮含纤维质很多，是纺织工业的重要原料。

第二十七课　羊毛

某儿偕[①]其母游于野[②]。时方初夏，见有剪羊毛者。因问其母曰：“羊何罪，人乃朘[③]削之，使身无所蔽乎？”母曰：“儿误矣。炎暑将至，剪其毛，正所以适其体也。至冬则毛且更生，与发之重生无异。岂虑其受寒耶？”

儿曰：“将安用此毛？”母曰：“先以热水及肥皂洗之。再用铁刷梳理使齐。乃用纺车或机器纺之。然后可以织布。如小呢、法兰绒，皆羊毛所为也。或用以制袜及宽紧布，亦可装入枕褥焉。”

于是儿随母归。途中见羊毛成球，攒聚棘枳上。儿曰：“此真无用之物矣！”母曰：“此物，鸟见之则啄以归，以铺巢底与其四围，令和暖，可伏雏。可见天之生物，必无弃材，惟在能用之耳。”

原文大意略略懂

有一天，儿子同母亲到乡野游玩。当时正值初夏，看到有人在剪羊毛，于是儿子问母亲：“羊有什么罪过呢，人把它的毛都削剪下来，使它的身体没有遮蔽的东西？”他母亲说：“你误会了。炎热的夏天就要到了，剪掉羊的毛，正是为了它的身体舒服。到了冬天毛会再次生长，跟头发的重新生长没有什么不同。哪里还需担心它会受冻呢？”

儿子说："将会怎样利用这些毛呢？"母亲说："先用热水和肥皂把它洗干净，再用铁刷梳理使它整齐，接着才用纺车或者机器纺织成线，然后就可以用来织布了。像呢子、法兰绒等都是羊毛所纺织成的。或者用来做成袜子和松紧布，也可以装进枕头和被褥里。"

于是儿子跟着母亲回去了。在途中他看到羊毛卷成球状，攒聚在荆棘灌木上。儿子说："这真是没有用的东西啊！"母亲说："这些羊毛，鸟儿见了，就会衔回去铺在巢穴的底部和四周，使巢穴暖和，可以孵小鸟。可见，上天生产事物必定没有废弃的材质，每个事物都有它的价值，只是看你能不能利用它罢了。"

特别注释提醒你

① 偕：共同。

② 野：乡里，指小城镇或农村。

③ 朘（juān）：削。

第二十八课 仁侠之母女

美国某山中，有铁道通焉。旁有小屋一椽，母女二人居其中。女齿稚，而母则寡妇也。家贫，饲鸡拾薪，售诸近村，以为生计。

春雪方融，会为洪流，奔放而下。所居屋旁有深谷，上架铁桥，盖汽车所从出也。至是为水冲毁，时已夜深，雨如注。母女闻桥折声，私念汽车一至，将人与车皆坠谷中矣，谋所以救之者。乃冒雨出，燔薪于轨道上。既而声隆隆然，汽车蜿蜒而至。母乃立线路上，裂其衣，揭于竿而然之。女则焚树枝，高举回旋。交相呼曰："速止而车，速止而车。"

掌车者见火，又闻人声，知有变，欲停车。然开机过满，不能即停，直至母女兀立处始止。掌车者及乘客询得故，皆大感谢，醵[①]金以酬之。后为铁路公司所闻，亦赠以重资，自是称小康矣。

原文大意略略懂

美国的某一座山中，有铁道通行而过。铁道旁边有一座小屋，有母女二人住在里面。女孩还很年幼，而母亲则是个寡妇。她们家很贫穷，靠养鸡、捡柴卖给邻近村子的人维持生活。

春天的雪刚开始融化，汇合成洪流奔放而下。她们住的屋子旁边有一个深谷，上面建架着一座铁桥，蒸汽火车就是从那儿行驶出山中的。到了这一地段，铁桥被水冲毁了。当时已是深夜，大雨滂沱。母女两人听到桥断裂的声音，想着如果蒸汽火车一到，人与车就都会掉到山谷里。她们商量着怎样拯救人们。于是她们冒着大雨走了出去，在铁轨上点燃柴禾。不久，传来隆隆的车声，火车蜿蜒而至。母亲于是站在火车行驶的轨道上，把衣服撕裂，举起竹竿，把撕下来的衣服放在上面燃烧。女儿则燃烧树枝，高举着树枝绕圈旋转。她们轮流呼喊："火车快点停下来，快点停啊！"

开火车的人看到火光，又听到人呼喊的声音，知道有情况，想要停车。车开得太快，不能立即停止，直开到母女两人站立的地方才停住。开车的人和乘客询问了原因后，都非常感谢她们，大家都凑钱来报答她们。后来这件事被铁路公司听说了，于是也送给她们很多钱，从此她们就过上了小康的生活。

特别注释提醒你

① 醵：凑钱，集资。

第二十九课　机变

猎人某，独行丛山中。偶回顾，见有一狮，尾之于后。行速亦速，行迟亦迟，若将伺其不及防，突前以噬之者。

猎人大惊，努力前进，以期脱险。而狮仍相随不舍。行十余里，天渐昏黑，四无人居，窘急之状，殆难言喻。

会抵一危崖，屹然千仞[①]，下临溪谷，旁有乱石，深可隐人。猎人遂潜匿其间。然恐狮之觅也，急解外衣，加冠其上，中间支以猎枪，傍崖而立，高出崖端，伪若己之憩息者。

无何，狮踵至。以为人也，奋力扑之。枪遽[②]倒，狮坠崖死。

原文大意略略懂

有一个猎人，独自一人在山中走。偶然间回头一看，见有一头狮子跟在他后面。他快速行走，狮子也快速行走，他放慢脚步，狮子也放满脚步，好像在等待他来不及防范时，突然上前吞食他。

猎人大吃一惊，努力向前走，希望能摆脱危险。然而狮子仍然紧紧追随。走了十多里路后，天色渐渐昏黑了，四周也没有人居住，情况的紧急窘迫无法用语言来形容。

碰巧，他走到了一个险峻的山崖上，山崖高高屹立，下面有溪谷，山崖旁边有一些石头，可以藏人。猎人于是悄悄躲藏在里面。然而，他担心狮子会找来，就急忙脱掉外衣，把帽子放在衣服上面，用猎枪支撑着衣服靠着悬崖站立着，让它高出悬崖顶端，伪装成好像是自己在休息的样子。

不久，狮子跟踪而至。狮子以为那就是猎人，于是奋力扑过去，枪立刻倒下，狮子掉到悬崖下面摔死了。

特别注释提醒你

① 千仞：形容极高或极深。古人以八尺为一仞。

② 遽（jù）：急忙，仓促。

第三十课 晏子使楚

《晏子春秋》

晏子至楚，楚王赐晏子酒。酒酣，吏缚一人诣王前。王曰：“缚此曷为者也？”对曰：“齐人也，坐盗。”

王视晏子曰：“齐人固善盗乎？”

晏子避席对曰：“婴闻橘生淮南，则为橘，生于淮北，则为枳，叶徒相似，其实味不同。所以然者何？水土异也。今民生长于齐，不盗，入楚，则盗。得无楚之水土，使民善盗邪？”王笑曰：“圣人非所与嬉也，寡人反取病焉。”

原文大意略略懂

晏子来到了楚国，楚王赐酒给晏子喝。喝得正高兴的时候，两名公差绑着一个人到楚王面前来。楚王问道：“被绑着的人是干什么的？”公差回答 说：“他是齐国人，犯了偷窃罪。”

楚王看着晏子问道：“齐国人本来就是善于偷东西的吗？”

晏子离开了席位回答道：“我听说这样一件事：橘生长在淮河以南就是橘，生长在淮河以北就叫枳，只有叶子相似，它们的果实的味道不相同。其中的原因是什么呢？这是由于水土条件的不同。现在这个人生长在齐国不偷东西，一到了楚国就偷东西，难道是楚国的水土使百姓善于偷盗吗？”楚王笑着说：“看来是不能同圣人开玩笑的，我反而自讨没趣了。”

第三十一课　爱莲说

周敦颐

水陆草木之花，可爱者甚蕃。晋陶渊明独爱菊。自李唐[1]来，世人甚爱牡丹。予独爱莲之出淤泥[2]而不染[3]，濯[4]清涟[5]而不妖[6]，中通外直[7]，不蔓不枝[8]，香远益清[9]，亭亭净植[10]，可远观而不可亵玩焉。

予谓菊，花之隐逸者也。牡丹，花之富贵者也。莲，花之君子者也。噫！菊之爱，陶后鲜有闻。莲之爱，同予者何人？牡丹之爱，宜乎众矣！

原文大意略略懂

水里、陆地上草本、木本的花，值得喜爱的有很多。晋朝的陶渊明唯独喜爱菊花。自从唐朝以来，世上的人大多喜欢牡丹。我唯独喜爱莲花，因为莲花从淤泥里长出来却不受污秽沾染，在清水中洗涤而不显妖媚；它的茎里面是通透的，外面则是笔直的，不生枝蔓，不长枝节；香气远播，更加清香，笔直洁净地挺立在水中；人们可以远远地观赏，却不可亲近去轻慢地玩弄它。

我认为，菊花，是花中的隐士；牡丹，是花中的大富大贵者；莲花，是花中的君子。唉！对菊花的喜爱，在陶渊明之后就很少听说了。对莲花的喜爱，像我一样的人还有谁呢？对牡丹的喜爱，当然有很多人了！

特别注释提醒你

① 李唐：指唐朝。唐朝皇帝姓李，所以称“李唐”。

② 淤泥：河沟或池塘里积存的污泥。

③ 染：沾染。

④ 濯（zhuó）：洗涤。

⑤ 清涟（lián）：水清而有微波，这里指清水。

⑥ 妖：美丽而不庄重。

⑦ 中通外直：（它的茎）内空外直。

⑧ 不蔓（màn）不枝：没有缠绕的蔓，也没有旁逸的枝。蔓：名词用作动词，生枝蔓。枝：名词用作动词，长枝节。

⑨ 香远益清：香气远播，更显清芬。

⑩ 亭亭净植：笔直地洁净地立在那里。亭亭：耸立的样子。植：通“直”，竖立。

第三十二课　凌霄花

白居易

有木名凌霄，擢秀[①]非孤标。
偶依一株树，遂抽百尺条。
托根附树身，开花寄树梢。
自谓得其势，无因有动摇。
一朝树摧倒，独立暂飘飖。
疾风从东起，吹折不终朝。
朝为拂云花，暮为委地樵。
寄言立身者，勿学柔弱苗。

原文大意略略懂

有一种植物叫凌霄花，欣欣向荣却不高标独立。偶然有一棵树给它依靠，它就会顺藤而上，抽绎出长长的枝蔓来。它的根部依附在树干上，花寄托在树梢上。自以为得到大树的势力作支撑，却不知道世事难料，变化无常。

一旦大树被摧倒，它就只能独自在风中飘摇。当强劲的东风猛烈地吹刮着大地的时候，它经不起大风，一天即遭吹折。早上它还是高高在上、可以拂云弄日的高傲花朵，晚上它却成了落地的柴禾。这就告诉想要在人世间安身立命的人们，不要学习柔弱的凌霄花，要独立自强，不可依附他人。

特别注释提醒你

① 擢秀，擢：抽，拔；秀，生长茂盛的植物。指草木欣欣向荣。

第三十三课　荣誉

英伟人讷尔逊，五洲所共闻也。幼时，与兄并辔适校。中途，风雪大作，寒彻骨不可支。乃偕归，见其父。

父曰:“归校与否，吾听汝等之自由。虽然，凡发一念，欲有所为，必成之而后已，此大丈夫荣誉之事也。半途而废，无志行者之事也。汝等试比较，择所从。”

讷尔逊闻言，即促兄更归校。兄犹有难色。讷尔逊毅然曰:“兄忘荣誉之言乎？”卒相偕以去。

原文大意略略懂

英国伟人讷尔逊（纳尔逊）是一个为全世界人们所共知的人。他小的时候，跟哥哥一起骑马去学校。中途下起了大雪，刮起了大风，寒风刺骨难以支撑，于是他们一起回家见父亲。

父亲说:“你们是否回到学校去，我让你们自由决定。虽说是这样，想要有所作为，有了某种想法，就一定要成功之后才会停止，这是关乎大丈夫荣誉的事。半途而废是没有志向的人做的事。你们试着比较一下，然后选择跟从哪一种人学习。”

讷尔逊听到这些话后，就催促哥哥重新返回学校。哥哥的脸上露出不情愿的神色，讷尔逊毅然地对哥哥说:“哥哥忘记了那番关于荣誉的话了吗？”最终，他们二人一起去了学校。

第三十四课 合力

置一砖于地，一童子蹴[1]之，则中裂，否亦损四隅[2]。合千百砖以为垣墉[3]，勇者睨其旁，徒手莫能毁焉。合亿万砖以为城郭[4]，虽有敌至，环而攻之，未易破也。故合愈众，力愈大。

夫砖不能自为合也，以手垒砖，多不过数百，止矣。傅[5]之以灰沙，施之以版筑[6]，乃能胶黏吻接，逾数仞，过百雉[7]，卓立而不可动摇。故合愈坚，力愈固。

虽然，合者砖也，使之能合者人也。有灰沙、版筑之功，乃能有垣墉、城郭之用。犹合众人之力以为力，必先合众人之心以为心。

原文大意略略懂

放一块砖在地上，一个小孩踏上去，砖的中间就裂开了。即使没有裂开，它四边的角落也会损坏。把千百块砖合在一起砌成墙壁，勇猛的人在它旁边斜着眼睛看，空手是不能把它毁坏的。把亿万块砖合起来做成城的外墙，即使有敌人到来，环绕着攻打它，也未必很容易就能攻破。所以合在一起的力越多，力量就越大。

砖不能自己结合在一起，用手把砖叠垒起来，最多不过几百块而已。用灰沙把它们集合在一起，用版筑把它们夯实，才能够使它们牢牢相互粘连相接，就算超过数仞，越过百雉，它也能卓然耸立，不可动摇。所以合力越坚强，力量就越牢固。

虽然合在一起的是砖，但是使它们合在一起的是人。有灰沙、版筑相互配合劳作的功劳，才有内墙、外墙的实际用处。这就像要把众人的力量凝聚成一股力量，必须要先把众人的心凝合成一条心一样。

特别注释提醒你

① 蹴：踏。

② 隅：角落。

③ 垣墉：城墙。

④ 郭：在城的外围加筑的一道城墙。

⑤ 傅：集合。

⑥ 版筑：指筑土墙，即在夹版中填入泥土，用杵夯实。

⑦ 雉：一丈为一雉。

第三十五课　集会

虑以博考而精，力以众擎而厚。此在凡事，莫不皆然。而利害[①]之有关于公众者，尤当合群策群力以图之。此文明国民，所以重视夫集会也。

文明国民之集会也，到会散会，皆有定时；议事旁听，各从定则。观其气象，则沉毅肃穆，万众无哗；聆其发言，则讨论表决，秩然有序。其进止之严整，虽行军无以加；其辩论之精审，即讲学无以过。论者谓观于其国民之集会，而知其文化之进退，信不诬[②]也。

我国今日，百废待兴[③]，其有赖于群策群力者何限。为国民者，苟能同心协力，而又一以规律出之，则事无不举。而大国民风格之誉，亦不让人以专美矣。

传单式

启者，城东街道，岁久失修，行人往来，殊多不便，自应从速修理，惟兹事体大，必须合本地方居户，公同筹议，方足昭慎重而利进行，兹定于本月十九日午后一时，借市立第一高等小学校，特开大会，凡我公民，尚祈，涖止。

区董〇〇〇谨白

原文大意略略懂

思虑因为广博的考证才变得精辟，力量因为众人的协作才变得深厚。任何事情都是这样。在处理与公众利益有关的事情的时候，尤其应该结合群众的计谋和力量来解决。这就是文明国民重视集会的原因。

文明国民的集会，到会和散会都有规定的时间，会员商议事务和民众到场旁听都要遵从一定的规则。观望会场里的气氛，沉重坚毅，静穆严肃，众人不敢大声喧哗。聆听会场上的发言，讨论表决，井然有序。与会人员行动的严肃整齐程度，即使是军队行军也不见得比它好。会员们的辩论精密周详，即使是学者讲学也不一定超过它。有人说看到一个国家人民的集会就知道这个国家的文化进步与否，这话是可信的，并不虚假。

我国今天百废待兴，需要依靠群众的智谋和力量的事情不可尽数。我们国家的国民如果真能同心协力，并且以纪律约束自己，那么事情没有办不成功的。同时，“大国民风格”这样的美誉也不会只是专门用来赞美其他国家的人民了。

传单式

东城街道，很久没有整修，此处行人往来频繁，未整修的地段给过路行人带来诸多不便，应该尽快整修，此事关系重大，必须集合本地的居民共同商议，才能显示我们的慎重，从而有利于修理工作的进行。兹定于本月 19 日午后一时，借市立第一高等小学为开会场所，特开大会，期盼着大家的参与！

区负责人敬告

特别注释提醒你

① 利害：利益与损害。

② 诬：欺骗。

③ 百废待兴：废，被废置的事情；待，等待；兴，兴办。许多被搁置的事情等着要兴办。

MINGUOGUOWENKEBEN
(BAIHUAZHENCANGBAN)SHANG

民国国文课本（白话珍藏版）上

第二册

第一课　孟母

孟子之母，其舍近墓。孟子少嬉游，为墓间之事[1]，踊跃[2]筑[3]埋。孟母曰：“此非吾所以居处[4]子也。”乃去，舍市旁。其嬉戏，为买人炫卖[5]之事。孟母又曰：“此非吾所以居处子也。”复徙，舍学宫之旁。其嬉游，乃设俎豆[6]，揖让[7]进退。孟母曰：“此真可以居吾子矣。”遂居之。

孟子稍长，既学而归。孟母方织，问曰：“学何所至矣？”孟子曰：“自若也。”孟母以刀断其机织。曰：“子之废学，若吾断斯机也。夫君子学以立名，问则广知。是以居则安宁，动则远害。今而废之，是不免于厮役，而无以离于祸患也。何以异于织绩[8]而食，中道废而不为哉？”

孟子惧，旦夕勤学不息，遂成大儒。

原文大意略略懂

孟子的家在坟墓的附近。孟子小的时候嬉戏玩耍，常常玩办理丧事的游戏，欢快地模拟安葬死人的捣土、埋土活动。孟母见此情景，说：“这不是我可以用来安顿儿子的地方。”于是就离开了，在集市附近居住下来。可是，孟子又玩起了学商人叫卖的游戏。孟母又说：“这不是我可以用来安顿儿子的地方。”又一次搬迁了，把家安在学堂旁边。孟子于是做些模仿祭祀、揖让、进退之礼的游戏。孟母说：“这个地方真的可以让我的孩子居住了。”于是就安居了下来。

孟子长大一些后，有一次放学回家，他的母亲正在织布，问道：“学习怎么样了？”孟子说：“跟过去一样。”孟母见他无所谓的样子，十分恼火，用剪刀剪断织好的布，说：“你荒废学业，如同我剪断这布一样。有德行的人学习是为了树立名声，勤问才能增长知识。这样，平时就能安宁，做起事来就可以避免于祸害。现在你荒废了学业，就不免于做下贱的劳役，而且难于避免祸患。这与我靠织布为生，但是在中途就停止，不再继续工作有什么不同呢？”

孟子很惶恐，自此，从早到晚勤学不止，终于成为了有大学问的人。

特别注释提醒你

①墓间之事：指埋葬、祭扫死人一类的事。

②踊跃：欢欣跳起来的样子。

③筑：捣。

④处：安顿。

⑤炫卖：叫卖。

⑥俎豆：宴客用的器具，引申为祭祀。

⑦揖让：指古代宾主相见的礼节。揖让之礼按尊卑分为三种，称为三揖。

⑧绩：把麻纤维披开再连续起来搓成线。这里指织布。

第二课 燕诗

白居易

梁上有双燕，翩翩雄与雌。
衔泥两椽[①]间，一巢生四儿。
四儿日夜长，索食声孜孜。
青虫不易捕，黄口[②]无饱期。
嘴爪虽欲敝[③]，心力不知疲。
须臾十往来，犹恐巢中饥。
辛勤三十日，母瘦雏渐肥。
喃喃教言语，一一刷毛衣。
一旦羽翼成，引上庭树枝。
举翅不回顾，随风四散飞。
雌雄空中鸣，声尽呼不归。
却入空巢里，啁啾终夜悲。
燕燕尔勿悲，尔当返自思。
思尔为雏日，高飞背母时。
当时父母念，今日尔应知。

原文大意略略懂

一只雌燕和一只雄燕在房梁上翩翩起舞。它们把泥土衔到两条椽的中间，筑起了巢。一段时间过后，它们生育了四个孩子。四只小燕子一天一天地长大，不停地发出吱吱的声音，向父母亲索要食物。捕捉青虫可不容易啊！四个孩子从没有吃饱的时候。虽然雌燕和雄燕的嘴和爪都已经很疲惫了，但是因为它们爱护孩子，所以心从不感到疲倦。虽然片刻间它们已经来回飞行了十来趟，仍然生怕巢中的孩子忍饥挨饿。

就这样辛勤养育孩子三十天，母燕子瘦了，小燕子一天天胖起来。接着，母燕子便喃喃地教小燕子说话，又为它们逐一洗刷羽毛。终于有一天，小燕子翅膀长成了，强壮了，能自由飞翔了。于是小燕子们纷纷飞上了庭院的树枝。当小燕子们体会到飞翔的乐趣后，就向往着更高远的天空。因而，它们拍着翅膀，向远方飞去，再也不回头，随风四处翱翔。雌燕和雄燕在空中大声呼唤，直到啼破歌喉，不能发出声音，也叫不回它们的孩子。它们哀伤地退回到空空的巢穴中，整个夜晚不停地悲泣！

燕子啊燕子！请你不要悲伤，你应回顾过去，反思自己的所作所为。当你自己还是小燕子的时候，你拍着翅膀飞上青天，毅然离开自己的母亲。当时父母思念你们的心情，现在你应该很明白了吧。

特别注释提醒你

① 椽：装于屋顶以支持屋顶盖材料的木杆。

② 黄口：本指雏鸟的嘴，也借指儿童。

③ 敝：疲惫，困乏。

第三课　蝴蝶

菜中青虫，行于草间，自惭形秽[①]。叹曰：“我之身，胡[②]如是之卑猥[③]也？”蜿蜒而上竹篱。遇一金色之虫，亦复华丽。睹青虫至，昂然飞去，盖恶而避之也。

虫徐行于篱上之叶，愤然曰：“彼不过有双翅耳，恃能飞而骄，欺人太甚。余姑忍之。”叶慰之曰：“君非久居穷困者，一旦变化，岂他虫所能比拟哉！”

虫乃伏于叶上，以丝自缚。未几，若婴儿之束于襁褓，不能屈伸。虫乃悲曰：“吁，若是之困，殆又甚焉。昔者虽形体猥琐[④]，尚堪自适。今则举止受缚，如生人埋圹中，坐听其僵而已。天乎！奈何？”叶复慰之曰：“否极泰来[⑤]，理之常也。君勿忧，其终忍。”

不数日，背罅脱裂。有物振翼而出，则五彩花纹，斑斓华丽，居然一极美之蝶矣。舞轻风而荡漾，映旭日以翩跹[⑥]。飞翔自得，顾影而歌曰：“昔何辱兮，今何荣！昔为同类所贱兮，今为所敬。今日之乐兮，由于昔日之能忍。”

原文大意略略懂

一条青色的菜虫在草丛中爬行，因为容貌丑陋而感到十分羞愧。它唉声叹气道：“我的外貌为什么会如此鄙陋啊？”接着，它蜿蜒着爬到竹篱上，遇到一只金色的虫子，外表非常华丽。当它看到青虫爬上来之后，便高傲地飞走了，大概是厌恶青虫所以就躲开了。

青虫慢慢爬行在依附于竹篱的叶子上，气愤地说："它只不过有一双翅膀而已，依仗着自己能飞翔就如此骄傲，实在是欺人太甚。我暂且忍耐一下。"叶子安慰它说："你不会长久地处于困境中的，一旦进化，岂是其他虫子可以相比的！"

青虫于是趴在叶子上，吐丝把自己包裹起来。没一会儿就像婴儿被裹在襁褓之中，不能弯曲或伸展。青虫于是悲叹着说："唉，我的处境如今是更加艰难了。往日虽然身体鄙陋不堪，但是尚且能自由活动。如今却行动受束缚，就像一个活人被埋在土里，只是坐等着僵死而已。天啊！我该怎么办呢？"叶子于是又安慰它说："坏运到了头，好运就来了，这是世间常理。你不要烦恼，还是忍耐一下吧。"

没过几天，茧的背部出现裂缝并且开始脱壳。有一个东西拍着翅膀从里面飞了出来，身上披着五彩花纹，色彩斑斓，绚丽华美，竟然是一只极其美丽的蝴蝶。它在微风的吹拂下飞舞游荡，在日光的照射下翩跹而舞。它自由自在地飞翔，看着自己的影子歌唱道："往日的我是多么屈辱，今天我又是多么荣耀！往日的我被同类所鄙视，今日我却被它们所敬重。今天的欢乐是因为往日的忍耐啊！"

特别注释提醒你

①自惭形秽：原指因自己容貌举止不如别人而感到羞愧。后泛指因不如别人而感到惭愧。惭，惭愧；形秽，容貌丑，形象不好。

② 胡：为什么。

③ 卑猥：鄙陋。

④ 猥琐：容貌举止庸俗不大方。

⑤ 否极泰来：否，卦名，不顺利；泰，卦名，顺利；极，尽头。逆境达到极点，就会向顺境转化。指坏运到了头，好运就来了。

⑥ 翩跹：形容旋转的舞姿。

第四课　良马对

宋高宗问岳飞曰："卿得良马否？"

对曰："臣有二马，日啖刍豆[①]数斗，饮泉一斛[②]。然非精洁，即不受。介[③]而驰，初不甚疾，比行百里，始奋迅。自午至酉，犹可二百里，褫[④]鞍甲而不息不汗，若无事然。此其受大而不苟取，力裕而不求逞，致远之材也。

"不幸相继以死。今所乘者，日食不过数升，而秣不择粟，饮不择泉。揽辔未安，踊跃疾驱，甫百里，力竭汗喘，殆欲毙然。此其寡取易盈，好逞易穷，驽钝之材也。"

高宗称善。

原文大意略略懂

宋高宗问岳飞："你得到好马没有？"

岳飞回答说："我有两匹马，它们每天要吃几斗饲料，喝一斛水。然而，不是精良的草料，不是干净的泉水，它们是不会接受的。它们披甲戴盔，刚开始时跑得并不是很快，等到跑了百里之后，才振奋四蹄迅速奔跑。从中午跑到黄昏，还可以再跑两百里。卸下鞍甲，既不喘气，也不出汗，表现出一副什么事也没有的样子。这两匹马，吃的多却不随便接受食物，力气充沛却不强求逞能，是跑远路的良马啊！

"可是，不幸的是，它们已经相继死去。现在我所骑的马，每日所吃的不过几升，饲料不挑拣粟米，喝的也不选择泉水。缰绳没收紧就跃跃欲试，迅速奔跑，刚到一百里，就力气竭尽，汗水淋淋，气喘吁吁，几乎死去的样子。这马，吃的少而容易饱，喜好逞能而容易竭尽，是愚钝的马啊。”

宋高宗听完后觉得很有道理。

特别注释提醒你

① 刍豆：草和豆，指牛马的饲料。

② 斛：容量单位，一斛为十斗，后来改为五斗。

③ 介：铠甲。

④ 褫（chǐ）：解脱。

第五课　心力并用

社会中人，或运心思，或操力役，职业既异，生活自因之而不同。然偏于劳力者，不能不稍用其心，偏于劳心者，亦未容废置其力也。

吾国旧时，狃[①]于习惯。习于劳心者，几以躬亲[②]力役为可羞，甚至入役僮奴，出乘舆马，凡所动作，罔不需人。此不特违反人道，抑亦自陷于文弱矣。

夫体以运动而强，犹心以困衡[③]而智，苟偏废焉，其弊立见。故吾人生活，当使心力并用。昔华佗谓吴普曰："户枢不蠹，流水不腐，常动故也。"可知人体亦惟常动，始能日即于健康。彼孔门设教，射御[④]与书数同科；西国卫生，休息与服劳并重，殆亦有取于是尔。

原文大意略略懂

社会上的人，有的靠脑力生活，有的靠体力生活，各自的职业既然不同，生活方式自然随之不同。然而，偏向使用体力的人不能不稍微运用心智，偏向用脑力的人也不能够废弃体力。

我们国家在旧时候，人们总是拘泥于以前陈腐的习俗。习惯于使用脑力生活的人几乎把亲自干体力活当作羞耻的事，甚至于回家役使仆人，出门乘坐车马，所有的一切行为没有不需要别人帮忙的。这不仅违反人道精神，而且也让自己陷入柔弱之中。

身体因为运动而变得强健，如同心智因为思考艰难的问题而变得聪慧一样，如果偏废其中的任何一方，弊端就会马上显现出来。所以我们在生活当中应该脑力和体力并用。以前华佗对吴普说："常常转动的门轴不会被虫蛀蚀，流动的水不会腐臭，这是常常运动的缘故啊。"由此可知，人的身体也是只有常常运动才能日渐健康。儒家设立学校教育学生，把射箭、驭马和书写、算数一起归入要求学生掌握的六种技能中；西方国家的养生保健之道，把休息和劳动放在同等重要的地位，大概都是同样的道理。

特别注释提醒你

① 狃：因袭，拘泥。

② 躬亲：亲自去做。

③ 衡：梗塞不顺。

④ 御：驾驭马车的技术。

第六课　旅行修学记

天宇清寥，山光明净。师谓诸生曰："此旅行修学[①]时也。南郭之外有草场，纵横数十亩。与诸子往而游戏，可乎？"

于是戒期三日。至期，日光高朗，风不扬沙。晨钟报六下，诸生咸集，衣袴束约，整列如兵队。携行有军乐及球杆、诸戏具。前导者扬国旗，次则学校旗也。履声、乐声，相应不绝。道旁观者相告曰："此某校学生旅行也。何严整有序若此！"

至场，为赛跑诸戏，或掷球，或运杆，互校胜负。一人胜，众鼓掌贺之，围观者莫不赞其艺勇。

记者曰："吾闻外国小学校，每于秋日作郊外行。其学生每校至一二千人。其出也，各衣制服，列队俨然。旗帜摇扬，鱼贯而前，昂胸挺干，步伐有章。教员杂其间督护之。其过街衢也，连亘[②]久之不绝。时则他校学生之驻视者，亦纵横塞道旁。呜呼，盛矣！然旅行郊野之旨，将使诸生揽山川之胜，察草木鸟兽之形态与农牧之事业，所以修其天然之学术也。岂第为游戏而出，炫耀路人之耳目哉？"

原文大意略略懂

天朗气清，山光明净。老师对学生们说："这是旅行修学的好时机。南边城外有个草场，绵延数十亩。我与你们一同去游览玩耍如何啊？”

于是约定三天之后前往草场。到了那天，艳阳高照，风和日丽。早晨的钟声敲响六下的时候，全部学生都在学校集合，穿着整洁，队列如同军队一般齐整。他们携带的东西有军乐以及球杆等游戏之具。在前方引路的人高举着国旗，紧接着的是校旗。脚步声、军乐声不断地互相应和。道路两边观望的人互相说：“这是某学校学生外出旅行。真是严肃整齐、有秩序啊！”

到了草场后，他们便开始开展赛跑等诸多游戏，有的扔球，有的运杆，互相比赛。其中有一个人赢了，其余人都鼓掌祝贺他，围观的人都赞美他的技能和勇敢。

笔者说：“我听说国外的学校每到秋天就外出郊游，每个学校的学生有一二千人。他们出行的时候，各自都穿着制服，列队整齐有序，旗帜飘扬，一个跟着一个向前走，抬头挺胸，步伐整齐一致。教师穿插其间，监督保护他们。他们过街道的时候，前后相接，长时间都没有间断。这时其他学校前来观看的学生也挤满了道路两旁。啊，多么盛大壮观的场面啊！到郊外去旅行的目的是使学生们游览山川的自然景色，观察草木鸟兽的形态及考察农牧业的情况，以增进学生的自然知识。岂是为了游玩而出来向路人炫耀的呢？”

特别注释提醒你

① 修学：通过集体旅游、游戏等方式提高学生各方面的认知水平。

② 亘：连绵不断。

第七课　渑池之会

赵王与秦王会于渑池。秦王饮酒酣，曰："寡人窃闻赵王好音，请奏瑟。"赵王鼓瑟，秦御史前书曰："某年月日，秦王与赵王会饮，令赵王鼓瑟。"

蔺相如前曰："赵王窃闻秦王善为秦声，请奉盆缻秦王，以相娱乐。"秦王怒，不许。于是相如前进缻，因跪请秦王，秦王不肯击缻。相如曰："五步之内，相如请得以颈血溅大王矣。"左右欲刃相如。相如张目叱之，左右皆靡。于是秦王不怿，为一击缻。相如顾召赵御史书曰："某年月日，秦王为赵王击缻。"

秦之群臣曰："请以赵十五城，为秦王寿。"蔺相如曰："请以秦之咸阳，为赵王寿。"秦王竟酒，终不能加胜于赵，赵亦盛设兵以待秦，秦不敢动。

原文大意略略懂

赵王和秦王在渑池会见。秦王喝酒喝得高兴，说："我私下听说赵王喜好音乐，请赵王弹弹瑟吧！"赵王就弹起瑟来。秦国的史官走上前来写道："某年某月某日，秦王与赵王在宴会上饮酒，命令赵王弹瑟。"

蔺相如走向前去说："赵王私下听说秦王善于弹奏秦地的乐器，请允许我献盆缶给秦王，请秦王击缶，借此互相娱乐吧!”秦王发怒，不肯击缶。这时，蔺相如走上前献上一个瓦缶，趁势跪下请求秦王击缶。秦王不肯敲击瓦缶。蔺相如说:“如果大王不肯击缶，在五步距离内，我要把自己颈项里的血溅到大王身上!”秦王身边的侍从要用刀杀蔺相如，蔺相如瞪着眼睛呵斥他们，他们都被吓退了。到这个地步，秦王虽很不高兴，也不得不为赵王敲了一下瓦缶。蔺相如回头召唤赵国史官写道:“某年某月某日，秦王为赵王击缶。”

秦国的众位大臣说:“请赵王用赵国的十五座城来给秦王作为礼物。”蔺相如也说:“请把秦国的都城咸阳送给赵王作为礼物。”直到酒宴结束，秦王始终未能占赵国的上风。赵国又调动了大量的兵力到边境以防备秦国入侵，秦军也不敢轻举妄动。

第八课 嵩山

嵩山，距密县五十余里。下有岳庙，宏敞壮丽。其北有少林寺，宽闲幽邃，形胜天然。去寺二里许，有达摩面壁处，旁一石，有纹如僧趺坐[①]状，俗谓为“九年面壁影”。盖此石出自水中，水中之石，为波荡漾，久而作人物花鸟形者甚多，则此偶然似僧耳。

嵩西少室诸峰，雄峭秀耸，摩天拔地。庐岩瀑布，水势雄伟，如长河倒挂，诚壮观也！过天门，双峰中断，风云出入其间。更上，至中峰之顶。又上，乃至绝巅。游目尽数百里，始知嵩山之高，信无与偶。尊严雄杰[②]，尤为特出也。

原文大意略略懂

嵩山距离密县（今河南郑州新密市）五十多里。山脚下有座岳庙，高大宽敞，十分壮丽。山的北边有少林寺，宽阔闲适，深邃幽静，胜过天然美景。距离少林寺两里左右，有达摩僧面壁之处。旁边有一块石头，上面的纹路很像一个僧人盘膝端坐的样子，世人称之为“九年面壁影”。原来，这块石头来自水里。水中的石头被水波冲击荡漾，时间一长，形成人物、花、鸟形状的有很多，这块石头只是偶然形成僧人的样子而已。

在嵩山的西边，有少室山等诸多山峰，雄伟峭拔，秀丽高耸，腾空拔起，直上青天。庐岩瀑布的水势十分雄伟，仿佛奔腾的长河倒挂在崇山之间，真是壮观啊！过了天门双峰的中部地带，只见浮云缭绕山腰，清风呼啸山间。接着往上走就到了中峰的顶端，再上去就是极其陡峭的悬崖。放眼游览了数百里之后才知道嵩山之高确实举世无双，它的山势雄伟磅礴，尤其出众。

特别注释提醒你

① 趺（fū）坐：趺，同跗。盘腿端坐。

② 尊严雄杰：形容山势磅礴雄伟。

第九课　图书馆

善哉！图书馆之制也。储书万卷，标以牙签[①]，客欲观书，代为检取。知识之灌输既便，孤寒之沾丐[②]尤多。欧美各都会，设立者盖难偻[③]指计也。

我国昔时，亦有藏书楼焉。其公者，如文澜、文汇。其私者，如汲古、尊经。卷帙浩繁[④]，夙推渊薮。然而封锁终年，蠹鱼侵蚀，琅嬛福地[⑤]，谁获详窥？所谓嘉惠艺林[⑥]，亦徒存虚语耳。

通商以后，外人始设图书馆于上海。其后内地渐行自办。近更规定于地方自治条款中。但绌于经费，购集不易。各地藏书家，诚能举其所有，储之馆内。则物以类聚[⑦]，搜集必丰。彼嗜书之子，朝夕来游，必有因之学成者。其影响于风俗人才，宁有量耶？

原文大意略略懂

图书馆的建制真是好啊！图书馆里存储了上万卷书籍，每一种书籍都用书签加以标明。读者如果想要看书，就可通过书签代为检索想要找的书籍。这样，既方便了国家向人们灌输知识，又使得孤苦贫寒之人从中受益。欧美各国的都市所设立的图书馆是难以计数的。

我国古代也有藏书楼。公共的藏书楼，诸如文澜阁、文汇阁，私人的藏书楼，诸如汲古阁、尊经阁，里面书籍繁多，一向被推为我国书籍聚集的地方。然而这些藏书楼终年对外封锁，里面的书籍大多被蠹虫啃咬毁坏。那些珍藏书籍的琅嬛福地，有谁能进去详细窥探里面的情况呢？所谓的造福于学者的藏书宝地，对普通人来说也只不过是句空话而已。

我国与外国通商之后，外国人首先在上海设立图书馆。此后内地各省渐渐开始自行创办。近年来，设立图书馆的规定更是出现在各地方自治的条款之中。但是由于经费不足，要搜集购买书籍并不容易。倘若各地的藏书家能把其所收藏的书籍全部储藏在图书馆，那么就使得各种书籍聚集在一起，图书馆搜集到的书籍也必定丰富。而那些喜爱读书的人早晚来到图书馆阅读书籍，必定会有因为图书馆提供的便利而学有所成的人。图书馆对人们风俗习惯和国家人才的影响作用哪能估量得出来呢？

特别注释提醒你

① 牙签：指书签。古代的时候，有悬于卷轴一端或贴于封面的署有书名的竹、牙片、纸或绢条等书签。

② 沾丐：使人受益。

③ 偻：弯曲。

④ 卷帙浩繁：卷帙，书籍或文章的篇幅。多指书籍很多或一部书的部头很大。

⑤ 琅嬛福地：传说中仙人所居多书的洞府。琅嬛是传说中神仙的洞府，是天帝藏书的地方。后泛指珍藏书籍之所在。

⑥ 艺林：指收藏汇集典籍图书的地方。

⑦ 物以类聚：指同类的东西常聚在一起。

第十课　博物院

人之智识，皆由精思博览而来。然人生不过数十寒暑，欲以一人之力，遍览世界之奇，必不可得。虽研究之资，简册具在。而徒读其书，无实迹以相证，所得者率皆恍惚[1]，终不如睹其物，抚其器，亲切有味也。欧美各国，搜集古今物品，列于一室，纵人观览，谓之博物院，其以此欤！

欧洲十七世纪以前，无所谓博物院也。自拿破仑以战胜品陈于巴黎，以彰武功，遂为博物院之嚆矢[2]。自是以后，语声名文物之盛者，群推巴黎。而巴黎之罗布博物院，规模宏大，珍奇毕具，且居世界第一焉。以我国疆域之广，开化之早，顾鲜有起而图之者。以视欧人，能无愧乎？

原文大意略略懂

人的智慧和知识都是从仔细思考、广泛阅览中得来的。然而人生不过短短数十年，想要以一个人的力量去遍览全世界的奇观必定是行不通的。虽然研究的资料都记载在了书籍里，但是只是阅读这些书籍而没有实际的东西加以考证，那么所得出的结论大多会模糊不清，终究不如亲自观察、触摸事物那么亲切有味。欧美各国搜集古今物品陈列于室内，任大众观赏阅览，称之为博物馆，就是为了这个目的吧！

欧美国家在十七世纪以前是没有博物馆的，自从拿破仑把战胜品陈列在巴黎用来表彰战争功绩之后，这一事件便成为博物馆的开端。从此以后，只要说到文物的繁多盛况，大家都一致推举巴黎。而巴黎罗布（卢浮宫）博物馆的规模巨大，奇珍异宝全都具备，位居世界第一。我们国家疆域广大，文明起源也很早，却很少有站出来谋划建立博物馆的人，和欧洲人相比，能不惭愧吗？

特别注释提醒你

①恍惚：模糊不清楚。

②嚆矢：响箭。因发射时声先于箭而到，故常用以比喻事物的开端。

第十一课　保存古物

今试与人述祖德，数家珍，未有不津津乐道[①]也。非必以此骄人也。孰为先代所留贻，孰为平生所搜集，挚爱所存，宜[②]其一启口间，自然流露，而不自觉焉。

由此推之，古物之关系，其不止于一身一家者，乃弥足珍矣。大之如钟鼎彝器，小之如图书碑版，以及美术工艺诸品，流传千载，以罕见珍。既足发思古之幽情，又可考当时之文化。一经摩抚，能令国民爱国之心，为之勃发。其影响所及，正不徒睹乔木而尊故国也。

吾国开化最早，古物较多，历代恒爱护之。自海禁既开，乃有因战事之损失、私人之不能保存，散佚入他国者，此其事岂细故哉？古物者，古代文物之遗，即先民精神所寄也。听其散佚，则国民之精神，亦将随之而沦丧。亟宜善自珍藏，或筹设博物院之类，公共保存之，庶有合于爱国之义尔。

原文大意略略懂

现在，如果向别人讲述祖上的恩德，细数家里的珍宝，没有谁不会津津乐道的。这并不一定是拿那些东西向别人炫耀。哪些是祖上所流传下来的，哪些是自己生平所搜集到，因为心中存在着对那些东西的热爱，难怪一开口，爱意就自然而然地流露了出来，自己却没有察觉到。

由此我们可以推导出，古物的影响不仅限于一个人或者一家人，因此它是非常珍贵的东西。大的如钟鼎彝器，小的如图书碑刻以及美术工艺品等，这些物品流传千年，非常罕见，所以珍贵。它们既能引起人们怀古的幽幽之情，又可以考证当时的文化。一经过人们的抚摸就会使人们勃发出爱国之心，它所能达到的影响不止是让人看到古老的乔木就产生敬仰故国之情而已。

我们国家文明起源最早，古代文物也比较多，历代人们都很爱护文物。自从打开国门对外开放后，于是就有了因为战争而损失的、私人不能保存的、散失到别的国家的古物。这些怎能是细小之事呢？古物是古代所遗留下来的文物，是祖先精神的寄托，如果任其散失，则国民的精神也将随之而沦丧。我国古物迫切需要好好珍藏，或通过筹备博物馆等方法，把它们作为公共财产保存起来，这也是符合爱国的道义的。

特别注释提醒你

①津津乐道：津津，形容有滋味、有趣味；乐道，乐于讲谈。整体意思就是饶有兴趣地讲说。

②宜：当然，难怪。

第十二课　村人易靴

村人某，有美靴，着之有年，未敝而厌之。将鬻[①]之于市，以其价别置新者。

一日，告其妻，携银币十，昂然入城。中途，见有人挟靴而来。村人迎，谓之曰："以吾靴易而靴，可乎？"其人以靴互较衡，值不称，更索三银币，乃肯交易。村人从之。

行数十武，足渐痛楚，思更易之。适又遇一携靴者，乃仍以银币三枚，与之相易。不意是靴之劣，更甚于前。彳亍[②]道中，若受羁绁。恚甚。自忖曰："吾向者易靴，未及度之以足。削足适履，宜其病也，此后当留意。"

未几，复遇有挟靴过者。村人亟招之曰："吾靴苦窄，君靴如何？"试之足，修短合度。大喜。谓之曰："君能相易否？罄[③]吾囊以偿可也。"其人首肯，予以四银币而易焉。

著之足，果甚适，芒芒然归。翘其足以示妻曰："何如？吾费十金得之，胜于故靴多矣。"妻熟视，疑之，曰："殆即故靴。"脱而视其里，则旧识在焉。村人爽然若失[④]。

原文大意略略懂

有一个农村人有双漂亮的靴子。靴子穿了好些年都没有坏，于是他很是厌倦，想要把靴子拿到市场上去卖，用卖得的钱再买新的。

一天，与妻子道别后，他携带着十枚银币兴致勃勃地进城。在中途的时候，他看见一个人挟着靴子迎面走来。他迎上前去，对那人说："用我的靴子换你的靴子可以吗？"那人把两双靴子相互比较了一下，觉得价值不相等，于是索要三枚银币才肯交易。他答应了。

他穿着新买的靴子向前走了几十步，脚就慢慢痛起来，于是想把它换掉。刚好又碰到一个带着靴子的人，他仍然用银币三枚交换了靴子。没有想到这双靴子比以前更差了，慢慢地走在路上，就像被绳子捆绑住了一样。他非常气愤，心想："我跟别人交换靴子，没来得及用脚去测量。削足去适应靴子，一定会有毛病，今后应当小心注意。"

不多久，又遇到有携带着靴子的人经过。农村人立即上前招呼他说："我的靴子太小了，你的靴子怎样呢？"于是套在脚上试了试，长短正合适。他非常开心，对那人说："你能跟我交换吗？我可以用我口袋里所有的钱来补偿。"那人答应了，于是他用了四枚银币交换了靴子。

他把靴子穿到脚上，果然很合适。他很疲倦地回到家里，翘起他的脚给妻子看，对她说："这靴子怎么样啊？我花了十枚银币换得的，比以前那双好很多。"他的妻子仔细看着这双靴子，怀疑道："这好像就是以前那双靴子。"于是脱下来看靴子的里面，以前的记号还在。他心里很不畅快，若有所失。

特别注释提醒你

①鬻（yù）：卖。

② 彳亍（chìchù）：慢步走。

③ 罄：用尽。

④ 爽然若失：爽然，主意不定的样子，茫然；若失，像失去依靠。形容心中无主、空虚怅惘的神态。

第十三课　矿产

周官有卝人[①]。汉诸郡国出铜铁之地，皆设专官。当时重矿业如是，后世政事苟简[②]，弃货于地，官亦省不置。明代宦者用事，假矿以扰民，苛役重税。海内骚然，益悬[③]为厉禁[④]。

及清代互市而后，谋国者始竞言开矿。数十年来，成效亦稍稍著矣。然地不爱宝[⑤]，其蕴蓄于崇崖深壑中者，尚不可以亿兆计也。

夫生人[⑥]利赖[⑦]，资于矿产者甚多。惟莫为开采，斯民坐困，而国患贫耳。诚使集资从事，或利用外资以辟此无穷之宝藏。则裨益于国计民生者，宁有涯涘[⑧]耶。

原文大意略略懂

周代设有专门管理矿产的机构。汉代各个郡国在出产铜矿、铁矿的地方都设立了专门管理的官员。当时国家就如此重视矿业，后世的政事草率简略，把这些矿物弃置于地，不再设置管理官员。明代宦官当权，借用矿产来侵扰百姓，对矿业征收沉重的赋税。于是五湖四海的人们都骚动不安，纷纷起来反抗，以致后来国家发布禁令禁止开采矿产。

到了清代与外国通商以后，谋划国家大计的人开始争相提倡开采矿产。几十年来，成效也慢慢显著起来。我国地下矿产丰富，那些蕴藏于高山深沟中的尚且不可以亿兆来计算。

百姓中依靠矿产生存的人有很多。假如不开采，那么百姓生活就会困顿，国家也将遭受贫弱之苦。倘若集中本国资金或者利用外来资金来开采这些无穷无尽的宝藏，那么它对国计民生的益处，是无穷无尽、不可估量的。

特别注释提醒你

① 卝（kuàng）人：中国古代矿冶管理机构。卝为矿字的古体。

② 苟简：草率而简略。

③ 悬：公布。

④ 厉禁：禁令。

⑤ 地不爱宝：爱，吝惜。大地不吝啬它的宝藏。多指地下有文物出土。

⑥ 生人：民众。

⑦ 利赖：依靠。

⑧ 涘（sì）：水边。

第十四课　磁石

磁石为一种矿物，形色重量，与铁相似。然有特性，能吸铁，故俗名之曰吸铁石。

剖析鑢[①]治，以之作针，平投水面，浮置盘中，皆自能旋转，必直指南北而后定。说者谓地球南北极，亦有吸铁性，实一大磁石也。

舟行海中，恃此以知方向。但有时或偏，有时或乱，有时舟中载铁过多，亦或相引而生差忒[②]。察其变更，因为矫正，故航海家非明磁性不可。

又有人造磁石者。取最纯之钢，以磁石摩之，则磁性传入于钢，亦能吸铁，亦能指南，与天然磁石无纤毫之异。

原文大意略略懂

磁石是一种矿物，它的外形、颜色和重量都与铁非常相似。但是它有能够吸住铁的特性，所以俗名叫做吸铁石。

把一整块磁石剖析开来，打磨它可以用来做成指南针。把指南针平稳地投进水面或者轻轻地放在盘子中，都能自己旋转，每次必定直指南北方向然后才稳定下来。有的人说地球的南北极也有吸引铁的性质，其实地球就是一个大磁石。

船在海上航行就是依靠磁石来辨别方向的，但磁石指定的方向有时候会偏离，有时候会紊乱，有时候船上装的铁太多也会相互吸引而产生偏差。（这时就需要人）观察它的变化，依据磁性为它矫正，所以航海家一定要明白磁石的性质。

又有一种人工制造的磁石。取出最纯正的钢，用磁石摩擦它，于是磁性就传到钢中，钢就变得既能吸铁又能指示南北方向，与天然的磁石没有丝毫的不同。

特别注释提醒你

①鑢（lǜ）：打磨。

②差忒：偏差。

第十五课　北极之鸟

北海之滨，有小鸟焉，翅短而善飞，常千百成群，聚于一处，时飞向北极结冰之区。

其地广数千里，无居人。岁分两季，六月为昼，六月为夜。一岁之中，积雪不化者八阅月。其四月，则花草烂漫，遍生野果，阅[①]半岁乃熟。

是鸟也，若俟[②]果熟而食，必皆饿毙。幸去岁已熟之果，被雪封裹，不致腐坏。积雪融化时，此鸟适至，即食之以充饥。

又有一种鸟，专食微虫以为生。彼处虫飞薨薨[③]，布满空际。鸟张口即得，不劳捕捉。

北极苦寒，彼微鸟，尚能独立以营食，可以人而不如鸟乎？

原文大意略略懂

北海的海边有一种小鸟，翅膀短小却很善于飞翔，经常成百上千地聚集在一起，到了一定的时候就飞向北极结冰的地带。

北极地区广达数千里，没有居住人类。那里一年分成两个季节，六个月为白天，六个月为黑夜。一年之中经过八个月积雪都不融化，余下的四个月则花草繁茂，灿烂多姿，遍地生长着野果，它们经过半年才能成熟。

这些鸟儿如果等到果实成熟然后才吃，必定都会饿死。幸好前一年成熟的果实被积雪所包裹，不至于腐烂变坏。当积雪融化的时候，这些鸟刚好到达，正好可以吃它们来充饥。

又有一种鸟儿专门靠吃小虫生存。小虫薨薨地乱飞，布满了整个天空，小鸟张口就可以吃到，不用费力去捕捉。

北极极其寒冷，那些小小的鸟儿尚且能独立获取食物，难道人还不如那些小鸟吗？

特别注释提醒你

① 阅：经过。

② 俟：等到。

③ 薨薨：众虫齐飞声。

第十六课　农业

农业为兴国之本，故各国之执政者，皆以振兴农务为急。今欧美列强，号称富国，说者以为制造贸易所致，不知其国中讲求农学，精进无已，较之我国重农贵粟之意，实有过之也。

法王亨利第四，有相曰须利。尝语人曰："田野草场，我国之命脉，犹秘鲁之金矿也。"一时推为名论，然其言犹未切至也。盖田野草场，其可贵实过于金银。不然，墨西哥产银，秘鲁产金，何以不成第一等富国乎？

世间操业之人，其数皆有限制。如官有常员，兵有定额，不能增多。独农工两业，多多益善。盖农所以生物，工所以成物，物愈多则利愈溥[①]也。而制造之料，必取给于种植之物，则农更为工之本矣。

况乎耕种之事，与身心皆有裨益。凡业农者，其气体多壮健，其性情多朴质而和易。故农者，业之最可贵者也，人岂可鄙视之哉？

原文大意略略懂

农业是振兴国家的根本，所以各个国家的执政者都以振兴农业为紧迫之事。今天欧美各国都号称富裕之国，有人认为是制造和通商贸易使得它们变得富裕的，却不知道那些国家的人讲求农业科学，不断追求精湛、先进，他们的重农意识实际上超过了我们。

法国国王亨利四世时期有一个首相叫须利（苏利），他曾经对人说："田野和草场是我们国家的命脉，就像秘鲁的金矿一样。"这句话一时被推为名言，然而他的话仍然不太确切。这是因为田野草场实际上比金银更加宝贵。不然的话，墨西哥产银，秘鲁产金，为何就没有成为一级富裕之国呢？

世界上从事一种职业的人，数量都是有限制的，比如做官的有常规不变的人员，当兵的也有一定的名额，不能增加。唯独农业和工业这两种行业，从业人员越多越好。这是因为农业是生产物品的，工业是加工物品的，物品越多则利益越丰厚，而制造所用的原料必定要从种植的物品中获取，于是农业更是工业的本源了。

况且耕种之事对人的身心都有益处。凡是从事农业生产的人，他们的身体大多都比较健壮，性格也较为质朴温和。所以农业是所有行业中最可贵的，人们怎能鄙视它呢？

特别注释提醒你

① 溥：广大。

第十七课 蚕丝

吾国以蚕丝之国，闻于世界者，几二千年矣。海通以来，西人尤重视之。估[①]舶东来，争相购取。丝茶二者，遂为出口之大宗。今虽输出之额，渐不如前。然语其产额，固犹在世界甲乙之列也。

特是天下之事，不进则退。彼日本意大利之育蚕，法兰西之丝织，初未有名也。得其法于我，而益加改良焉，饲养之法，织造之工，事事皆精益求精，出奇制胜[②]。而我之大利，遂渐为所夺矣。天产虽美，仍不能无待于人工，信哉！

不宁惟是，欲通商于异国者，不但当求物品之精良，而兼当考求其好尚。吾国之丝及织物，其品质未必遽劣也，特以西人之好尚，与我不同，而销数遂不免日绌。今者洋绸洋缎，销场年盛一年。不惟我国之丝织品，不能畅销于异邦，而异邦之丝织品，且日灌输于我国矣。可胜叹哉！

原文大意略略懂

我们国家以蚕丝之国闻名于世界已经差不多有两千年了。海上通商以来，西方人尤其重视我国的蚕丝。商船来到东方争相购买中国的蚕丝。于是蚕丝和茶叶这两种东西成为了出口的主要商品。今天，虽然输出的数量渐渐不如从前，然而说到它们的产量，必定仍然位居世界一二位。

天下之事，不进则退。日本、意大利的养蚕技术，法国的丝织品起初并不有名。他们从我国学习到养蚕方法后对它稍加改进，对养蚕的方法、织造的工艺等事事都要求精益求精，出奇制胜。因而我国的利益就渐渐被他们夺取了。天然生产出的东西虽然美好，但仍不能不依靠人为的力量，确实是这样的啊！

不仅如此，想要与外国通商，不但应当追求物品的精致优良，而且还应当考察、探求消费者的喜好。我国的蚕丝和丝织品，它们的品质未必一下子变得低劣，只是因为西方人的喜好与我国人民不同，因而销售数量不免日益减少。如今洋绸洋缎在市场的销量一年比一年增加。不仅我国的丝织品不能在外国畅销，反而外国的丝织品日复一日地输入到我国。真是令人感叹不已啊！

特别注释提醒你

① 估：通“贾”，商人。估舶：即商船。

② 出奇制胜：奇，指奇兵、奇计；制胜，指取胜。用奇兵或奇计战胜敌人。比喻用对方意料不到的方法取得胜利。

第十八课　永某氏之鼠

柳宗元

永有某氏者，拘忌异甚[①]。以为已生岁值子[②]，鼠，子神也，因爱鼠，不畜猫，禁僮仆勿击鼠。仓廪[③]庖厨[④]，悉以恣[⑤]鼠，不问。由是鼠相告，皆来某氏，饱食而无祸。

某氏室无完器，椸[⑥]无完衣，饮食，大率鼠之余也。昼累累与人兼行，夜则窃啮暴斗[⑦]，其声万状，不可以寝，终不厌。

数岁，某氏徙居他州。后人来居，鼠为态如故，其人恶之，乃假五六猫，阖门[⑧]撤瓦灌穴罗捕之。杀鼠如丘。

呜呼！彼以其饱食无祸为可恒也哉！

原文大意略略懂

永州有个人，禁忌非常奇怪。他认为自己出生的那年是子年，老鼠就是子年的神，因此特别爱护老鼠，家里不许养猫，禁止仆人追打老鼠。家里的仓库、厨房，全任凭老鼠放纵横行，不管不问。于是，老鼠们相互转告，都来到他家里，吃饱喝足而没有任何灾祸。

这个人家里没有一样完好的东西，衣柜里没有一件完好的衣服。家里吃的喝的，都是老鼠吃剩下的。白天，老鼠常常和人一起活动，到了夜晚，就啃咬东西，互相争斗，发出的声音千奇百怪，闹得人睡不着觉，但他始终不厌恶老鼠。

过了几年，这个人搬迁到别的州居住了。另外一家人搬进来住，老鼠依旧像过去一样肆意妄为。这家人很讨厌这些老鼠，便借来了五六只猫，关闭大门，撤除砖瓦，用水浇灌老鼠洞，搜寻追捕，杀死的老鼠堆得跟山丘一样。

唉！这些老鼠以为那种吃饱喝足又无灾无祸的日子可以永远持续下去啊！

特别注释提醒你

① 拘忌异甚：禁忌特别奇怪。

② 生岁直子：出生的年份逢子年。

③ 仓廪：粮食仓库。

④ 庖厨：厨房。

⑤ 恣（zì）：放纵。

⑥ 椸（yí）：衣架。

⑦ 窃啮斗暴：老鼠偷食啃东西，互相争斗。

⑧ 阖门：关闭门户。

第十九课　习惯说[①]

刘蓉

蓉[②]少时，读书养晦堂[③]之西偏一室。俛[④]而读，仰而思。思有弗得，辄起绕室以旋[⑤]。室有洼，径尺[⑥]，浸淫日广[⑦]，每履之，足苦踬[⑧]焉。既久而遂安之。

一日，父来室中，顾而笑曰："一室之不治，何以天下家国为[⑨]？"命童子[⑩]取土平之。后蓉复履其地，蹶然[⑪]以惊，如土忽隆起者。俯视，地坦然，则既平矣。已而复然，又久而后安之。

噫！习之中人[⑫]甚矣哉！足之利平地而不与洼适也。及其久，则洼者若平，至使久而即乎其故，则反窒焉而不宁。故君子之学，贵乎慎始。

原文大意略略懂

年少时，我在养晦堂西侧的一间屋子里读书。低下头就读书，当遇到不懂地方时我就仰头思索，想不出答案便在屋子里踱来踱去。屋子里有处坑洼，直径有一尺左右，被雨水逐渐侵蚀扩展。每次经过，我总会被绊一下。起初，我感到很不习惯，时间一长也就习惯了。

一天，父亲来到屋子里，发现地面的坑洼，笑着对我说："你连一间屋子都治理不好，怎么治国平天下？"随后叫童仆将坑洼填平。后来，我又走到原来坑洼处，猛然一惊，感觉地面好像突然凸起一块，低头一看，地面却是平平整整的，原来的坑洼已经被填平了。后来每次经过那里总是这样别扭，时间久了就渐渐习惯起来。

唉！习惯对人的影响是非常深远的啊！脚本来适合踏在平地上，不能适应坑洼；时间久了，洼地就仿佛平了，脚也习惯了；以至把长久存在的坑填平，恢复平整，却认为是阻碍，反而不能适应。因此君子求学，贵在慎重地对待开始阶段的习惯。

特别注释提醒你

① 说：文体的一种，可以发表议论，也可以记事。

② 蓉：作者自称。少：年少，年龄小。

③ 养晦堂：刘蓉居室名。

④ 俛：同“俯”，低头。

⑤ 旋：徘徊。

⑥ 径尺：直径一尺。

⑦ 浸（qīn）淫日广：日渐向外扩展。

⑧ 踬（zhì）：绊倒。

⑨ 何……为：哪里还谈得上……。

⑩ 童子：未成年的仆人。

⑪ 蹴（cù）然：猛然。

⑫ 中人：适合于人，这里是影响人的意思。中，深入影响。

第二十课　小孤山

小孤山[1]介宿松湖口之间，崛然屹立于江心。石壁嶙峋[2]，孤峻耸直。江流遇之，劈分为二，环绕旁趋。盖江汉自大别合流而东，至此数百里。有此足以蓄上流之气，而启下流之门户也。

山势壁立不可登，僧架屋其间，垒石为磴道[3]，曲折可上。山不甚高大，以踞于江中，四顾无所倚附。又其形峭直，无可以容树木之荫翳、园林之宏丽。盖微特不倚附于物也，即物亦不得而倚附之，故其名为孤焉。

然江岸远近诸山，对之皆如拱揖，不敢与抗。登其上，望风帆之上下，听波浪之奔趋。风景胜概，昕[4]夕百变，皆若为兹山所有也。

原文大意略略懂

小孤山位于宿松县，高高地屹立在长江之中。那里石壁突兀重叠，孤峭陡直，峻拔高耸。江河之水流经到此，一分为二，于是江水环绕在山旁，滔滔汩汩向前流去。因此，长江、汉江在大别山地区合流后，向东流去，绵延数百里到达小孤山。有了小孤山这一地段的流域，就能够蓄积上游的水势从而开通下游的脉络。

山势陡峭不能攀登，僧人在上面搭建房屋，砌石头为小路，为此，人可以沿着这条曲曲折折的石径上山。小孤山不怎么高大，它盘踞在江心，四周没有可以倚靠的任何东西。因为它陡峭耸立，所以它没有生长茂密树林的条件，也不能在上面建设宏伟秀丽的园林。不仅它不依靠其他的东西，别的物体也不能依附于它，所以被称为孤山。

然而，江岸附近的山峰，与之相对都成垂拱作揖之势，似乎不敢与之抗衡。登上这座山，眺望来回往返的船只，听波浪奔流之声。风景卓绝，朝夕变幻，都是这座山所拥有的特色！

特别注释提醒你

① 小孤山：又名小姑山，位于安徽省宿松县城东南 65 公里的长江之中。

② 嶙峋：形容山石峻峭、重叠、突兀的样子。

③ 磴道：山上有台阶的石径。

④ 昕：太阳要升起的时候。

第二十一课　记兰

戴名世

兰为国香[①]。东南山泽间多产之。当春深时，幽岩曲涧，窃[②]然自芳。然往往有虫啮之，自其华初生时，辄被啮而萎。即幸而自发荣，亡何[③]，又辄萎。其幸得脱者，仅十二三焉。而众草蒙翳[④]，条达畅遂，无有害之者。

岁已未，余读书山中。每晨起，辄捕虫，投之涧水，漂没以去。于是兰遂大盛，每卧苔藉草，盖幽香未尝不入吾怀也。而产于遐荒绝壑，不遇好事者之爱惜，而制于毒虫恶物，以阻其天者，岂少也欤！

原文大意略略懂

兰花为我国第一香之花。东南地区的山岩水泽之间多盛产此花。暮春时节，在幽深的岩石和曲折的山涧中，远远传来兰花的芳香。然而常常有小虫啃咬它，在花苞刚刚开放的时候就会因虫咬而枯萎。即使能够幸运地生长出新的花朵，不久又会凋谢，那些能够侥幸逃脱虫害的兰花仅仅占十分之二三左右。然而，它周围的各种杂草承蒙它的遮掩，自由畅达地生长着，没有小虫伤害它们。

已未（1679）年，我在山中读书。每天早上起床就捉虫子投进水沟里，然后任其随水漂去。于是兰花就长得很茂盛。

每当我或坐或躺在青苔和草地上时，无不感受到清幽的芬芳扑入我怀里。然而，那些生长于偏远、荒凉、闭塞的沟壑之中，由于没有得到喜爱它们的人的爱惜而受制于毒虫恶物，以至于天性受阻，不能任其生长的兰花岂在少数啊！

特别注释提醒你

① 国香：极言其香，意思是全国第一香。

② 窈：深远，幽深。

③ 亡何：不久。

④ 翳：遮蔽，这里指掩护。

第二十二课　兄与弟论传染病书

昨得手书，知薛君弘仁，新自德国医科大学毕业归，可喜可贺。又闻薛君以天痘盛行，劝村人遍种牛痘，而村人皆不之信。此大误也。天痘与霍乱、赤痢、伤寒、发疹、猩红热、白喉、鼠疫，并称为八大传染病。来势极猛，较诸肺痨等虽属剧烈，犹得从容施治者，为患尤甚。而此八种传染病中，则天痘之杀人为尤多。然在今日，文明诸国，几于绝迹者，则种痘之赐也。种牛痘之法，发明于英医爱特槐脱氏，藉牛身抗毒之质，以御病菌，与我国之种人痘者，其理实同。但种人痘者，无异使出天痘一次，不如牛痘法之完善耳。牛痘抗毒之力，不过数年。人痘较久，亦非永存。故一人必须种至数次。谓一经施种，便可终身无患者，妄也！望以此意遍告之。

薛弘仁施种牛痘

现在天痘传染甚盛。无论已未种过人痘及牛痘者，均应从速施种，以免危险。弘仁为利便桑梓起见，特定施种办法如下：

一、每日上午八时至十一时，下午一时至四时在舍间。施种每人收回痘苗费银二角，实系贫苦者免收。

二、四时以后出外施种，每痘苗一支收回费银五角。

薛弘仁谨白

原文大意略略懂

昨天收到一封信，得知薛弘仁刚从德国医科大学毕业归国，真是可喜可贺。又听闻薛先生因为天花病盛行，劝告村人全部种牛痘疫苗，但是村人都不相信他。这是很大的错误。天花与霍乱、痢疾、伤寒、出疹子、猩红热、白喉、鼠疫并称为八大传染疾病。它们来势极其凶猛，与肺痨等那些虽然病情剧烈但仍可以从容治疗的疾病相比，造成的祸患更加严重。在这八种传染病中，天花使人丧命最多。然而，今天各个文明国家，天花几乎已经绝迹了，这都是依靠种痘的成果。种牛痘的方法是英国医生爱特槐脱（爱德华琴纳）发明的，借用牛本身的抗毒性质来抵御病菌，这跟我国在人身上种人痘的原理是相同的。但是种人痘跟使病人出一次天花差不多，比不上种牛痘的方法完善。牛痘的抗毒性只不过是几年而已；人痘相对要长一些，但也并非是永远的。所以一个人必须种好几次痘。那些声称种一次痘就能使人终身免受天花病患的说法是虚妄的。希望把这个意思遍告人们。

薛弘仁施种牛痘

最近天痘流行，不管是已接种人痘疫苗和牛痘疫苗者还是没有接种过的，都应该加紧采取防范措施，接种疫苗，以免受到传染危及生命。弘仁为了方便故老乡亲接种，特定将接种时间公布如下：

第一：每天上午八点到十一点，下午一点至四点可以上门接种疫苗，每人收取疫苗费用二角，如家庭贫困者免收疫苗费。

第二：下午四点以后出外接种，每支疫苗收取费用五角。

薛弘仁敬告

第二十三课　弟复兄论传病书

奉赐书！畅论传染病之理，若别黑白而数米盐，喜甚。弟在校受课，久闻教师言，霉菌为各种传染病之源。惜乎未经实验。读兄书，益怦然心动。乃走访薛博士，求其试验一观，薛博士取现今蔓延最广之结核菌，置显微镜中，令弟观之。则见其状如细杆，两端略圆。或为直线形，或稍弯曲。其长，不过赤血球四分之一耳。以如此微细之物，而其杀人乃至占世界死亡数七分之一，岂不异哉？迩来文明各国，以防疫为要政，对于患者，隔绝之密，其所居之室、所用之器消毒之严，非无故矣。村人经弟及薛博士劝导后，于种牛痘信者渐多。亦可喜也。

原文大意略略懂

感谢您的来信！您在信里畅谈传染病的原理，如同分辨清楚了黑与白而去数米和盐一样。为此，我非常高兴。我在学校上课，长期听到老师说细菌是各种传染病的来源，可惜没有通过实验证明。读了您的信之后，我的心更加怦怦地跳动起来。于是去拜访薛博士，请求他做实验让我观看。薛博士把如今蔓延最广泛的结核菌放到显微镜中，让我观察。我看到它的形状像细杆，两端有点圆，有的是直线形，有的稍微弯曲。它们的长度只有红血球的四分之一。这么微小的东西，它所杀死的人数居然占世界死亡人数的七分之一，这真是很奇异啊！近来各文明之国以防疫为重要的政务，对患者隔绝非常严密。他们所居住的房子，所使用的器物，都被严格消毒，这并不是没有原因的。村里人经过我和薛博士的劝导后，相信种牛痘的人越来越多，这也是值得高兴的事。

第二十四课　瞽者

昔印度某村，有瞽[①]者四，自谓能识微辨隐。人亦以智者目之。

一日，四人立道左，聚而谈。有声跫[②]然至，询诸人，知为象也。其一人曰："象之形，究何若？吾曹向者逞其臆度[③]，今可以证矣。"众曰："然。"于是相继至象前，扪其体，以测其形焉。

四人者，一颀而伟，扪及象身之侧面，上下左右，摩挲殆遍，觉坦然无边际也。一短而小，拊象之前足。第三人则握象鼻。第四人仅触象齿。

既而各举其所接触者，以断象之形似。颀而伟者曰："象之形，盖若墙也。广而平，高岸然也。"短而小者起斥之曰："象之体若树干，汝以为墙，不亦谬乎？"握象鼻者曰："象之形似，非墙非树，有类水管。"第四人前致词曰："汝三人者，何其懵无所识，而拟于不伦也。夫象，坚如木，润如玉，触手可爱，直一长梃[④]耳。"

四瞽嚣然辩，纷呶[⑤]不已，而旁观者已哑然失笑。

原文大意略略懂

从前印度某村有四个盲人，自称能识别微小的事物，能辨别隐蔽的东西。人们也都把他们当作智者来看待。

一天，他们四人站在道路旁边，聚集在一起交谈。远处传来脚步踏地的声音。他们向旁边的人们询问，得知是大象。其中有一个人说："大象究竟长什么样？我们一向都逞能于主观猜测，现在可以证明一下了。"大家都说好。于是大家相继来到大象面前，抚摸它的身体来猜测它的体形。

四个盲人中，身材高大而魁梧的盲人摸着大象的身躯，上下左右都抚摸遍了，觉得平坦没有边界。身材矮小的盲人摸到了大象的前腿。第三个人则摸到了大象的鼻子。第四个人仅仅摸到了大象的牙齿。

于是大家都根据自己所接触到的部分来断定大象的形态。高大而魁梧的盲人说："大象就跟一面墙似的，广阔而平坦，高大伟岸。"个子矮小的盲人站起来斥责他说："大象就如一根树干一样，你却认为像面墙，这不是很荒谬吗？"握着大象鼻子的盲人说："大象的身体既不像墙也不像树，而是类似水管。"第四个人走上前说："你们三个人是多么懵懂无知，你们的认识都是不正确的。大象其实坚硬如木，光滑如玉，手触摸后让人觉得亲切可爱，就如一根长棍棒。"

四人激烈辩论，争得没完没了，周围旁观者早已不由自主地笑起来。

特别注释提醒你

① 瞽（gǔ）：瞎。

② 跫：脚踏地的声音。

③ 臆度：凭主观猜测。

④ 梃：长棍棒。

⑤ 纷呶：争论。

第二十五课　报章

足不出户，而闻见所及，无远弗届[①]。日费数钱，而五洲大事，毕呈座右者。果何道而得此耶？曰：是在阅报。

知识以交换而完全，学术以切磋而进步。当闲居乡里，无所接触，欲扩张其智识，而洞明乎学术，果何道而得此乎？曰：是在阅报。

盖报章所以布告新闻，介绍学问者也。自通都大邑，以及遐方异域，莫不有报馆之访员。访员传达消息于报馆，报馆汇而录之，于是世界大事，萃于一纸矣。

苟不阅报，则内政之兴革不知也，外交之情势不知也，乃至学术之新发明，社会之新事业，举不知也。将何以免于夏虫井蛙[②]之诮[③]耶？

原文大意略略懂

脚不跨出家门就能听到、看到无穷无尽的东西。每天只要花费一点钱，全世界所发生的大事都呈现在面前，通过什么途径能达到这样呢？答：通过阅读报纸。

知识通过彼此交流而变得全面，学问通过相互切磋而变得精进。当你闲住在家里，不能接触到什么人和事时，想要增长扩大知识，从而透彻地了解学术，通过什么方法能够做到呢？答：通过阅读报纸。

报纸是用来发布新闻、介绍学问的一种媒介。从四通八达的大城市到遥远的外国，都有报馆的记者。这些记者把消息传达给报馆，报馆有所选择地录用，于是世界各地的大事都汇集到一张报纸上。

如果不看报纸，就不知道国家内部政务的革新变化，不知道外交的情势，甚至连学术的新发明和社会新出现的事业都不知道。那样的话，我们又将靠什么避免被人嘲笑为目光短浅，见识狭隘的人呢？

特别注释提醒你

① 届：极限，穷尽。

② 诮：嘲讽。

③ 夏虫井蛙：夏虫，用来比喻识见短浅的人；井蛙，指井底的青蛙，借指见识不广。

第二十六课　蚁战

薛福成

阶前两蚁穴，东西相望。天将雨，蚁背穴而斗。西蚁数赢什五，东蚁败。乘胜蹙[1]之，将傅垒矣。东蚁纷奔告急，遽出穴，如潮涌，济师可三倍。逆[2]诸础下，相龁[3]者，相禽者，胜相嗾[4]者，败相救者，相持僵毙不动者，沓然眩目。西蚁伏尸满阶，且战且却。

又有蚁自穴中出，向东蚁。若偶语者，盖求和也。东蚁稍稍引退，西蚁亦分道收尸。明日视之，则西蚁徙穴益西，无敢东首者矣。

夫蚁，智相若，力相等。两阵交锋，数多者胜。蚁似能用其众者。然倏忽之间，而胜负异焉，则一胜乌足恃哉？

原文大意略略懂

台阶前面有两个蚁穴，东西相对。天要下雨了，东西两群蚂蚁凭借巢穴相互战斗。西边的蚂蚁数量比东边多出二分之一，东边的蚂蚁战败了。于是，西边的蚂蚁趁胜追击，想要把东边蚂蚁的巢穴堵死。东边的蚂蚁纷纷奔走相告情况的紧急，因而全部从蚁穴中出来，气势如同潮水涌动，增加了三倍的兵力，在基石下面迎战西边的蚂蚁。战斗中，相互撕咬的，相互擒拿的，胜利了相互欢呼的，失败了相互救援的，互相僵持、死掉不能动弹的，到处都是，一片混乱，让人看了头晕眼花。西边蚂蚁的尸体满地都是，一边战斗一边撤退。

又有西边蚂蚁从蚁穴中出来，向东边蚂蚁走去，好像在窃窃私语，原来是同东边蚂蚁求和的。东边的蚂蚁稍微向后退，西边的蚂蚁也各自开始收尸。第二天再来看时，西边的蚂蚁把蚁穴迁徙得更朝西边，不敢面向东边了。

蚂蚁的智慧相似，力气也差不多，两方打仗，数量多的胜利了，它们似乎能发动全部的蚂蚁参战。然而一眨眼的功夫，胜负就不同了，所以一次的胜利怎足以倚仗呢？

特别注释提醒你

① 蹙：逼迫，迫近。

② 逆：迎战。

③ 齮（yǐ）：咬。

④ 嗾：指狗叫的声音。

第二十七课　鸡助

薛福成

院中畜两鸡，其一，赤羽高足，其一，白羽朱冠。每晨争食，鼓翼怒目，蹲相向者良久。俄闻肃然有声，方丈之内，风起扬尘，胜蹴奔啄，皆血淋漓染翮距，犹不退。然白羽气少惫矣。余惧其两毙也，呼僮执之，分系于庭之槐。

一日，邻鸡啄食其旁。赤羽余怒未灭，乘间自断其系，与邻鸡斗。疾力负重伤，损一目，创半月不愈。余命并释白羽者。自是赤羽遇敌即逃，而白羽竟称雄院中，食必餍[1]所欲乃已。

异哉！赤羽一挫其威，至令弱敌增气，可为好斗者戒也。然使白羽不获邻鸡之助，则无以雄其侪[2]。赤羽好斗狠不已，以陨其胆，其亦自取哉！

原文大意略略懂

我家院子里养了两只鸡，一只长着红色羽毛，腿很长，一只长着白色羽毛，红色的鸡冠。每天早晨，两只鸡争夺食物，张开翅膀，瞪着眼睛，蹲伏在地上对着对方很长时间。肃静了片刻之后，院子里发出了响声，一丈平方之内，尘土到处飞扬，两只鸡在院子里飞腾跳跃，互相踩踏、追逐啄咬。弄得鲜血淋漓，流血染红了羽毛和脚趾，但是仍然互不退让。

然而，白毛鸡有点疲惫了。我怕它们最后会两败俱伤，忙叫书童把它们抓起来，分别系在院子里的两株槐树上。

有一天，邻居家的鸡来到它们旁边啄食。红毛鸡的余怒未消，趁机弄断了绳子，和邻居家的鸡打起来，用尽了力气，受了重伤，弄坏了一只眼睛，伤口半个月都没痊愈。我让书童把白鸡也放开，从此红毛鸡一见到对手就逃跑，而白毛鸡就在院子里称王称霸，吃食一定要吃到不想再吃了为止。

奇怪啊！红毛鸡一旦威风被挫败，致使比它弱的敌人增加了士气，这应该作为好斗之人的借鉴啊！然而，假如白毛鸡不借助邻居家的鸡的力量，就不能在同辈中称雄。而红毛鸡好斗没有休止，导致胆量受损，这也是它咎由自取啊！

特别注释提醒你

① 餍（yàn）：吃饱；满足。

② 侪：同辈。

第二十八课　赤壁之战

周瑜等进与曹操遇于赤壁。时操军引次江北，瑜等在南岸，瑜部将黄盖曰："今寇众我寡，难与持久。操军方连船舰，首尾相接，可烧而走也。"

乃取蒙冲斗舰十艘，载燥荻枯柴，灌油其中，裹以帷幕。上建旌旗。预备走舸，系于其尾。先以书遗操，诈云欲降。时东南风急，盖以十舰居前，中江举帆，余船以次俱进。

操军吏士，皆出营立观，指言盖降。去北军二里余，同时发火，火烈风猛，船往如箭，烧尽北船，延及岸上营落。顷之烟炎涨天，人马烧溺，死者甚众。瑜等率轻锐继其后，雷鼓大震，北军大坏。

原文大意略略懂

孙权、刘备的军队联合进军，与曹操的军队在赤壁相遇。当时，曹操率军驻扎于江北，周瑜的军队驻扎在南岸，周瑜部下的将领黄盖说："现在的情况是敌多我少，很难同他们持久对峙。曹操的军队现在刚好把战船连接起来，首尾相接，我们可用火攻来击退他们。"

于是调拨十只大小战船，装满干苇和枯柴，在里面灌上油，外面用帷帐包裹，上面树起旗帜，预备好轻快小船，系在战船的尾部。周瑜先送了封信给曹操，假称要投降。这时东南风来势很急，黄盖把十只战船排在最前头，到江中挂起船帆，其余船只都依次前进。

曹操军中的将领、士兵都走出营房站在那里观看，谈论着黄盖前来投降。离曹操军队二里多远时，各船同时点起火来，火势很旺，风势很猛，船只像箭一样快速前进，把曹操的战船全部烧着，并蔓延到岸上军营。霎时，烟火满天，人马烧死的、淹死的很多。周瑜等率领着轻装的精兵跟在他们后面，擂鼓震天，曹操的军队彻底溃败了。

第二十九课　兵器

太古战具，木石而已。稍进，然后知用金[①]。弓矢[②]、戈[③]、矛[④]，所以杀敌，被甲蒙胄[⑤]，则所以自卫也。自有枪炮，而弓矢不足以言远，戈矛不足以言利，高城深池，且不足以言固，而甲胄无论矣。

火器[⑥]之发明，本出我国。元人西征，始自阿剌伯传入欧洲。欧人研以科学，制造日精。今炮之大者，口径至四十二生的[⑦]。枪之速者，一分钟至六百发。而又海底则伏以潜艇，空中则瞰以飞机。其杀人之烈，诚非古人所能梦想矣。

然兵器虽精，而最后之胜负，仍恃乎白刃之相接。故枪之端，仍傅以刺刀，所以便击刺也。昔人云战以勇为本，岂不信哉？

原文大意略略懂

远古时候的战斗兵器只不过是木棒、石头罢了。人类文明逐渐进步之后，人们才慢慢懂得用刀、剑、箭等兵器。弓箭、戈、矛用来杀敌，穿铠甲、戴头盔则用来保护自己。自从有了枪炮以后，弓箭的射程就不能够说是远的了，戈和矛就不能够说是锋利的了，高大的城墙和渊深的水池也不能够说是牢固的了，更不要说铠甲和头盔了。

火药兵器本来是我国发明的，元代蒙古人西征的时候才从阿刺伯（阿拉伯）传到欧洲。欧洲人用科学的方法加以研究，制造的方法于是越来越先进。今天火炮中体积庞大的，炮口的直径有四十二厘米。火枪中速度快的，可以达到一分钟发射六百发。并且，海底用潜水艇潜伏其中，天空中用飞机巡视下方。如此一来，战争中杀人的惨烈状况实在是古人所不能想象得到的。

然而，兵器虽然精良，但最后的胜负仍然要依靠双方刀剑的较量。所以火枪的末端仍然绑着刺刀，这是为了方便打仗的时候用刺刀攻击敌人。古人说战争以勇敢为根本，怎能不信呢？

特别注释提醒你

① 金：刀、剑、箭等兵器。

② 矢：箭。

③ 戈：中国先秦时期一种主要用于勾、啄的格斗兵器。

④ 矛：古代用来刺杀敌人的进攻性武器。

⑤ 胄：古代战士打仗时戴的保护头部的帽子。

⑥ 火器：中国古代火药兵器的简称。包括火箭、火球、火枪、火炮、地雷等。

⑦ 生的："生的米突"之省，即厘米。

第三十课　贸易

生人之初，不知贸易也，人各自营而已。渔猎时代[①]之民，有善为弓矢网罟者，以其弓矢网罟，易人之禽兽鱼介[②]。方之自猎自渔，所得为多，彼乃专于弓矢网罟之业，与人交易，以给其生。此贸易所由始也。

厥后知牧畜矣，知树艺矣。或有牛羊而无米麦，或有米麦而无牛羊，于是各出所余以相易。然直接交易，虽可通功易事[③]，以羡补不足，而一日所需，米麦必求之力田者，牛羊必求诸养牲者，而孰羡孰不足，又非己所能具知。即仆仆道途，以求相与易者，尚不可必得也。劳力费时，不便莫甚，势之所趋，不能不有人焉，以为之媒介。而贸易之事，遂独立为一业矣。

原文大意略略懂

人类在一开始的时候并不知道如何贸易，只是各自自给自足而已。在以打渔和捕猎为主要生存方式的时代里，人民有擅长制造弓箭和渔网的，就用他的弓箭和渔网与别人的鸟兽、鱼类交换。当人们自己打猎和捕鱼所获得的东西多起来的时候，他们于是专门从事于制作弓箭和渔网的职业，与别人交换物品以供给自己的生存所需。这就是贸易的开始。

后来，人们开始懂得蓄养牲畜，懂得种植庄稼。有的人有牛羊而没有粮食，有的人有粮食而没有牛羊，于是大家各自把自己所多余出来的物品进行交换。然而，虽然直接的物与物相交换可以分工合作，互通有无，拿自己多余的与别人交换自己没有的，以弥补自己的不足，但是，这样的话，人们每天所需要的粮食就一定要向种植庄稼的人求购，所需要的牛羊也要向蓄养牲畜的人求购，而谁有多余的、谁有不足的，又不是自己都能知晓的。即使那些走很远的道路来与别人交换的人，也不一定能得到他所想要的。这样既浪费时间又耗费体力，形势发展所趋向的是，不能没有人出来作为中间媒介。于是便独立成为一门行业了。

特别注释提醒你

①渔猎时代：以打渔和捕猎为主要生存方式的时代，即是以伏羲为代表的新石器时代。伏羲结绳为网，用来捕鸟打猎，并教会了人们渔猎的方法。

②鱼介：泛指鱼类和有介甲的水生动物。

③通功易事：分工合作，互通有无，拿多余的换缺乏的。

第三十一课　商战

自海道大通，列国商业，互相竞争，论者称为商战。货物者，战之器械[①]也；公司者，战之队伍也；邮电者，战之侦探也。舟车以运战器；保险以防战败。规画周详，无异兵家之谋定。而农工之业，改良仿造，以期胜利，其后劲也。

兵之为战，胜负显然。商战之胜负，则局外每多不觉。而影响及于国计民生，较诸失地丧师为尤甚。且兵战不能持久，商战则日日行之，无有已时。故商战之方略，与兵战同，商战之结果，其可危可惧，乃甚于兵战焉。

我国商业，日趋衰落，固曰战之罪也。然苟有善商者出，一鼓作气，奋勇而前，以国家物产之饶，即商人凭藉之厚，世界之大，何往非英雄用武之地哉？

原文大意略略懂

自从海上交通繁盛起来后，各国在通商贸易上相互竞争，有人把这称为商战。货物是商战的武器；公司是商战的队伍；邮电则是商战的侦探。车马用来运送战争武器，保险用来防止战争失败。策划十分周详，与兵法家的战争谋划没有什么不同。而进行农业生产，改良工业制造，都是为了期望战争的胜利，是商战的后盾力量。

军事战争的胜负显而易见，而商业上的战争，其胜负则是局外人所不易发觉的。然而它对国计民生的影响相较于丧失土地、损伤军队来说更加严重。况且军事战争不能长久持续，而商战则是每天进行，没有休止的时候。所以商战的方法策略与兵战是相同的，而商战结果的危险可怕性更胜于兵战。

我国的商业日渐衰落，固然是因为战争。然而，如果真有擅长经商的人站出来，一鼓作气，奋勇前进，那么，我们国家富饶的物产就是商人可以凭借的深厚力量，世界如此之大，哪里不是英雄用武之地呢？

特别注释提醒你

①器械：指武器。

第三十二课 漆贾

刘基

虞孚问治生于计然[①]先生，得种漆之术。三年，树成而割之，得漆数百斛，将载而鬻诸吴。

其妻之兄谓之曰："吾常于吴商，知吴人尚饰，多漆工，漆于吴为上货。吾见卖漆者，煮漆叶之膏以和漆，其利倍，而人弗知也。"虞孚闻之喜，如其言，取漆叶煮为膏，亦数百瓮，与其漆俱载以入于吴。

时吴与越恶，越贾不通，吴人方艰漆。吴侩[②]闻有漆，喜而逆[③]诸郊，道[④]以入吴国，劳而舍诸私馆。视其漆，甚良也。约旦夕以金币来取漆。

虞孚大喜。夜取漆叶之膏，和其漆以俟。及期，吴侩至。视漆之封识[⑤]新，疑之，谓虞孚改约。期二十日，至则其漆皆败矣。虞孚不能归，遂丐而死于吴。

原文大意略略懂

虞孚向计然先生请教谋生之道，学会了种漆树的技术。三年之后，树长成，虞孚便割树收漆，收获了几百斛漆，准备运到吴国去卖。

他妻子的哥哥对他说："我曾经在吴国经商，知道吴人爱好装饰，有很多漆工。漆在吴国是上等货。我见卖漆的人用漆叶煮成的膏掺和在漆里，他们的利益加倍而别人不知道。”虞孚听了很高兴，按照他的话拿漆叶煮成膏，也有几百瓮，和他的漆一起装载运进吴国。

当时吴国和越国的邦交恶化，越国的商人不能进入吴国，吴国人正缺漆。吴国的买卖中间人听说虞孚有漆，高兴地到郊外迎接，带他进入吴国，犒劳他并让他住在自己私人的馆舍。看他的漆，觉得质量很好，约定短期内就用金币来换取漆。

虞孚大喜，夜晚就取出漆叶的膏掺和进漆里等着交易。到交易的时候，吴国的中间商人到了，看见漆的封盖是新的，疑心有诈，向虞孚请求改约。等约定的期限二十天到了的时候，虞孚的漆全部坏了。虞孚无法回家，只好行乞度日，最后死在了吴国。

特别注释提醒你

①计然：春秋时葵丘濮上人，博学无所不通，尤善计算。

②吴侩（kuài）：吴国做买卖的中间商人。

③逆：迎。

④道：通“导”，引导。

⑤封识（zhì）：封记。识，同“志”。

第三十三课　樵夫陶匠

黄宗羲

朱恕，字光信，泰州人，樵薪养母。一日，过王心斋讲堂。歌曰："离山十里，薪在家里；离山一里，薪在山里。"心斋闻之，谓门弟子曰："小子听之，道病[1]不求耳，求则不难，不求无易。"樵听心斋语，浸浸有味。于是每樵必造阶下听之。饥则向人家乞浆，解裹饭以食。听毕，则浩歌负薪而去。自后刻苦求学，遂成儒者。

同时有韩贞者，号乐吾，兴化人，以陶瓦为业。慕朱樵而从之学，后乃卒业于王东崖先生襞。粗识文字，久之，觉有所得，遂以化俗为任，随机指点。农工商贾从之游者千余。秋成农隙，则聚徒谈学，一村既毕，又之一村，前歌后答，弦诵之声洋洋然也。县令闻而嘉之，从之问政，对曰："某窭人，无能补于左右。第凡与某居者，子言孝，弟言悌，戚党邻里相爱护，幸无讼牒烦公府，此某之所以报也。"每遇会讲，有谈俗事者，辄大噪曰："光阴有几，乃作此闲谈耶？"在座为之警省。

原文大意略略懂

朱恕字光信，是泰州人，靠打柴奉养母亲。有一天，他经过王艮的书院，伫足旁听，随口作歌："离山十里，薪在家里；离山一里，薪在山里。”王艮听了以后，认为他的歌很有意义，于是想启发教育他，就对学生说：“你们都好好听着，求道最让人担心的就是他不去追求，想追求的话其实不难，不去追求的话当然就不容易得到。”朱恕听王艮说话听得津津有味，于是每次打柴的时候都要跑到台阶下听他讲课。饿了的话就找户人家要点水喝，打开自己随身携带的饭拌和着水一起吃。听完讲课后，他就大声唱着歌，背着柴离开。他从此以后刻苦学习，后来终于成为学者。

同时期有一人叫韩贞号乐吾的，是兴化人，以铸陶为业。他敬仰朱恕，于是跟着他学习，后来在王襞门下学成。他略通一些文字，时间久了，觉得有所收获，于是就以弘道化俗为己任，依据情势指点。农工商贾追随者有上千人之多。到了秋收之后农民空闲时分，他就聚徒讲学，一个村子讲学结束之后又到另一个村子，弦诵之声浩荡洋溢，十分动人。县令听说后奖励他，并向他询问政事，他对答说：“我是一穷人，对周围没有什么帮助。但是凡与我一起居住的人，儿子很孝顺，兄弟很友爱，亲戚邻居团结互助，没有诉讼之类的事情劳烦政府，这就是我的报答。”每当聚会讲学的时候，如果有人谈论俗世，他就大声嚷着说：“时间能有多少呢？竟然有空说这些无聊闲暇之事。”在座的众人都因此而醒悟。

特别注释提醒你

①病：担心，忧虑。

第三十四课　友别有序

王守仁

滁阳诸友，送余至乌衣，不能别。王性甫汝德，复送至江浦，留居，俟予渡江。书此促之归，并寄诸贤。

滁之水，入江流。江湖日复来滁州。相思若潮水，来往何时休。

欲慰相思情，不如崇令德[①]。掘地见泉水，随处无弗得。何必驱驰为，千里远相即。

君不见尧羹与舜墙[②]，又不见孔与跖，对面弗相识。逆旅[③]主人多殷勤，出门转盼成路人。

原文大意略略懂

滁阳的一些朋友送我到乌衣，我们久久不能分别。王性甫又送我到江浦。他在旅店居住了下来，等我渡江离去。我写这首诗就是为了催促他赶紧回去，并把我要说的话告诉我的朋友们。

滁河的水汇入长江，滔滔汩汩地奔流着。长江、巢湖的水也日复一日地流到滁州。我的相思就像潮水一样连绵不绝，循环往复没有止息。

想要慰藉一下相思之情，与其把宝贵的时光浪费在消解个人情绪上，还不如崇尚美好的德行。挖开地面就能见到泉水源源不断地涌出。我们的友情也是如此，只要我们彼此思念着对方，随处都可以得到友谊的滋润。又何必疲劳奔走，不远千里相追随呢？

难道你们不明白吗？尧虽然死亡了，但舜仿佛处处可以见到尧（贤人之间心心相印）；孔子与盗跖即使是面对面也不会认识（贤人与恶人不同道）。住旅店时老板很热情，一旦离开转眼就成为路人。

特别注释提醒你

① 令德：美好的德行。令：美好。

② 尧羹与舜墙：典故见《后汉书·李固传》："昔尧殂之后，舜仰慕三年，坐则见尧于墙，食则睹尧于羹。"后以"尧羹、舜墙"为追念前辈或仰慕圣贤之意。

③ 逆旅：旅店。

MINGUOGUOWENKEBEN (BAIHUAZHENCANGBAN)SHANG

民国国文课本（白话珍藏版）上

第二册

第一课 勤训

李文炤

治生之道，莫尚乎勤。故邵子[①]云："一日之计在于晨，一岁之计在于春，一生之计在于勤。"言虽近而旨[②]则远矣。

无如[③]人之常情，恶劳而好逸。甘食媮衣[④]，玩日愒岁[⑤]。以之为农，则不能深耕[⑥]而易耨[⑦]；以之为工，则不能计日而效功；以之为商，则不能乘时而趋利；以之为士，则不能笃志[⑧]而力行。徒然食息于天地之间，是一蠹耳。

夫天地之化，日新则不敝。故户枢[⑨]不蠹[⑩]，流水不腐，诚不欲其常安也。人之心与力，何独不然？劳则思，逸则忘，物之情也。

大禹之圣，且惜寸阴；陶侃之贤，且惜分阴。又况贤圣不若彼者乎？

原文大意略略懂

谋生的道理，没有比勤劳更重要的了。所以北宋的邵雍先生曾说过："一天之中最宝贵的时间是早晨（筹划一天的行程，当从早晨开始），一年之中最宝贵的时间是春天（筹划一年的工作，当从春天开始），一生之中最宝贵的财富是勤劳（筹划一生的事业，当从勤劳开始）。"这话说得很浅近，但是它的意义却很深远啊！

无奈的是，一般人的习性，通常都是厌恶劳动而喜好安逸；在饮食方面，贪图美味；在衣着方面，讲究华丽；在习性方面，怠惰偷安，浪费光阴。如果用这种态度去当农民，就不能把土耕深，把草除尽；如果用这种态度去当工人，就不能计算日期来求得工作的成效；如果用这种态度去当商人，就不能把握时机追求利润；用这种态度来读书，就不能坚定志向，努力践行。像这样的人只是寄生于天地之间，一点用处也没有，只能算是一只蛀虫而已。

大自然化育万物，每天更新就不会败坏。所以，时常转动的门轴不会被虫蛀蚀，流动的水不会腐臭，实际上天不要万物长久安逸啊！人的心思和体力，又何尝不是这样呢？劳动就会用心去思考，安逸享乐就会放荡、迷惑，这也是人之常情啊！

像大禹那样的圣人，尚且爱惜每一寸的光阴；像陶侃那样的贤人，尚且爱惜每一分的光阴；又何况贤能与圣明都不及他们的人呢？

特别注释提醒你

① 邵子：即邵雍，北宋学者。

② 旨：意义。

③ 无如：无奈。

④ 甘食褕衣：美好的食物，漂亮的衣服。褕，美丽。

⑤ 玩日愒岁：消磨时光，荒废时日。愒，荒废。

⑥ 深耕：精耕细作。

⑦ 易耨：修治农具。易，修治；耨，除草工具。

⑧ 笃志：志向专一。笃，专注。

⑨ 户枢：门轴。

⑩ 蠹：腐蚀。

第二课　俭训

李文炤

俭，美德也，而流俗顾薄之。贫者见富者而羡之，富者见尤富者而羡之。一饭十金，一衣百金，一室千金。奈何不至贫且匮也？

每见闾阎[①]之中，其父兄古朴质实，足以自给。而其子弟[②]羞向者之为鄙陋，尽举其规模而变之。于是累世之藏，尽废于一人之手。况乎用之奢者，取之不得不贪。算及锱铢[③]，欲深溪壑。其究[④]也，谄求诈骗，寡廉鲜耻[⑤]，无所不至[⑥]。则何若量入为出[⑦]者，享恒足之利乎！

且吾所谓俭者，岂必一切捐[⑧]之？养生送死之具，吉凶庆吊之需，人道之所不能废。称情以施焉，庶乎其不至于固耳。

原文大意略略懂

节俭是一种美好的德行，而世俗的人却轻视它。穷人见到富人便羡慕，富人见到更富有的人也羡慕。吃一餐饭要十金，做一件衣服要百金，造一栋房子要千金，这样怎么不会弄到贫穷而且财用匮乏的地步呢？

我们常常看到百姓之中，某些子弟的父兄一辈的生活作风十分古朴质实，使得家庭日用足够自给自足。而他们的子侄辈，却以为祖先父兄的行为太过于吝啬，见识短浅，便以此为耻辱，而改变自己的行为（全然抛弃了父兄的行为典范）。以至于累积了好几代的财产，全部被他一人毁了。况且，生活用度奢侈的人，求取钱财时便不得不贪心。他们常常为了小小的利益斤斤计较，欲望就像山谷沟壑一样，深邃到了极点。到最后，谄媚、欺诈，毫无廉耻的事情，没有一件做不出来的。哪里比得上衡量收入再计算支出，享受永远充裕的利益呢？

而且我说的“节俭”，难道一定要把一切的礼节都抛弃吗？生活和死后的需要，吉凶庆吊的费用，是人生中不能免除的，应该要斟酌情理去使用财物，这样才不至于固执吝啬。

特别注释提醒你

① 闾阎：指平民百姓。闾泛指门户，人家。中国古代以二十五家为闾。阎指里巷的门。

② 子弟：泛指子侄辈。

③ 锱铢：旧制锱为一两的四分之一，铢为一两的二十四分之一。比喻极其微小的数量。形容非常小气。

④ 究：极，到底。

⑤ 寡廉鲜耻：寡、鲜，少；廉，廉洁，不贪污；耻，羞愧，羞耻。原指不廉洁，不知耻。现指没有操守，不知羞耻。

⑥ 无所不至：至，到。指没有不到的地方。也指什么坏事都做绝了。

⑦ 量入为出：量，计量。根据收入的多少来定开支的限度。

⑧ 捐：抛弃。

第三课　居室记

陆　游

陆子[①]治室于所居堂之北。其南北二十有八尺，东西十有七尺。东西北皆为窗，窗皆设帘障。视晦明寒燠，为舒卷启闭之节。南为大门，西南小门。冬则析堂与室为二，而通其小门，以为奥室[②]。夏则合为一，而辟大门，以受凉风。岁暮必易腐瓦，补罅隙[③]，以避霜露之气。

舍后及傍，皆有隙地，莳花百余本。当敷荣时，或至其下，方羊[④]坐起。亦或零落已尽，终不一往。有疾，亦不汲汲近药石，久多自平。家世无年，自曾大父以降，三世皆不越一甲子[⑤]。今独幸及七十有六，耳目手足未废，可为过其分矣。然自计平昔，于方外养生之说，曾无所闻，意者日用亦或默与养生者合。故悉自书之，将质于有道之士云。

原文大意略略懂

我在自己所居住的厅堂北面建立了居室。居室南北长二十八尺，东西宽十七尺。东、西、北面都开了窗户，窗户都挂了帘帐，根据光线明暗、天气冷暖来开关窗户、挂帘幛。居室南边做了大门，西南边做了小门。到了冬天，就把厅堂、居室分为两个，用一个小门联通，把居室作为内室。到了夏天，就把厅堂和居室合二为一，打开大门，以经受凉风的吹拂。到了年底的时候一定要更换腐烂的砖瓦、修补破漏的缝隙，以避免霜露寒气的侵袭。

房舍的后面和旁边都有空地，种植了百余种花草。在花繁叶茂的时节，有时我来到花草丛下，安闲自在地坐卧站立，欣赏花草，疗养身心。也有花草凋零落尽，最终一次也没去那里逗留的时候。生病时，我也不急于寻找药物治疗，时间长了病就自然平复了。我家世代没有长寿的人，从曾祖父以来，三代都没有人超过六十岁，现在唯有我七十六岁，耳目手脚都没有毛病，可以说超过前人很多了啊。然而，我想到自己在平时并没有听闻世间流行的养生之法，于是我想，可能是我的日常生活习惯与养生之道暗自符合。因此我全部写了出来，用来向有见识的人士请教。

特别注释提醒你

① 陆子：作者自称。

② 奥室：内室，深宅。

③ 罅隙：裂缝，缝隙。

④ 方羊：安闲自在。

⑤ 一甲子：指六十年。干支纪年或记岁时六十组干支轮一周，称一个甲子，共六十年。

第四课　黄鹂与燕

燕与黄鹂交[①]飞。黄鹂曰："子安归？"燕曰："吾归堂，子安归？"黄鹂曰："吾归柳。"

燕曰："柳殊不若堂之安也。"黄鹂曰："不然。夫柳者，天也。堂者，人也。吾昼栖乎柔枝，夕荫乎茂叶。吾飞翔自如，无与人事也。吾游乎柳，吾有时而去，柳无日而不存也。若夫堂，有门有帘，其开且阖，固人为政也。子哗而噪焉，而人且憎子也。堂之中有盛有衰，有兴有废，其盛也兴也，子不得与焉。其衰也废也，吾忧子之共之焉。而子顾沾沾以处堂自幸。宜乎子之与雀而同讥也。"燕曰："善。"

故君子任天不任人。

原文大意略略懂

燕子与黄鹂在一起飞翔。黄鹂说："你要回哪儿呢？"燕子回答："我要回到堂屋里去，你要回哪儿去呢？"黄鹂说："我要回到柳树上去。"

燕子说："柳树实在是不如堂屋安全。"黄鹂说："不是这样的。柳树是天然产物，而堂屋是人为产物。我白天栖息在柔软的枝条上，晚上荫蔽在茂密的树叶下。我自由自在地飞翔，不参与人事的纠葛。我在柳树上嬉戏游玩，就算我有时离开了，柳树也会每天都在那里。而堂屋却有门有帘子，它的开和关都由人类掌控。如果你吵闹喧哗，人类就会讨厌憎恨你。堂屋有繁荣和衰落的时候，也有兴盛和废弃的时候。它繁荣昌盛的时候，你不能与它一起兴盛；它衰落废弃的时候，我担心你会与它一起衰落。而你反而还因住在堂屋里而沾沾自喜。难怪你和麻雀一起受到别人的嘲笑。”燕子说：“你说的很有道理啊。”

所以君子喜欢任由天性发展，向往自由，而不愿任人摆布，遭受束缚。

特别注释提醒你

① 交：一起，同时。

第五课　地方自治

地方者，国土之一部分，而国民之身家所寄托焉者也。惟地方发达健全，斯国家得以巩固，人民得以安宁。故立宪之国，无不行地方自治制者。

所谓地方自治制者何？即以地方之人，筹地方之财，经营地方之公共事业也。溯厥权舆，英国实为先导，各国遂相继仿行。虽定制互有异同，然因其风俗习惯，自谋乐利，而受裁制于中央，则一也。

我国古时，族党比闾，各司其职[①]，实开地方自治之先河。降及后世，遗风犹在。略举之：如公举乡官，申明社约，服从公断，设立民团，以及善堂医局之类，皆是也。今地方自治之制，既已颁行，人民之所以自谋其乐利者，道自有在，正不容忽视之也。

原文大意略略懂

地方是国土的一个组成部分，是国民自身和家庭所寄托的地方。只有各个地方健全发展了，这个国家才能得以巩固，人民才能得以安宁。所以，法制国家都实行地方自治的制度。

什么是所谓的地方自治制度呢？地方自治制度就是用本地方的人民统筹管理本地方的财政，经营本地方的公共事业。追溯它的发展历史，英国是地方自治制度的先导，各国随后都仿效实行这种制度。虽然具体的制度有异有同，但是，在依据各个地方的风俗习惯自主谋求利益，同时又受中央政府的裁制方面则是一样的。

我国古代的时候，同族亲属相邻聚居，各自掌管各自的职责，实际上就开启了地方自治的先河。到了后世，前代遗留下来的风俗依然存在，在这里试着列举几个例子，比如全民选举乡官，发布社会公告，民众服从乡官判决，设立民团以及慈善机构、医院之类，都是前代遗风的例证。如今地方自治的制度既然已经颁布实行，那么人民之所以能够自谋利益与幸福，是有其道理的。这种制度是不允许被忽视的。

特别注释提醒你

①各司其职：司，执掌，主管。各自负责掌握自己的职责，做好所承担的工作。

第六课　弟告兄小学校改建落成书

乡间两等小学校[①]，业于本月初五日竣工。初八日举行落成礼。自吾乡董事外，县视学[②]、学务委员、警察科长，暨本乡热心赞助之人咸集焉，县令亦派人为代表。

初由乡董报告改建工程。凡占地若干亩，新起及改造屋若干间，费银若干圆。其中出于公款者几何，出于捐助者几何，以及此次建筑，用意何若，此皆吾兄在家时所具知，无烦更述。

后由县视学演说。极称校舍之坚固朴素，有裨实用，继言今文明国民，殆无一人不就学者。吾乡今者风气日益开通，就学者日众，致校舍不能容，诚为可喜。然统计之犹不及十分之五。深望此后，风气益开，就学者益众。俾[③]校舍之增广，亦随之而无穷。闻者颇为动容也。

校中请吾兄观礼信一纸，虽已过期，然校长及本乡董事以吾兄热心赞助，意甚殷拳，亦可感也。兹仍附上一阅。

敬启者：

敝校改建校舍，业已竣工。兹定于本月初八日上午九时举行落成礼。夙蒙执事热心赞助，钦感无已，届时务望惠临，共襄盛举。无任盼祷，肃此敬颂！

子良先生著安！

振化乡两等小学校谨启

原文大意略略懂

乡里建造的初等、高等合并设立的小学校已经于本月初五完工。初八那天举行落成典礼。到了这天，除了我们乡的董事之外，县里的视学、学务委员、警察科长，还有本乡热心赞助的人都聚集在了小学校里，县令也派了代表来参加。

开始是由乡董报告改建工程的情况。小学校占地多少亩，新征用的以及改造的房屋多少间，花费多少钱；其中哪些是来自公款，哪些是私人捐赠的，还有这次建造工程的用意是什么，这些都是您在家里时就知道的，没必要再重复叙述了。

之后是由县视学演说。他极力称赞校舍的坚固朴素，有利于实用，接着就说现今文明国家的国民没有一个人不上学读书的。我们乡如今风气越来越开明通达，上学的人越来越多，导致学校的房子不能容纳，这实在是可喜可贺的事。然而经过统计，上学的人还是没有达到总人数的十分之五。深切希望今后风气能够更加文明开放，上学的人更多，使学校随着上学人数的增多而无限地增加和扩大。听到的人都非常感动。

学校请兄长您去观礼的那一封书信，虽然已经过期了，然而校长和本乡的董事们，因为兄长您热心赞助学校，邀请您的情意十分诚挚深切，非常感人。现在我附上这封书信请您参阅。

尊敬的阁下：

我校改建校舍的工程已经竣工。兹定于本月初八上午九点举行落成典礼。承蒙您的热心赞助，感谢之情无以言表。

届时希望您务必光临，共同见证这个盛举。期待您的到来。恭请子良先生福安！

振化乡两等小学校谨启

特别注释提醒你

① 两等小学校：清末设小学堂，分初等和高等，合并设立就称两等小学堂。初等七岁入学，修业五年，后改四年，高等修业四年。

② 视学：官名。清末及北洋军阀统治时期，教育部及各省、县教育行政机关分别设置，掌握视察学务。国民党统治时期改称督学。

③ 俾：使。

第七课　文字

黄帝始制文字，仓史[①]遗迹，今尚有摹刻者，略具形体而已。三代古器，存者尚多。考其铭刻[②]，在商尚简，逮周始繁。大篆起于周，小篆及隶起于秦，草书起于汉，真书起于汉魏间。若草之变者为行，真之工者为楷，盖又在其后矣。今各体并存，而普通应用，惟行与楷。

满洲蒙古，字皆直下而右行。回部有回纥字，西藏有唐古忒字，皆旁行[③]。五族各有文字，而通行则以汉文为主。泰西文字最古者为埃及，次则希腊拉丁。今诸国文字，皆导源于此。其所以相承而渐变者，以各国之方言不同也。东洋[④]诸国，较文明者，朝鲜、日本、安南，文字皆出我国，各随其国之语言，变化用之，犹西洋文字之祖希腊拉丁也。

原文大意略略懂

黄帝时期开始创制文字，当时造字的史官仓颉所造的字的旧迹，至今仍有人摹仿雕刻。那些文字只是略具形体而已。夏、商、周三代的古器上留存了很多这样的文字。考察那些刻在器物上的文字，发现它们在商朝时比较简略，到了周代开始复杂起来。大篆产生于周朝，小篆和隶书产生于秦朝，草书产生于汉朝，真书产生于汉魏之间。至于草书变化衍生出行书，真书工整化后而衍生出楷书，大概又在魏晋之后了。

现在各个字体都并存，而日常使用最广泛的只有行书和楷书。

满洲、蒙古的字体都是竖着写并且向右延伸的。回族有回纥文字，西藏有唐古忒字，都是横着写的。我们国家这五个主要民族都各有文字，而通行的文字则以汉字为主。西方最古老的文字是埃及的楔形文字，其次是希腊文、拉丁文，现在西方各国文字都是源于这些文字。它们之所以相互传承却又被逐渐改变是因为各国的方言不同。东亚比较文明的国家，诸如朝鲜、日本、越南，它们的文字都出自我国，各自依据本国语言的变化而加以利用，就如西方文字模仿希腊文、拉丁文一样。

特别注释提醒你

① 仓史：仓颉，是黄帝时期造字的史官，被尊为“造字圣人。”

② 铭刻：铸在器物上面或刻在器物、碑碣等上面的记述事实、功德等的文字。

③ 旁行：横写。

④ 东洋：指东亚地区。

第八课　印刷术

制一器，立一法，守之不变，必窳败[①]放失，不适于用。惟因时损益，去其敝害，弥其缺失，始有进步。

吾国印刷一术，始于汉代之石经[②]。至五季时，有镂版。北宋时，有活字，历元明以迄清初，相承无变。及清季世[③]，西法东渐，获改进之师资，斯业乃日昌矣。

夫欧洲发明印刷，后于吾国数百年，然其进步则远过吾国。同一镂版也，有烂铜、铸锌等法，则毫发不爽矣；同一活字也，有压纸、镕铅等术，则散亡无虑矣。而且用机器以代人工，用汽电以省人力。顷刻之间，万纸争传。迥非笃守旧法者，所能逆睹。可见凡事必改良而后有进步，印刷术其一端也。

原文大意略略懂

制作一种器物，创立一种法规，如果只是固守它们而不去加以改变，必然会腐败过时，不合实用。只有依据年代的变化进行适当的增减，去除其不利的有害的部分，弥补其不足的部分，才能有进步。

我国的印刷术始于汉代刻于石碑或摩崖上的佛道经书及儒家经典。到五代的时候，有了雕版印刷，宋代的时候有了活字印刷。经过元代、明代直到清初，印刷术都一直前后相承，没有什么变化。清朝末年，西方的印刷术传到东方，我国印刷技术得到改进，印刷业于是日渐繁盛。

欧洲印刷术的发明比中国晚几百年。然而，它们的印刷术却远远比我国进步。同样的雕版印刷，它们有烂铜、铸锌等方法，于是一点细微的差错都不会出；同样是活字印刷，它们有压纸、镕铅等技术，于是就不需要担心文献的散失与消亡。而且它们用机器代替人工，用蒸汽电力来节省人力，片刻之间，大量的文字就印刷出来了。这样的趋势绝不是固守旧法的人所能预料到的。由此可见，凡事都必须改良然后才会有进步，印刷术只是其中的一种。

特别注释提醒你

① 窳（yǔ）败：腐败，败坏。

② 石经：中国古代刻于石碑、摩崖上的儒家经籍和佛道经典。

③ 季世：末代，一个历史时代的末段。

第九课　侥幸与向上

己不如人，力求进步，是谓向上。不自量力，妄希袭取，是谓侥幸。侥幸心不可有，向上心不可无。

夫人生欲望无穷，今日之所处，在昔日视之，或以为有余；在今日视之，复以为不足。此固人类之通性，无可遏阻，抑亦不必遏阻也。但地位之高，岂容窃据？彼其人之勋业所以独隆，誉望所以独著，亦必有其致此之由。或学问过人焉，或才略优长焉，或阅历充足焉，固非可以侥幸所致也。乃或者不问己之才识学力，惟艳羡他人之所处，艳羡之而不得，则嫉妒怨恨之心生焉，是自求堕落也，非向上也。

然则求向上者，如之何？曰：“浚学识，具才能，淬厉精神，力求进步而已。”

原文大意略略懂

自己比不上别人，极力追求进步就是向上。过高地估计自己的实力，妄图寄希望于沿袭取用他人的东西就是侥幸。侥幸的心理不能有，向上的心理不能无。

人一生的欲望是无穷无尽的。今天所拥有的东西，在往日看来，或许会认为充足有余，但是在今日看来，又会觉得不足。这本来就是人类的通性，没有办法可以遏制阻止，不过也没有必要遏制阻拦。但是一个人地位的高贵岂是可以窃取得来的呢？那个人的功业之所以兴盛，名誉声望之所以显著，也必定有他的缘由。或许是因为他学问过人，或许是因为他才略优异，或许是因为他阅历丰富，并不是可以侥幸达到的。如果一个人不意识到自己的才识学力，而只是羡慕他人的所得，羡慕却又不能得到，于是就产生嫉妒怨恨之心。这是自甘堕落，并非积极向上。

那么，积极向上的人应该怎样做呢？应该探究学问，扩展知识，完备才能，磨练意志，争取进步。

第十课　勃罗斯

勃罗斯者，苏格兰君也。六百余年前，屡与英吉利构兵。众寡不敌，辄[①]为所败。迨第六次，良将尽亡，疆土亦失。不得已，伏匿茅屋中以避兵。

时勃罗斯孓焉如寄，末路兴嗟，乃席地偃卧。瞥见梁上蜘蛛，吐丝作网。勃既无聊，姑觇[②]之以遣闷。梁有二椽，其一较低。蛛系丝高椽，引其一端，欲下垂于低者，垂未及半，丝断而坠，前功尽弃。然蛛虽蹉跌，攀援力作，仍不少衰。坠而复起者六，迄未就绪。勃顾影自怜[③]，喟然叹息，而蛛复援丝下矣。

至第七次，竟无波折，微丝一缕，直达低椽。两端既系，其余易易。瞬息间已成方罫[④]形。勃大感动，奋然曰："吾敢不如蛛乎？"跃而起，号召旧部，搜集散亡。再与英战，复有苏格兰。

原文大意略略懂

勃罗斯（罗伯特·布鲁斯）是苏格兰的国王。六百年前曾多次与英吉利交战，因为寡不敌众，就被英吉利打败了。第六次交战的时候，能征善战的将领都死了，疆土也失去了。在迫不得已的情况下，他隐藏在茅屋中以躲避敌兵。

这时的勃罗斯孤单无助、漂泊无依，在穷途末路之际唉声叹气，于是他躺在地上。(无意间) 瞥见房梁上的蜘蛛在吐丝织网，勃罗斯这时又很无聊，姑且看蜘蛛织网以排遣烦闷。房梁上有两根木椽，其中的一根较低。蜘蛛在较高的那根椽上盘丝，想要把蛛丝的一头从高的那根引向低的那根。蛛丝垂到还不到一半的地方就断了，蜘蛛掉了下去，之前做的努力都白费了。但是蜘蛛摔下来又再往上爬，这样反复六次。勃罗斯顾影自怜，深有感触地叹息起来，这时蜘蛛又沿着蛛丝下来了。

到第七次的时候，竟然没有遇到波折，靠着细细的一条丝直达到较低的那根椽。两端既然已经盘好了丝，其余的部分就更加容易了。转眼间蛛网就形成了方方的八卦形。勃罗斯感动地说："我难道还不如蜘蛛吗？"于是马上一跃而起，号召旧部，搜集失散逃亡的士兵，再次与英吉利战斗，又重新收回了苏格兰。

特别注释提醒你

① 辄：立即，就。

② 觇（chān）：观测。

③ 顾影自怜：顾，看；怜，怜惜。回头看看自己的影子，怜惜起自己来。形容孤独失意的样子，也指自我欣赏。

④ 罫（guǎi）：方形的网眼。

第十一课　登龙华寺浮图记

龙华寺者，上海西南乡一古刹[①]也，相传为吴大帝时所建，迄今一千数百年矣。

寺门之外，有浮图七级，高耸云表，颇宜凭眺。某日，余登焉，层累而上，无异螺旋，于是缓步进行。迨最上一层，乃倚窗而远瞩。

时则附近景物，历历在目。其蜿蜒如带者，黄浦江也。其曲折若线者，沪杭甬铁道也。其矗立如峰者，天文台也。其房舍比栉者，上海县城也。其整齐有度，森如壁垒者，制造局也。其纵横方罫，俨若棋局者，租界中衢路也。俯视则菜畦麦陇，一色青青。仰观则云气苍茫，蔚蓝无际。盖离地已百余尺矣。

嗟乎！自孙吴迄今，人事之变迁何限，而浮图独超然物表，未改旧观。是足动登临之感已。

原文大意略略懂

龙华寺是上海西南乡的一座古寺，相传是吴国孙权时所建造，到现在已经有一千几百年了。

寺庙的门外有一座七层的佛塔，高耸入云霄，很适合在此登高远眺。有一天，我登上这座塔，一层一层往上走，与走在螺旋之中没有什么不同。于是我放慢了前进的脚步。等到上了最高的那一层，我就靠着窗户向远处望去。

这时，附近的景物都清清楚楚地出现在眼前。其中，弯弯曲曲、就像一条带子似的是黄浦江；曲曲折折、就像一条线似的是沪杭甬铁路。那像山峰一样耸立的是天文台，房屋像梳篦一样齐整的是上海县城。整齐有度、壁垒森严的是制造局。纵横交错、犹如棋局的是租界中衢路。往下看则看到一片青色的菜地麦田。往上看则看到云气弥漫辽远，蓝天无边无际。原来，这里离开地面已经有一百多尺了！

啊！从三国时期的吴国到现在，人事是多么变化无常，而唯独这佛塔超然物外，没有改变它原来的面貌，这就足以让人萌生登临其中的想法了。

特别注释提醒你

①古刹：佛寺。

第十二课　望远镜记

望远镜，所以扩视力也。最大者，在美国金山山巅，宽三尺六寸，为其国富户里克所创，即以其名名之。因创此镜，先修房屋，费百余万元。由此镜窥水星，则其中有地、有河、有海、有岛、有冰雪、有云，一一可辨。其次在华盛顿。房为圆形，有机可旋转之。镜面宽三尺余，长约二丈余，以机运动，方位均可准对。以窥天，则无星处多有星，且有红色、蓝色者；以窥月，只见水溶溶然。其光射目，不可久视，目离镜，犹眩耀不能见物。

地行至速，故远镜之架，以电气运之。其迟速，一准于地球之行动，然后可以久视而有所见。否则地球行而远镜不行，不过刻许，所欲观之星象，已离镜矣。

原文大意略略懂

望远镜是用来扩展人的视野的。最大的望远镜在美国旧金山的山顶，宽三尺六寸，是美国的富人里克制造的，所以用他的名字来命名。为了造这台望远镜，首先花费了一百多万元来修建放置望远镜的房屋。从这个望远镜里窥视水星，那么水星上有陆地、有江河、有大海、有岛屿、有冰雪、有浮云，都可以一一辨认出来。第二大的望远镜在华盛顿。放置望远镜的房屋是圆形的，里面有机器可以旋转望远镜。望远镜的镜面有三尺多宽，二丈多长，用机器来运转它，各个方位都可以对准。用它来观望天空，本来看不到星星的地方也会有很多星星，并且有红色的、蓝色的星星；用它来来窥探月亮，只见月亮上出现一片大水奔腾流动的样子。它的光很刺眼，不能长时间观看。眼睛离开望远镜后还是会觉得很眩耀，看不见东西。

地球运转极其快速，所以望远镜的架构用电气来运行。它速度的快慢以地球运行的速度为准。只有这样，我们才可以长久地观看并且看到远处的东西。否则，地球运行而望远镜不运行的话，不到片刻的时间，想要观看的星象已经离开望远镜了。

第十三课　磷火

张氏儿与邻人夜行田间，遥见丛墓之处，火团数簇，隐现于长林丰草间。邻人曰："此鬼火也。"张儿趋前，欲就视之，火若远避者然，终不能及。张儿退，火又在后，若相逐者，少顷即没。张儿怖，疾驰而归。入兄室，告以故。兄乃取火柴，携其弟手，同至暗处擦之。有光莹然，曰："此名磷火，汝顷所见，即此物也。凡动物之骨，皆含磷质，死后骨腐，磷浮游空气中，或聚如团，或散如星。我趋前，则前之空气为我推移，故若前遁；我退后，则前之空气来补其虚，故若来追也。墟墓之间，多埋人兽之骨，故易见磷火耳。"张儿恍然大悟。

原文大意略略懂

有一户张姓人家的儿子晚上与邻居一起在田间行走，远远地看到丛墓处有几簇火团在繁盛茂密的草木间隐现。邻居说："这是鬼火。"张氏的儿子走上前去，想要就近观看鬼火。可是，那火好像在远远地避开他，张氏的儿子始终赶不上它。张氏儿子往后退，火又紧跟在他后面，就像在追逐他一样。过了一会儿，火就消失了。张氏儿子很害怕，飞快地跑回家，进入他哥哥的房间，告诉他这件事情。他哥哥于是就拿着火柴，拉着他弟弟的手一同走到暗处，然后擦亮火柴，接着有微弱的光出现了。哥哥说："这叫做磷火，你刚才所看到的就是这种东西。凡是动物的骨头都含有磷质。死后骨头腐烂，磷就在空气中飘浮移动。有的聚集成团，有的就像星星一样散乱。我走向前，则前方的空气被我推移，所以磷火就像在躲避一般。我退后的话，则前面的空气就会来补充空缺了的空气，所以磷火就像在后面追赶。废墟和墓地上大多埋着人和动物的骨头，所以很容易看到磷火。"张氏儿子恍然大悟。

第十四课　入营后与友人书

前入营时，蒙亲戚故旧，远送郊坰[①]。勖[②]以尽忠报国，无陨家声。某虽不才，敢忘厚意。

入伍以后，幸复耐劳，堪以告慰。营中规则，至为严整。晨兴晚息，皆有定时。点名时不得托故不到；在宿所不许大声谈话，引吭高歌[③]。盖军营最重纪律，不得不养之有素[④]也。饮食清洁，有益卫生。寝具用器，尤为注意，每周须检查一次。以近日统计，知疾疫之减杀军力，较创痍为尤甚也。智识教授，与操练并重。以今日战事，非徒勇所能有济也。

每逢日曜日[⑤]，又有人演说古来忠烈事迹，及我国今日积弱受侮情形。闻之，未尝不感激泣下也。困兽犹斗，而况于人？蜂虿[⑥]有毒，而况于国？国家积弱至此，卫国之责，非我辈国民任之而谁任之哉？吾兄夙有志于军事，甚望毕业以后入海陆军学校，研究武备。他日驰驱疆场，为国宣劳，亦男儿快事也。书不尽意，惟亮察。

原文大意略略懂

前不久我进入军营的时候，承蒙亲戚朋友送我到郊外，并以尽忠报国，不要败坏家族名声的话勉励我。我虽然没有才能，怎么敢忘记大家对我的深情厚义呢？

入伍以后，我吃苦耐劳，总算可以告慰大家了。军队中的规则极其严肃整齐。早上起床和晚上休息，都有一定的时间规定。点名时不能找借口不到；在宿舍不能大声谈话，放声歌唱。这是因为军营最重视纪律，不能不在平时就培养遵守纪律的意识。饮食要清洁，这样才有益于卫生。睡觉用的被褥等物品及其他生活用具的卫生尤其要注意。每周要检查一次。根据最近的统计，我知道了疾病可以减弱军队的战斗力，比战争的创伤还要厉害。（在军营里）知识的传授与军队的操练同样重要。因为今天的战争不是单靠勇气就能取胜的。

每逢星期天，又会有人来军营讲说从古至今英雄们的忠烈事迹，以及我国现在贫弱、受其他国家欺侮的情形。听了之后，我每次都会感动得流下热泪。被围困了的野兽尚且要挣扎，何况是人呢？蜜蜂蛇蝎还有毒气，何况是国家呢？国家贫困到现在这个地步，保卫国家的职责，不由我们这一辈的国民来担负又由谁来担负呢？兄长您向来就有志于从事军事，非常希望毕业之后到海陆军学校研究军事状况。倘若将来有一天能驰骋疆场，为国家效力，也是男子汉的一大快事啊。书信不能写尽我要表达的意思，望您明察。

特别注释提醒你

① 坰：都城的远郊。

② 勗：同“勖”，勉励。

③ 引吭高歌：引，拉长；吭，嗓子，喉咙。放开嗓子大声歌唱。

④ 有素：跟平时一样。

⑤ 日曜日：日语中的星期天。

⑥ 虿（chài）：蛇蝎类的毒虫。

第十五课　苗族

苗种不一，杂处于湘蜀滇黔粤桂各省间。熟苗[①]与吾人差异甚微，生苗则僻处山峒，据险为固。言语不通，风俗不同。其居处也，斩木结茅，中置大榻，坐卧爨[②]炊，悉在其上。其食物也，杂粮番薯，罕见稻粱。土物易盐，视为珍品。其服饰也，裹头椎髻，跣[③]足短衣，银索锦裙，美观自侈。盖犹未脱初民气象焉。

其人颇勤耕作，知饲蚕。故生活所需，尚足自给。又生长山地，出入险阻，无异康庄。其长技亦有足多[④]者。惟刚倔嗜杀，若出天性。同族之人，往往因睚眦[⑤]微嫌，寻仇不已。而越境杀人之事，亦时有所闻。沾以教泽，使之同化，实吾先进之责也。

原文大意略略懂

苗族的种族分布散乱不一，混杂地生活在湖南、四川、云南、贵州、广东、广西各省之间。熟苗与我们汉人的差异很小。生苗则在偏远的山洞里生活，占据险要的山势来防守外敌。他们的语言和我们汉人不通，风俗不相同。在居处方面，他们砍来木头，编织茅草做成房屋，在房屋的中间放一大塌。人们坐卧煮饭都在榻上进行。在饮食方面，他们以杂粮、番薯为主食，很少见到稻米、高粱。他们用土物去交换盐，把盐看做是很珍贵的物品。在服饰方面，他们包裹着头，梳着椎髻，打着赤脚，穿着短衣，戴着银饰，穿着华美的裙子，美丽而阔绰。他们还没有脱离远古时代的气象啊。

苗人耕作特别勤劳，懂得养蚕，所以生活所需尚且可以自给自足。又因为他们生长在山野之中，所以他们在崎岖险要之地出入与在平坦的大道上行走没有两样。他们所擅长的技艺也有足以让人称道赞美的。只有刚强、倔强、嗜杀的个性好像是出自天性。同族的人，往往因为极小的仇恨和嫌隙就没有休止地寻找对方报仇。而越境杀人的事也时时有所听闻。让他们沾染到教化的恩泽，使他们同化，其实是我们文明先进民族的责任。

特别注释提醒你

① 熟苗：熟苗和生苗是苗族的两大组成部分，以苗疆边城为界，居住在边城之内的叫熟苗，居住在边城之外的叫生苗。

② 爨（cuàn）：烧火做饭。

③ 跣：光着脚。

④ 足多：足以称美。

⑤ 睚眦：极其小的仇恨。

第十六课　游珍珠泉[1]记

王　昶

济南府治[2]，为济水[3]所经。济性洑[4]，而流抵巇，则辄喷涌以上。人斩木，剡其首[5]，杙诸土[6]，才三四寸许，拔而起之，随得泉。泉莹然至清。盖地皆沙也，以故不为泥所汩，然未有若珍珠泉之奇。

泉在巡抚署廨前，甃[7]为池，方亩许，周以石栏。依栏瞩之，泉从沙际出，忽聚忽散、忽断忽续、忽缓忽急。日映之大者为珠，小者为玑[8]，皆自底以达于面，瑟瑟然[9]，累累然。

是日，雨新霁，偕门人吴琦、杨怀栋游焉，移晷[10]乃去。济南泉得名者凡十有四，兹泉盖称最云。

原文大意略略懂

济南府城是济水流经的地方。济水的特性是潜在地下流动，遇到地面空隙，就立刻喷涌而出。人们砍一根树枝，削尖枝头，插进地里，只要插下约三四寸，再将树枝拔出，随即泉水就会涌出来。泉水晶莹，极其清澈。因为地面都是沙子，所以泉水不会被泥土搅浑。然而，没有像珍珠泉的水那样奇妙的了。

珍珠泉位于巡抚衙门前面。池子用砖砌成，占地约一亩，四周用石栏围着。靠在石栏上看泉水，只见泉水从沙子里涌出，一会儿合拢，一会儿分散，一会儿中断，一会儿连接，忽急忽慢。阳光照射在泉水上，大的如同一颗颗大珍珠，小的如同一颗颗小珍珠，都从水底直冒上地面，声音细碎，清脆悦耳，一串接一串。

这一天正当雨后初晴，我和我的学生吴琦、杨怀栋在这里游览，过了很长时间才离去。济南的泉水有名称的共十四处，这珍珠泉可算是其中最有名的了。

特别注释提醒你

①珍珠泉：在今山东济南市。泉水上腾，散如珍珠错落，故名。

②济南府治：今济南市。

③济水：又称沇（yǎn）水，发源于河南济源西王屋山，分东、南两流。东流流入黄河，再从黄河分出，流至今山东，经济南市北边泺口，再东流入海。

④洑（fú）：水在地底下伏流。

⑤剡（yǎn）其首：把木头的一端削尖。

⑥杙（yì）诸土：把小木桩插入土中。杙，一头尖的小木桩。

⑦甃（zhòu）：砖砌。

⑧玑（jī）：不圆的珠子。

⑨瑟瑟（sè）然：形容泉珠冒出水面发出细碎的声音。

⑩移晷（guǐ）：过了一段时间。

第十七课 劝人作日记书

与兄别后，即以日记自课，已两月余，颇为有味。钞出两则，附呈一阅，吾兄似亦可试为之。

盖日记之益，不徒免遗忘、便检阅而已。父师之训诲，朋友之箴规，当躬之返省，无一不可记入。则有益于道德，在校之所受，攻错之所闻，研究之所得，无一不可记入。则有益于智识，不特此也。一物不知，儒者之耻，弧矢之志，常在四方。将来学问有成，壮游方始。若者为历史之陈迹，若者为地理之新知，若者为实业所取资，若者备军事之计画。舟车所莅，闻见必多。苟能一一笔之于书，便成绝精良之游记。若身任要职，历万险，排大难，而卒克有成，则出其数十年所经历，并足为后人模范矣。

志大言大，吾兄傥[①]以为狂乎？

十四日，日曜[②]雨。

午前在家，整理今年所作理科劄记。虽每日所作无多，积久，亦裒然成帙矣。

午后偕大哥出南郭眺望，烟雨迷濛，远山皆隐。傍晚开霁，始复涌现。天际长虹垂彩，林间宿鸟归来，画图不啻[③]也。

晚饭后，读《中华学生界》，四妹共一灯读《中华童子界》。有不明白处，予为详细讲解。

十五日，月曜④晴。

晨六时起，整理寝具，漱洗毕，早餐。在园中散步片时，然后步往学校。

校中所受课，为算术、体操、国文、地理、手工。算题颇难，用心思索，幸得无误。前所绘白河流系略图，亦颇蒙先生奖许也。

灯下温习前日所受历史课，及本日所受地理课。毕，复将先生所评改作文本，详加玩索。九时休息散步，十时睡。

原文大意略略懂

与兄长您分别后，我就把写日记作为每天必须完成的作业。我这样做已经有两个多月了，我觉得很有意味。我抄出其中的两则恭敬地送上，请您阅读。兄长您也可以尝试着这样做。

日记的好处，不仅在于避免遗忘、方便检阅而已。父亲和老师的教导训诲，朋友的劝诫规谏，自己应当进行的反省，这些事情没有一件是日记不能记录的。这样做就有益于提高道德修养。在学校里所接受到的知识，与他人交往时所听到的启发，研究学习中所获得的成果，都可以记录到日记中。这样做就有益于增长知识。不仅如此，（古人说）有一件事物不知道都是读书人的耻辱，弓箭的志向永远都在四方。将来学业有成了，就可以开始四处游历了。你的车和船所到达的地方多了，见闻也就多了，或者是历史的遗迹，或者是地理的新发现，或者是实业所获取的资本，或者是军事防备的计划。如果能把这些见闻一一记载到日记本中，便能成为一本优秀精致的游记。如果身居要职，经历了千难万险，排除了重大困难，最终获得成就，那么把您几十年的经历写下来，就足可以成为后人的模范了。志向高远的人说的话也大器，兄长您觉得我说的话狂妄吗?

十四日 星期天 雨

上午在家里整理今年所做的理科答卷笔记。虽然我每天做的笔记不多，但是一点点地聚集下来就成集子了。下午，我陪同大哥出了南城登高远眺。烟雨迷蒙，远山都隐藏在烟雾中。到了傍晚的时候雨停了，天放晴后，远山才开始涌现出来。天边垂挂着绚丽的彩虹，林间鸟群回归。就算书画中的景色也不如它美。

晚饭后，我阅读《中华学生界》。四妹和我共在一盏灯下读《中华童子界》，有不懂的地方，我就详细解释给她听。

十五日 星期一 晴

早上六点钟起床，整理床，洗漱后，就吃早餐。在园中散了一会儿步，然后步行去学校。学校的课程有算术、体操、国文、地理、手工。其中算术很难，要苦心思考，总算没有错误。前几天画的白河流系略图得到了老师的夸奖。

晚上，我在灯下温习前日所上的历史课及今日所上的地理课，又将老师所评改作文本详加思考。九点钟休息散步。十点睡觉。

特别注释提醒你

① 傥：或许，可能

② 日曜：指日曜日，日本语的星期天。

③ 不啻：不如。

④ 月曜：指月曜日，日本语的星期一。

第十八课 昆虫之农工业

虫类之中，其劳动有同于农工业者。蚕吐丝成茧，似纺绩。蜜蜂酿蜜蜡，似造酒，其作巢似建筑。

蛛丝出自体末之孔，其引丝结网也，先自内而外络，复自外而内络。圆整疏密，与人之编物，殆无以异。

蚁类穴土而居，其居处，有若墙垣者，则垒以细沙石屑也；有若房屋者，则覆以小草，支以细木也。经营构造，几同于土木之工。

美洲有收获蚁，喜食草实。常择草之有实者，群集于其根。啮去旁生杂草，以卫其实。实落则收储之，此犹农夫之耘田与收获也。

又有称为畜牧蚁者，恃蚜虫以生。蚜虫就草木之芽而吸其汁，蚁又就蚜虫而吸其汁。盖蚜虫腹部之后，有二细管，能分泌甘汁也。蚁既资生于蚜虫，故常就其所在之处，加以保护，使不为他物所伤。又或移其卵于植物繁茂处，使易长成焉。冬季则养之巢中，吸其甘汁，无异人之饲牛而得乳也。

昆虫，动物之微者耳，而其自营生活之举动，几无异于人类。谓非造化之奇妙哉？

原文大意略略懂

虫类之中，它们的劳动有同农业和工业很相似的。蚕吐丝作茧就像人类的纺织。蜜蜂酿蜜酷似人类造酒，它的蜂巢就像人类的建筑。

蜘蛛丝出自蜘蛛身体尾端的孔眼。蜘蛛引丝结网的时候，先从内向外缠绕，再从外向内缠绕，圆整疏密，与人类编织物品没有什么不同。

蚂蚁居住在地下洞穴中。它的住所中有像墙壁的，就是用细沙和小石头垒叠起来的；有像人类的房屋的，就是用小草覆盖，用小枝条架构起来的。它的经营构造几乎和人类的土木工程相同。

美洲有一种收获蚁，喜欢吃草的果实，常常选择有果实的草，群集在它的根下，咬去旁生的杂草，以保卫它的果实。果实落下来就收藏起来，就像农民的耕田与收获。

又有一种称为畜牧蚁的，依靠蚜虫生存。蚜虫靠近草木的芽，吸取它的汁液，而畜牧蚁又靠近蚜虫，吸取它的汁液，因为蚜虫的腹部后有两根细细的管子能分泌甘甜的汁液。畜牧蚁既然靠蚜虫生活，所以就常常接近蚜虫停留的地方，对蚜虫加以保护，使它们不被其他的动物伤害。又或者把它们的卵转移到植物繁茂的地方，使它们更容易成长。冬季的时候，就把蚜虫养在巢穴里，吸它们身体内甘甜的汁液。这和人类养牛而获取牛奶没有什么不同。

昆虫只是动物界里微小的物种，而它们自谋生活的举动却几乎和人类没有什么不同。这难道不是天地造化的奇妙吗？

第十九课　种植

种植之要，曰垦地，曰播种，曰耙土，曰培壅[①]，曰耘草，曰收获，曰打谷。

垦地者，所以揉土使松，破土使分。俾[②]气水光热，入于其中，而植物得萌芽也。垦地之法，园圃用铲，田野则用犁，挽以牛。

播种者，所以下种入土也。其法，农夫肩荷一囊，囊中盛谷粒，缓步徐行，随取随撒，以均匀为贵。

耙土者，所以破土块，除恶草，使种子深入土中也。其法常用耙，有齿，或铁或木。

培壅者，以补植物所需之料，而长养之也。植物在土中及空气中，自能吸养生之质。其或不足，则必灌以水，壅以人畜粪，或草木灰、骨灰、石灰之属。

耘草者，所以除去稂莠[③]，勿使侵食膏液，而令所种之物，得饱受光气也。其法或用手，或用器。

收获者，物已成熟，刈之以待用也。刈稻麦者，或用镰，或用锲[④]。获后，束聚作垛，登场击之，或堆为露积[⑤]，设法使雨不能沾湿。

刈谷之后为打谷。所以使谷出壳及脱藁[⑥]也。打稻者，用稻床以投掷。打麦之器，以两小棒为之，有革连其两端，是曰连枷。打豆及高粱，每用圆石或圆木，而架以牲畜。谷已脱藁，则扬之风中，以去杂质，其器用簸箕。

此外如捕虫除稃之类，皆种植要事也。古人有诗曰：“谁怜万民食，粒粒非易取。”可谓知言矣。

原文大意略略懂

种植的要点，一是垦地，二是播种，三是耙土，四是培壅，五是耘草，六是收获，七是打谷。

垦地用来揉搓土块使土壤松弛，让水汽、阳光、热量深入到泥土中，使得植物得以萌芽。垦地的方法是：在田园用铲子，在田野就用犁，犁用牛拉着。

播种用来把种子下到田地里。播种的方法是：农民肩上担着一个袋子，袋子里装着种子，放慢脚步缓缓地行走在田野间，随意抓取种子随意播撒，以播撒得均匀为佳。

耙土用来破碎土块，铲除恶草，使种子深入土壤。耙地的方法是用耙，耙有齿，有木质的，也有铁质的。

培壅用来补充植物所需的养料，增加营养，使它茁壮成长。植物在土壤中或者空气中，自然能吸取生存的物质。如果有不足的，就一定要用水灌溉，在它的根部堆积人或牲畜的粪便，或者草木灰、骨灰、石灰等物质。

耘草用来铲除杂草，不让它们侵食了土里的营养，从而使所种植的物种能饱食阳光雨露。耘草的方法是或用手，或用器具。

收获就是植物成熟之后把它们收割下来以备食用。收割稻子和麦子的人或用镰刀，或用锲刀。收割下来后，把稻子或麦子捆绑在一起堆积成垛，然后到场地上击打稻穗或麦穗。或者把它们堆积在露天，设法使雨不能淋湿它们。

稻子收割之后就是打谷。打谷用来使谷子脱离谷壳以及稻子的茎杆。打谷的人用稻床来投掷稻子，打麦的工具则用两根小棒子来充当，这两根小棒有皮革链接两端，叫做连枷。打豆和高粱常用圆石头或圆木头，然后用牲畜拖拉着它们碾出豆子和高粱。谷粒脱离稻子的茎杆之后，就用簸箕迎着风颠动，去除杂质。

此外，诸如捕捉害虫，驱除污秽之物也是种植的重要事情。古代的诗人说："谁怜惜粮食啊，每一粒粮食的获得都是不容易的。"这是真话。

特别注释提醒你

① 培壅：在植物根部堆土以保护其根系，促其生长。

② 俾：使。

③ 稂莠：形状像禾苗而妨害禾苗生长的杂草。

④ 锲：指锲刀，即镰刀。

⑤ 露积：指露天聚积。

⑥ 藁：指谷类植物的茎杆。

第二十课　观刈[1]麦

白居易

田家少闲月，五月人倍忙。夜来南风起，小麦覆陇黄[2]。妇姑[3]荷[4]箪食[5]，童稚携壶浆。相随饷田去，丁壮在南冈。足蒸暑土气，背灼炎天光。力尽不知热，惟惜夏日长。

复有贫妇人，抱子在其傍，右手秉遗穗，左臂悬敝筐。听其相顾言[6]，闻者为悲伤。家田输税[7]尽，拾此充饥肠。

今我何功德，曾不[8]事农桑。吏禄三百石，岁晏[9]有余粮。念此私自愧，尽日不能忘。

原文大意略略懂

农家很少有空闲的时候，五月的时候，人们更加繁忙了。夜里刮起了南风，覆盖田垄的小麦已成熟发黄。妇女们挑着盛满饭食的竹篮，小孩子们提着装满酒浆的水壶，前后相随地给在田间劳作的人送去。收割小麦的男人们都在南冈。他们双脚承受着地面热气的熏蒸，背脊经受着炙热阳光的烘烤。累得精疲力尽也没感觉到天气炎热，只是珍惜夏日白天的漫长。

又有一位贫苦妇女，抱着孩子在割麦者的身旁，右手拾着遗落的麦穗，左臂上挽着一个破筐。听着她们相互倾诉的话语，听到的人都为她感到悲伤。妇人说因为缴租纳税，家里的田地都已经卖光了，只好拾些麦穗聊以充饥。

现在我有什么功劳德行，从未从事农耕蚕桑的劳动！一年领取三百石米的薪俸，到了年底还有余粮。想到这些，我暗自感到很惭愧，整日无法忘记。

特别注释提醒你

① 刈（yì）：割。

② 覆陇黄：小麦黄熟时遮盖住了田埂。覆，盖。

③ 妇姑：媳妇和婆婆，这里泛指妇女。

④ 荷：肩挑。

⑤ 箪食：竹篮盛的食物。

⑥ 相顾言：指互相诉说。顾，视，看。

⑦ 输税：缴纳租税。

⑧ 曾不：从未。

⑨ 岁晏（yàn）：岁末。晏，尽。

第二十一课　意园记

戴名世

意园者，无是园也，意之如此云尔。山数峰，田数顷，水一溪，瀑十丈，树千章，竹万个。主人携书千卷，童子一人，琴一张，酒一瓮。

其园无境，主人不知出，人不知入。其草，若兰，若蕙，若菖蒲，若薜荔；其花，若荷，若菊，若芙蓉，若芍药；其鸟，若鹤，若鹭，若鸥，若黄鹂；树则有松，有杉，有梅，有梧桐，有桃，有海棠；溪则为声，如丝桐[①]，如钟，如磬；其石，或青，或赭，或偃，或仰，或峭立百仞；其田，宜稻，宜秫；其圃，宜芹；其山，有蕨，有薇，有笋；其池，有荇。其童子，伐薪，采薇，捕鱼。

主人以半日读书，以半日看花，弹琴，饮酒，听鸟声，水声，松声，观太空。粲然而笑，怡然而睡。明日亦为之。岁更几欤，代更几欤，不知也。避世[②]者欤，避地[③]者欤，不知也。主人失其姓，晦其名。何氏之民？曰："无怀氏[④]之民也。"其园为何？曰："意园也。"

原文大意略略懂

世界上本来没有意园这样一座园林（意园是想象出来的一座园子），意园的"意"说的就是这个意思。意园里有数座山峰，数顷良田，一条小溪，十丈瀑布，千棵树，万竿竹。主人携千卷书、一个童子、一张琴、一瓮酒居住其中。

园子没有边境。主人不知从哪里出去，外人也不知从哪里进来。园子里的草类，有兰、蕙、菖蒲、薜荔；花类有荷、菊、芙蓉、芍药；鸟类有鹤、鹭、鸥、黄鹂；树木则有松、有杉、有梅、有梧桐、有桃、有海棠；小溪发出如琴、如钟、如磬般的声音；园子里的石头或为青色，或为褐色，或偃，或仰，或高高耸立；意园里的田，适合种植稻子和秫；园圃适合种植芹菜；山上有蕨，有薇，有笋；池子里有荇菜。那里的童子或上山砍伐柴禾，或采集薇草，或下河捕鱼。

主人用半天的时间看书，半天的时间看花，弹琴，饮酒，听鸟声、水声、松声，以及仰望天空。有时候，他思有所得之后会灿然而笑，疲乏倦怠之后会怡然而睡。第二天他也还是做这些事情。年岁更替了几次？朝代更替了几次？主人不知道。是避世隐居的人呢？还是逃避灾祸的人呢？外人不清楚。主人隐去了他的姓氏和名字。如果有人问他："你是哪里的臣民呢？"他会回答说："我是无怀氏之民。"问他"你的园子叫什么？"他会回答道："意园。"

特别注释提醒你

① 丝桐：指琴。古时多用桐木制琴，练丝为弦。

② 避世：就是避开喧嚣的世俗，远离人群的喧闹，离世隐居，避免和外界接触。这里指逃避尘世，逃避乱世。

③ 避地：迁地以避灾祸，避世隐居。

④ 无怀氏：传说中我国远古时期的一个部落名。生活在这个部落的人民“甘其食，乐其俗，安其居，而重其身，心无所好恶。鸡犬之声相闻，而民老死不相往来。”另外也传说是古帝王的名字。

第二十二课 陋室[1]铭

刘禹锡

山不在高，有仙则名。水不在深，有龙则灵[2]。斯是陋室，唯[3]吾德馨[4]。

苔痕上阶绿，草色入帘青。谈笑有鸿儒[5]，往来无白丁[6]。可以调素琴，阅金经[7]。无丝竹[8]之乱耳，无案牍[9]之劳形。

南阳诸葛庐，西蜀子云亭。孔子云："何陋之有？"

原文大意略略懂

山的名气不取决于其高低，而取决于是否有仙人居住；水的灵气不取决于其深浅，而取决于是否有龙潜游于此。这间屋子虽然简陋，只要我的品德高尚，就不感到简陋了。

青苔碧绿，长到台阶上，草色青葱，映入帘子中。与我谈笑的都是博学的人，交往的没有不懂学问的人。在这里可以弹奏朴素的古琴，也可以阅读珍贵的佛经。没有嘈杂的音乐扰乱两耳，也没有官府公文劳累身心。

它好比南阳诸葛亮的茅庐、西蜀扬子云的玄亭。孔子说："这有什么简陋的呢？"

特别注释提醒你

①陋室：简陋的屋子。铭，古代刻在器物上用来警戒自己或称述

功德的文字，后来发展成一种文体。

② 灵：神奇、灵验，这里作动词，显现灵验。

③ 唯：只。

④ 德馨：品德高尚。馨，散布得远的香气，古代常用来形容人的品德高尚。

⑤ 鸿儒：大儒，博学的人，学识渊博的学者。鸿，通“洪”，大；儒，有学问的人。

⑥ 白丁：原指平民百姓，这里指没有什么学问的人。

⑦ 金经：古代用泥金书写而成的佛经，泛指佛经。

⑧ 丝竹：琴、瑟、箫、笛等乐器的总称。“丝”指弦乐器，“竹”指管乐器。这里指音乐。

⑨ 案牍（dú）：官府的公文。

第二十三课　赋税

国家政费，由人民供给之，此不易之常经也。古者政事尚简，费用亦少，故征税虽薄，初无不足之虞。今则世界大通，文化日进，行政既不能因陋就简，国用自不免继长增高。故自政府言之，当勤求治理，为国民开辟利源，而不贵于出纳之吝。自人民言之，当勉力负担，为国家厚其实力，而不容以菲薄自甘。二者皆应尽之道也。

东西强国，其于一国政费，莫不视其政之缓急，而审度民力，广辟来源，详定税则，以征取之。国民亦晓然于纳税所以治国，势不容已，群以奉法完纳为先。故财政裕如，百废易举，而民亦因以殷富安乐。此可为我国之借鉴矣。

原文大意略略懂

国家的财政费用由人民供给，这是不变的法规。古时候，政事崇尚节俭，费用也少，所以征税虽然少，当初并没有财政费用不足的忧虑。现在世界大通，文化日进，行政自然不能简陋行事，财政费用也就难免继续增长。因此，从政府的角度来说，应当勤于治理国家，为国民开辟生利的源泉，而不是重在支出的俭省。从人民的角度来说，应当尽力担负起纳税的责任，为国家增加财政的实力，而不容许吝啬钱财，不向国家纳税，让自己享受。这两方面都是应该竭力采用的途径。

东西方的强国，它们一国的财政费用，都是依据财政支出情况的缓急，并且审度人民的财力，广泛开辟财政来源，详细制定征税规则，来征取税收的。国民也知道缴纳税收是用来治理国家的，情势紧迫，不容许拖延。人们把遵照法律纳税作为优先实行的事。因此这些国家的财政充裕，被搁置的大事容易办成，而人民也因此殷实富足，安宁快乐。这可以作为我国的借鉴。

第二十四课　征兵

中国三代，寓兵于农。无事则耕，有事则战。兵与民国未尝分也。唐宋以来，专用募兵，自是民出财以养兵，兵出力以卫民。而兵与民遂不复相合矣。

近世列强，多行征兵制度。其法，男子成年则应征，及期则免役。虽年限长短，彼此不同。然举国之民，皆有执干戈以卫社稷之义务，则一也。

征兵之利有四：还受以时，兵无老弱，一也；新故迭代，饷不虚靡，二也；全国壮丁，同受训练，能养成公共之纪律，三也；地方风气，互有不齐，国民境遇，亦难一致，行征兵制则种种私见，皆可化除，团结既坚，对外易于一致，四也。今者欧洲大战，各国出兵辄数百万，或至千万，非行征兵之制而能之乎？我国所以屡受外侮，而国民且以不能卫国见笑于人者，非亦征兵之制久废使然哉？

原文大意略略懂

中国夏、商、周三个朝代采取寓兵于农的政策。农民在没有战争的时候就回家耕种，发生战争的时候就上战场作战，士兵和农民没有区分开。唐宋以后，国家专门任用招募来的士兵，此后人民出钱供养士兵，士兵出力保卫人民，而士兵与农民的身份于是再也不相重合了。

近代以后，西方列强大多实行征兵制度。方法是：男子成年后就应征入伍，到了退伍的期限就免除兵役。虽然服兵役的年限长短彼此不同，但是全国人民都有拿起武器保卫国家的义务，这是一样的。

征兵有四大好处：第一，应征和退伍按时进行，士兵没有老弱之人；第二，新旧更替，军饷就没有浪费；第三，全国的壮年男子同时接受训练，能培养良好的公共纪律；第四，各个地方的风气不一样，国民的境况和遭遇也难以一致。实行征兵制就可以消除、化解各种彼此之间的偏见，团结既然坚固了，对外就容易协调一致，现在欧洲战争，各国一出兵就是几百万或者上千万人，不实行征兵制能行吗？我国现在屡次遭受外国的欺侮，但是国民不能保卫国家，让他国见笑，难道不是征兵制被长久荒废所导致的吗？

第二十五课 郭子仪单骑见回纥

唐代宗时，回纥吐蕃合兵入寇。郭子仪御之，以兵少，严备不战。

会二虏争长不睦，子仪使使说回纥，约共击吐蕃。回纥素重子仪，但传闻子仪已死，恐见欺，必欲一见为信。

子仪将挺身往说之，其子晞叩马谏曰："大人，国之元帅，奈何以身为虏饵？"子仪曰："今战则身死，国危。往以至诚说之，或可见从。"以鞭鞭其手曰："去。"遂与数骑出。

使人传呼曰："令公来。"回纥大惊，执弓注矢，立于阵前。子仪免胄释甲，投枪而进，回纥诸酋长，皆下马罗拜。

子仪让之曰："汝回纥有功于唐，唐之报汝亦不薄，奈何负约，深入吾地？今吾挺身而来，听汝执我而杀之，我之将士，必致死与汝战矣。"回纥曰："讹闻天可汗①已晏驾②，令公亦捐馆③，是以敢来。今知天可汗在上都，令公复总兵于此，我曹岂肯与令公战乎？今请为公击吐蕃以谢过。"子仪因取酒与饮，定约而还。

吐蕃闻之，夜引兵遁去。

原文大意略略懂

唐代宗的时候，回纥、吐蕃联合出兵侵略中原。郭子仪率兵抵御入侵。因为军队人数过少，郭子仪严密防备，不出兵作战。

正巧遇上回纥、吐蕃两个民族不和睦。郭子仪便派遣使者游说回纥，与回纥约定共同袭击吐蕃。回纥人一向很敬重郭子仪，但听说郭子仪已经死了，恐怕受欺骗，一定要亲自见到郭子仪才相信。

郭子仪将要挺身前往回纥大营的时候，他的儿子郭晞跪在马旁，劝谏道："父亲大人，您是一国的元帅，怎么可以用自己当敌人的诱饵呢？"郭子仪说："在如今的情势下，一旦发生战争，我国就会死伤无数，国家危亡。我要前去以诚心说服回纥，或许回纥会依从我。"说完就用马鞭鞭打儿子的手，说道："让开！"于是和几个骑兵走了。

使者互相传报说："郭子仪来了！"回纥的人十分惊讶，手拿弓，装好箭，站在军阵前等待。郭子仪摘掉头盔，脱去战甲，把长枪扔掉，毫不畏惧地走进了回纥的营地。回纥的各个酋长都下马跪拜迎接。

郭子仪谦让说："你们回纥对大唐有功劳，大唐对你们的回报也不薄，你们怎么能毁约，深入到我唐朝的土地？现在我挺身而来，听从你们捉拿，然后你们可以把我杀了。但是，我的将士们一定会与你们斗争到死。"回纥说："讹传天可汗已经驾崩，而您也去世，所以我们才敢来。现在知道天可汗在首都长安，您也率领军队到了我们这儿。我们哪里敢和您战斗呢？现在就请让我为您击败吐蕃以赔罪吧。"于是，郭子仪取来美酒与回纥君臣一起喝了起来，签订了盟约，然后回到了唐朝。

吐蕃听到这件事后，连夜带领军队逃走了。

特别注释提醒你

① 天可汗：唐代少数民族首领对唐太宗的尊称，太宗皇帝成为了当时天下的共主。此外除唐太宗外，唐高宗、唐肃宗也曾被称为“天可汗”。

② 晏驾：古时帝王死亡的讳称。

③ 捐馆：死的委婉说法。

第二十六课　赵王买马

国　策

客见赵王曰："臣闻王之使人买马也，有之乎？"王曰："有之。""何故至今不遣？"王曰："未得相马之工也。"

对曰："王何不遣建信君乎？"王曰："建信君有国事，又不知相马。"曰："王何不遣纪姬乎？"王曰："纪姬妇人也，不知相马。"对曰："买马而善，何补于国？"王曰："无补于国。""买马而恶，何危于国？"王曰："无危于国。"对曰："买马善若恶皆无危补于国，然而王之买马也，必将待工。今治天下，举措非也，国家为虚戾，而社稷不血食，然而王不待工而与建信君，何也？"

原文大意略略懂

有说客拜见赵孝成王说："我听说大王要派人去买马，有这回事吗？"赵王回答："有这回事。"说客问："那为什么到现在还没派人去买呢？"赵王说："没有找到会相马的人。"

说客就问："大王为什么不派建信君去呢？"赵王答道："建信君要处理国家大事，何况他又不懂相马。"说客又问："大王为何不派纪姬去呢？"赵王回答："纪姬是个女人，不懂得相马。"说客继续问道："如果买来了马匹，而且马特别优秀，对国家有什么好处？"赵王回答："对国家没有什么好处。”又问：“那么买来了低劣的马匹，又会对国家造成什么危害呢？”赵王答道：“对国家没有什么危害。”说客说：“既然买的马是好还是不好，都对国家没有什么益处或危害。大王您买马却一定要等待一个会相马的人。现在大王治理国家的措施不当，国家衰败，几乎要成为废墟，宗廟甚至不能祭祀，然而大王您不等待善于治理国家的人，却把大权交给建信君，这是为什么？”